中国地方社会科学院学术精品文库·浙江系列

中国地方社会科学院学术精品文库·浙江系列

浙江乡镇志书研究

A Study on Local Gazetteers of
Villages and Towns in
Zhejiang Province

● 张 勤 陈 凯 / 著

 社会科学文献出版社

SOCIAL SCIENCES ACADEMIC PRESS (CHINA)

本书由浙江省省级社会科学学术著作

出版资金资助出版

本书系 2018 年度浙江省哲学社会科学规划课题（18NDJC244YB）

"浙江乡镇志考录提要与整理研究"成果

领域包括经济、哲学、社会、文学、历史、法律、政治七大一级学科，覆盖范围不可谓不广；研究对象上至史前时代，下至 21 世纪，跨度不可谓不大。但立足浙江、研究浙江的主线一以贯之，毫不动摇，为繁荣浙江省哲学社会科学事业积累了丰富的学术储备。

贴近实际、贴近决策是最大的特色

学科建设与智库建设双轮驱动，是地方社会科学院的必由之路，打造区域性的思想库与智囊团，是地方社会科学院理性的自我定位。《浙江系列》诞生十年来，推出了一大批关注浙江现实，积极为省委、省政府决策提供参考的力作，主题涉及民营企业发展、市场经济体系与法制建设、土地征收、党内监督、社会分层、流动人口、妇女儿童保护等重点、热点、难点问题。这些研究坚持求真务实的态度、全面历史的视角、扎实可靠的论证，既有细致入微、客观真实的经验观察，也有基于顶层设计和学科理论框架的理性反思，从而为"短、平、快"的智库报告和决策咨询提供了坚实的理论基础和可靠的科学论证，为建设物质富裕、精神富有的现代化浙江贡献了自己的绵薄之力。

多出成果、出好成果是最大的收获

众所周知，著书立说是学者成熟的标志；出版专著，是学者研究成果的阶段性总结，更是学术研究成果传播、转化的最基本形式。进入20 世纪 90 年代以来，我国出现了学术专著出版极端困难的情况，尤其是基础理论著作出版难、青年科研人员出版难的矛盾特别突出。为了缓解这一矛盾和压力，在中共浙江省委宣传部、浙江省财政厅的关心支持下，我院于 2001 年设立了浙江省省级社会科学院优秀学术专著出版专项资金，从 2004 年开始，《浙江系列》成为使用这一出版资助的主渠道。同时，社会科学文献出版社高度重视、精诚协作，为我院科研人员学术专著出版提供了畅通的渠道、严谨专业的编辑力量、权威高效的书稿评审程序，从而加速了科研成果的出版速度。十年来，我院一半左右科研人员都出版了专著，很多青年科研人员入院两三年就拿出了专著，一批专著获得了省政府奖。可以说，《浙江系列》已经成为浙江省社会科学院多出成果、快出成果的重要载体。

打造精品、勇攀"一流"是最大的愿景

2012 年，省委、省政府为我院确立了建设"一流省级社科院"的总体战略目标。今后，我们将坚持"贴近实际、贴近决策、贴近学术前沿"的科研理念，继续坚持智库建设与学科建设"双轮驱动"，加快实施"科研立院、人才兴院、创新强院、开放办院"的发展战略，努力在 2020 年年底总体上进入国内一流省级社会科学院的行列。

根据新形势、新任务，《浙江系列》要在牢牢把握高标准的学术品质不放松的前提下，进一步优化评审程序，突出学术水准第一的评价标准；进一步把好编校质量关，提高出版印刷质量；进一步改革配套激励措施，鼓励科研人员将最好的代表作放在《浙江系列》出版。希望通过上述努力，能够涌现一批在全国学术界有较大影响力的学术精品力作，把《浙江系列》打造成荟萃精品力作的传世丛书。

是为序。

张伟斌

2013 年 10 月

仓修良先生序

　　地方志是中国特有的历史文化典籍，编修方志是中华民族特有的优良文化传统。我国方志编修的发展史源远流长，在经过了汉魏南北朝地记、隋唐五代图经两大发展阶段之后，及至宋代，方志体例最终定型，定期纂修方志成了历朝历代不可或缺的文化政策与现实要求，由此形成了这一数量庞大、内容多样、价值特色鲜明的历史文献，为我们研究祖国的历史地理、物产资源、风土人情等方方面面提供了很多宝贵的资料，成为中华文明不可或缺的重要组成部分。关于方志的文献价值，我在《方志学通论》一书中有较为全面的专章论述，将其价值归纳为如下六个方面，即：研究民俗学的源泉，研究历史地理不可缺少的资料，研究明清以来社会经济的重要史料宝库，研究我国古代农业生产发展的重要资料，为研究各个地区自然灾害提供丰富的资料，研究各地教育史的重要园地。① 当然地方志的文献价值不仅仅体

---

① 参见拙著《方志学通论》（增订本）第十一章"旧方志的价值和整理"，华东师范大学出版社 2014 年版，第 443~459 页。

现在以上这些方面，惟其如此，著名历史地理学家谭其骧先生曾经指出："流传至今的方志有八千多部，这是我国特有的巨大的文献宝库。这些方志中包含着大量可贵的史料，给我们今天进行社会科学和自然科学的研究，提供了重要资料。到目前为止，我们对这项遗产的研究、发掘和利用还是远远不够的。"① 当然这不是说所有方志中记载的任何内容都是正确的，也不是说其中所有内容都有文献价值，需要对具体史料进行考证和分析。对于旧方志资料究竟应该采取怎样的科学辩证态度，我想还是应当遵照谭其骧先生当年的主张，即："旧志资料不可轻信"，"必须对每一条都进行审慎的考核，决不能轻易置信，决不能因为旧方志上有了，现在修新的地方史志时就照抄照搬"。② 只有按照这个科学方法进行研究，才能对地方志的文献价值及其利弊得失有一个较为全面的认识，从而更好地利用好这个文献资源宝库。

我们浙江是经济文化大省，历来被称为"方志之乡"，编修地方志的历史悠久，不同时期曾涌现了众多体例精良、质量上乘、价值独特的志书，在方志学史上具有重要的地位，对后世方志发展具有深远的意义和影响。尤其是明清以来，随着江南社会商业经济的发达，人文教化氛围浓厚，编修地方志进入了一个繁荣昌盛的时代，这不仅体现在志书数量大增，而且反映在志书的质量和价值更趋精良，更重要的是随着修志实践与史学理论发展的相互碰撞融合，形成了关于方志学理论的探讨，先是在各类志书的序跋凡例中有所展现，及至清代中叶，章学诚及其所著《文史通义》成为古代方志学理论的集大成者。

---

① 谭其骧：《地方史志不可偏废 旧志资料不可轻信》，载《长水集续编》，人民出版社 1994 年版，第 258 页。

② 谭其骧：《长水集续编》，人民出版社 1994 年版，第 260 页。

因此，对于浙江方志史，尤其是方志理论的研究，无疑是具有重要学术意义的。当然这里有必要着重指出一点，就是有些人在论述浙江方志起源，乃至古代方志起源问题的时候，不顾历史事实和学术研究结论，仍然错误地坚持所谓"一方之志始于越绝"的说法，造成了很不好的影响，应当予以纠正。早在三十年前，我就对《越绝书》的文献性质、成书年代、价值意义等问题进行了研究，发表了《〈越绝书〉是一部地方史》这篇文章，旗帜鲜明地亮出自己的观点，指出《越绝书》是地方史著而并非志书，批驳了所谓方志起源于《越绝书》的错误说法。此文刊登在《历史研究》上，随后新华社、《人民日报》、《光明日报》等多个国家级媒体都对拙文及其观点进行了报道和转载，可以说是关于此书性质研究的定论了。① 后来我又对《越绝书》的相关问题进行了深入研究，指出历来流传的所谓作者袁康、吴平纯属子虚乌有的人物，《越绝书》乃是历史上"吴越贤者"前后相继撰述的产物，它不仅是研究浙江古代历史文化的重要史料典籍，也是研究吴文化的重要文献来源，因此是"江浙两省共有的文化遗产"。② 然而令人遗憾的是，有的人对这些文章视而不见，仍旧抱着错误的说法不放，在那里自说自话，这显然不是学术研究应有的态度。实际上，这类现象多年前早就存在，一直未能消除影响，所以我当年针对方志学界的诸多弊端，在《中国地方志》1994 年第 1 期上发表了《对当前方志学界若干问题的看法》一文，对那些不良现象和错误说法进行了批驳，

---

① 参见《历史研究》1990 年第 4 期，又收入《史家·史籍·史学》与《史志丛稿》两书。
② 参见拙文《袁康、吴平是历史人物吗？——论〈越绝书〉的作者》，《历史月刊》1997 年 3 月号；《〈越绝书〉散论》，《史学史研究》1998 年第 1 期；《〈越绝书〉江浙两省共有的文化遗产——兼论〈越绝书〉的成书年代、作者及性质》，《江苏地方志》2006 年第 4 期，以及为张仲清先生《越绝书校注》一书所写的序言。

为的是能够肃清风气，营造学术研究应有的氛围，可是时隔多年似乎并没有起到应有的效果，其中原因，难道不值得深刻反思吗？胡乔木同志早就讲过，搞地方志工作也是在做学问，要具有严谨认真的学术研究态度，这是方志工作者务必要牢记的一点。

在明清以来的江南社会经济发展史上，江浙两省的乡镇、市镇这些基层社会的繁荣昌盛，成为当时历史上的一抹亮色，关于明清江南乡镇的研究，早就成为国内外学者关注的重点和热门领域，学术成果丰厚，意义影响深远。就其研究基础而论，最重要的史料文献，无疑就是明清乡镇志书。浙江乡镇志编纂的历史，可以追溯到南宋末年，现存最早的一部乡镇志即常棠《澉水志》，不仅收入《四库全书》，而且因其体例精到、言简意赅获得清代学者的高度认可与评价，成为后世编纂乡镇志书的蓝本之一。据洪焕椿先生《浙江方志考》等书考录的结果，明清时期浙江共编修了150余部乡镇志书，现存近80部，这些乡镇志书为研究明清社会的政治、经济、文化、风俗、方言、物产等方方面面，提供了珍贵的文献资料，价值不言而喻，因此我在论述旧方志价值，以及探讨地方志与区域史研究的时候，曾多次引用乾隆《乌青镇志》等乡镇志书的内容作为例证，足见其对于学术研究的重要价值和意义。虽然国内外学者一致重视浙江乡镇志的文献史料价值，并以此为基础，展开了多角度的历史研究，取得了丰富的成果，但是一直以来没有系统地对古往今来浙江乡镇志书发展源流进行梳理研究的学术著作，对其发展历史、阶段特征、体例体裁、编纂特色、文献价值等重要问题尚无整体宏观的理论探讨，因此对浙江乡镇志进行总体的研究，有助于我们从史学史、文化史等角度更为深入地把握其文献特征，以便为今后深入研究，挖掘巨大的价值提供理论参考借鉴。

　　张勤、陈凯两位同志合著的这部《浙江乡镇志书研究》，全书三十多万字，分为研究专论和文献考录两部分，首先对古今存佚的各类浙江乡镇志书进行了细致通盘的文献考录与内容提要，在文献整理的基础上，这部专著从梳理志书发展源流、探讨志书阶段特征、概述志书体例体裁、通论志书文献价值等方面展开了研究综述，使得我们对浙江乡镇志书发展脉络有了更为详尽细致的了解与把握，丰富了相关研究领域的成果，也为浙江方志发展史研究提供了重要的史实补充和细节完善，其学术价值重要性可见一斑。特别是占据本书重要篇幅的考录提要部分，两位作者花了大量的时间精力，著录编者生平、版本源流、成书年代、篇目卷帙等内容，提要钩玄地展现这些志书的基本概况，为我们今后更加高效地检索利用这些文献提供了便利，这些成果的背后，不仅是这两位作者多年来奔走于浙江各地进行的实地调研访查，而且也是他们一直以来用沉稳严谨的学术研究态度，埋头于方志文献的整理爬梳和提要考录工作，通过不懈的积累探索，最终奉献了这部厚重的学术研究成果，其学术价值应当值得大力肯定。当然，金无足赤，人无完人，本书也存在着一些不足和有待深入的地方，比如研究专论中相关史实考述尚可进一步加强；对于浙江乡镇志书文献价值的探讨，还应该在宏观通论的基础上更进一步，结合具体案例研究来展示以加深立论；此外关于志书提要的写作，是否应当将新旧志书分部类撰写，也是值得深入思考的问题，仅就地域划分似乎难以突出编纂意图和研究目标。至于新志提要如何撰写，也是一个值得探讨的问题，我认为应当和旧志提要的写法有所区别，记得我当年写过一系列的志书评论"新修志书特色过眼录",在《中国地方志》上刊载,[①] 从突出重点、反映特色的角度出发,对一些有价值的新修方志进行学术评论和介绍评价,收到了较好的效果。我曾在作者的初稿中看到过不少这方面内容,可惜后来因为篇幅限制进行了删略。但我希望这个思路可以在今后的研究中得以深化完善,这是我对两位作者的期待。

在这部专著即将由社会科学文献出版社刊行之际,作为老师,看到他们取得新的学术成就,感到十分欣慰,因就读后所想,欣然执笔撰序,希望他们再接再厉、继续合作,在方志学研究领域中取得更多更好的成就,是所至望。

---

① 收入拙著《仓修良探方志》,华东师范大学出版社 2005 年版,第 269~419 页。

目　　录

绪　论 …………………………………………………………… 1

  一　研究缘起与意义 ………………………………………… 1

  二　学术研究史述评 ………………………………………… 3

  三　研究思路与方法 ………………………………………… 6

  四　基本构架与内容…………………………………………… 11

上编　研究专论

第一章　宋明时期的浙江乡镇志书…………………………… 17

  一　宋代浙江乡镇志书的起源………………………………… 17

  二　明代浙江乡镇志书的发展………………………………… 21

第二章　清代至民国的浙江乡镇志书………………………… 28

  一　清代浙江乡镇志书概况…………………………………… 28

二 清代浙江乡镇志书的版本类型与特征 …………………… 42

三 清代浙江乡镇志书的发展分期与阶段特征 ……………… 47

四 民国浙江乡镇志书 ………………………………………… 53

第三章 中华人民共和国成立以来的浙江乡镇志书 …………… 59

一 编修历程 …………………………………………………… 61

二 编修特点 …………………………………………………… 68

第四章 浙江乡镇志书的编纂者 ………………………………… 87

一 基本类型及其特征 ………………………………………… 87

二 对于志书篇目框架设计的思考 ………………………… 100

第五章 浙江乡镇志书的价值 ………………………………… 106

一 文献价值 ………………………………………………… 106

二 社会价值 ………………………………………………… 118

三 文本价值 ………………………………………………… 122

下编 考录提要

凡 例 ………………………………………………………… 131

宋 代 ………………………………………………………… 133

明 代 ………………………………………………………… 137

清 代 ………………………………………………………… 149

民 国 ………………………………………………………… 207

中华人民共和国 ··· 225

主要参考文献 ··· 375

后　记 ··· 384

绪　论

一　研究缘起与意义

地方志书的发展在我国具有悠久的历史，在经过汉魏南北朝的地记以及隋唐五代的图经这两个历史发展阶段后，到了宋元时期，方志的基本体例最终趋于定型。[①] 自宋代开始，我国编修各类地方志书的记载不绝于书，并形成了定期编修地方志书的优良传统。数量众多的各类地方志书文献，是中国历史文献资源的重要组成部分，对于我们研究传统社会的特征及其变化发展的规律，具有重要的史料价值和意义。乡镇志书作为地方志书中的一个重要类别，在各类地方志书中的位置十分显眼，特色也十分鲜明。

所谓乡镇志书，即为记载县以下的乡、都、保、图、圩、村、里、镇、堡、场等综合情况的志书，主要包括有乡志、镇志、村志、里志、

[①]　关于地方志的历史发展脉络以及历史阶段特征的基本论述，请参照仓修良先生所著《方志学通论》（增订本）第三章方志发展的第一个阶段——魏晋南北朝的地记、第四章方志发展的第二个阶段——隋唐五代的图经和第五章方志发展的第三个阶段——体例趋于定型的宋元方志，华东师范大学出版社，2013，第 70~222 页；以及氏著《再论方志的起源》《地记与图经》等论文，载《仓修良探方志》，华东师范大学出版社，2005。

场志、巷志等。历代乡镇志书编纂的体例与主要内容，同各类地方志书一样，具有自己鲜明的地方性特色。一般而言，明清以降乡镇志书记载的主要内容和篇目有疆域、政区、山川、沿革、建置、四至、乡里、物产、财赋、户口、职官、风俗、掌故、选举、人物、艺文、名胜、古迹、琐事、异闻等方面；现当代乡镇志书记载的主要内容和篇目则有自然环境、镇村建制、姓氏人口、土地、交通、农业、水利、工业、商业、财税金融保险、镇村建设、党派群团、基层政权组织、政法、军事、教育科技、文化艺术、医疗卫生、古迹、民政、社会生活、宗教、习俗、特色物产、方言谣谚、人物、文献等。以上内容均涉及一地举凡政治、经济、文化、社会、历史、风俗、文献等各方面的情况，具有一地之百科全书的功用，并按照一定的编纂体例和篇目安排，将各种文献资料归属不同的门类，是了解一地基本情况的重要资料途径。

现存为数众多的乡镇志书，为我们研究基层社会的经济文化提供了最基本的史料基础。这些乡镇志书保存了大量珍贵的历史资料，对于我们研究历代基层社会的政治、经济、文化、风俗、制度等方方面面的内容，探讨不同时代乡镇社会的特点与发展历程，都具有重要的意义和作用。同时，作为地方志学科基本文献重要组成部分的乡镇志书，有助于我们研究地方志书的篇目设计、内容取舍、编纂风格的特征，把握方志编纂学的特点。乡镇志书在流传中有着各类不同的版本，通过对于其版本形态及其基本特征的考察，有助于我们更好地理清志书的传布途径和版本源流问题。此外，乡镇志书中收录的序跋、凡例，有助于我们研究方志学理论和地方志书的编纂机制与流程，具有重要的参考价值。

浙江素称"方志之乡"，地方志编纂具有悠久的历史，始自宋代的乡镇志编纂也有着优良的传统。明清时期随着乡镇经济的发展和人文教化的繁盛，乡镇志作为府县志的基础被大量编修，民国时期编修的乡镇志也为数不少。自宋代方志基本定型起，至 1949 年中华人民共和国成立，见于著录、明确可考的浙江乡镇志约有 180 种。浙江省从 20 世纪 80 年代开始，伴随首轮修志的大规模开展，以及乡镇经济的迅速发展，乡镇志编修开始进入兴旺期。首轮修志中，浙江省是全国出版乡镇志最多的省份。进入 21 世纪以来，随着城镇化进程的不断推进、地方志事业的不断发展，乡（村）民历史文化意识的不断增强，乡镇志的编修发展迅速、方兴未艾。中华人民共和国成立至 2018 年，浙江省新修乡镇村志（含镇志、乡志、街道志、村志、社区志）约有 700 种。浙江乡镇志的编修不仅历史悠久、数量众多、延续性强，而且佳作迭出、理论丰富、价值可观，历来居于全国前列，备受瞩目与称道。有学者称"传世乡镇志中，属浙江省者占有重要地位"。① 其中我国现存最早的乡镇志——南宋宝祐《澉水志》被《四库全书》收存，明董穀《续澉水志》和潘廷章《硖川志》均被《四库全书》列为存目之书，余懋等纂光绪《梅里志》被《续修四库全书》收存。近现代亦有一定数量的浙江乡镇志被学者视为佳志，可作为地情百科或修志范本。因此，基于乡镇志的重要性和浙江乡镇志的重要地位，对于浙江乡镇志书进行系统的研究，是非常必要的。

二　学术研究史述评

国内外学术界对于浙江乡镇志，主要以之为研究的基础和史料资源，进行关于各时期江南市镇经济、人文以及基层社会等方面的研究。这类研究多利用包括浙江乡镇志在内的地方文献，成果数量众多、积

---

① 葛剑雄：《笕桥镇志·序》，载《笕桥镇志》，中华书局，2016。

淀深厚。国外研究主要集中于日本学者岸本美绪、川胜守、滨岛敦俊、森正夫等，出版了《明清江南市镇社会史研究》《明清的交替与江南社会》《明清江南农村社会与民间信仰》《"地域社会"视野下的明清史研究》等著作；美国学者Skinner、司徒琳等著有《中国农村的市场和社会结构》《中华帝国晚期的城市》等书。国内学者傅衣凌、樊树志、范金民、刘石吉、包伟民、李学功等注重从史料文献出发，对江南市镇社会的一般形态与运作机制、社会经济与风俗文化变迁进行研究，以《明清社会经济变迁论》《明代江南市民经济试探》《明清江南市镇探微》《江南市镇：传统的变革》《江南市镇及其近代命运 1840~1949》《南浔现象：晚清民国江南市镇变迁研究》等著作为代表，积累了丰富的成果。

除此之外，学术界对浙江乡镇志文献本体的研究，主要有如下三个方面。

（一）文献学方面的查考著录与整理成果

对于浙江乡镇志的查考著录、编纂提要与汇编整理，是该领域研究的第一阶段。主要成果有《中国地方志综录》（增订本）《中国地方志联合目录》《中国地方志总目提要》《天一阁藏明代地方志考录》《稀见地方志提要》《浙江方志考》《湖州方志提要》《台州地方志提要》等工具文献，著录了浙江乡镇志的名目、编纂者、卷帙、版本、馆藏等基本信息。其中《浙江方志考》专设"乡镇志"一卷，考录宋至民国浙江已佚和现存乡镇志 118 种，是目前较为系统完备的全省性乡镇志考录；《湖州方志提要》专设"乡镇志村志"一卷，收录95 部湖州历代乡镇志，是目前所见较为完整的本省市级乡镇志提要；他如《衢州方志提要》《台州方志提要》《宁波古今方志录要》等亦对本地域内的历代乡镇志做了收录。

此外，《中国地方志集成·乡镇志专辑》对现存 70 种浙江乡镇旧志进行了汇编影印，《北京师范大学图书馆藏稀见方志丛刊续编》《复旦大学图书馆藏稀见方志丛刊》《广东省立中山图书馆藏稀见方志丛刊》《中国人民大学图书馆藏稀见方志丛刊》《上海图书馆藏稀见方志丛刊》《南京图书馆藏稀见方志丛刊》《吉林大学图书馆藏稀见方志丛刊》等大型丛书，亦收录了相当数量的浙江乡镇旧志。

（二）从史学史的角度对乡镇志进行研究

这是该领域学术发展第二阶段的主要成就。褚赣生《明清乡镇志研究》，探讨明清乡镇志的发展规律、资料特点、史料价值等问题；沈渭滨《晚清村镇志纂修的成熟及其人文历史价值》，探讨志书的资料价值和编纂特点，以及对研究地方人文历史的重要价值；唐力行等《地方记忆与江南社会生活图景》，探讨乡镇志对于研究江南区域社会经济文化的史料价值；陈辽《乡镇旧志集成后地方志功能的提升》，通过案例分析，指出乡镇志对于研究地方史具有重要的文献价值。这些研究都有助于在宏观上把握浙江乡镇志的基本特征与文献价值。

（三）相关史学专题研究方面的成果

主要体现在跨学科的综合考察以及从编纂学角度进行的分析探索。褚赣生《明清乡镇志发展的历史地理考察》，探讨了明清乡镇志的地理分布特征与社会影响；薛青《江南著名古镇镇志的旅游文化价值》，从旅游资源学、民俗学等角度总结了研究古镇志的意义；潘高升《明清以来江南地区乡镇志研究》，重点研究明清时期江南地区乡镇志的演变过程、发展原因、文化内涵等问题。此外，陈凯《清代乡镇志书研究二题》一文，研究了志书在篇目设计方面的特点以及志书编纂者的学养与识见。关于明清浙江乡镇志编纂者的专题研究成果，林天蔚在《地方文献研究与分论》一书中，系统考录了相关志书编纂者的生平事迹、编纂过程等内容。

在后两类研究中，浙江乡镇志虽作为十分重要的研究对象，但被置于乡镇志的整体框架内，对其特点的分析、价值的体现，缺乏具体独到的探索。同时，学术界目前的主要关注点，在于对乡镇志的史料价值、所体现社会职能等问题的研究。然而对于浙江乡镇志的编纂体例与体裁、编修机制与分工、资料特点与断限、框架结构设计、修志利弊得失、方志理论与志书批评，以及志书编纂者群体等问题的关注还不够丰富，在宏观的理论性、学术性总结方面仍存在较大的学术研究空间，值得继续深入探索。

三　研究思路与方法

对于浙江乡镇志书进行综合研究，需要首先解决的一个基本问题，即：自宋以来截至 2018 年，浙江究竟编修了多少种乡镇志？在此基础上，又进一步演化出关于浙江乡镇志的版本、编纂者生平、志书时空分布情况与特点、史料价值等子问题。通过利用各种提要、考录等工具文献，以及各类新旧地方志书艺文部分的记载，辑考浙江历代乡镇志名目，明确其目录学、版本学等方面的信息，进一步考述乡镇志编纂者生平履历、著述情况。其中我们对于清代浙江乡镇志书和中华人民共和国成立以来浙江乡镇志书的名目与数量进行了更为细致的查考和爬梳，获得确切的研究成果，以此作为对上述两个时期浙江乡镇志书进行专题研究的重要史料支撑和数据基础。

我们遵循以下基本流程开展研究。

第一，查考著录历代浙江乡镇志，考述乡镇志编纂者生平与版本源流，撰写内容提要。这是本研究的基础性文献工作，也是进行专题研究的资料平台，本项研究工作按如下四个步骤进行：①运用文献考据法与目录学方法，在以往研究的基础上，拓展资料利用范围和途径，结合相关学术成果，利用文献学工具著作及影印刊布的各类地方文献丛刊，配合实地调研图书馆、档案馆所藏历代浙江乡镇志状况，尽力多加查考乡镇志的名目和数量，尤其通过对地方艺文图书文献的检索，查找爬梳亡佚乡镇志的名目与相关信息；②依照目录学研究规范，著录历代浙江乡镇志的名目、卷帙、体例、体裁、编纂者、主要版本等文献要素，借鉴历史政区地理研究中对于正史地理志资料断限研究的方法，逐一考订其资料断限与成书年代，并依据时间序列考述乡镇志版本流布情况；③通过检索地方历史文献，结合相关领域的研究成果，对历代浙江乡镇旧志编纂者的生平履历、学术著述等情况进行考证研究，以此作为深入研究浙江乡镇志编纂者群体的基本资料依据；④在研读现存浙江乡镇志的基础上，剖析揭示其文献价值与资料特色所在，为今后学术界利用这类专题文献提供参考依据。

最后综合以上四项研究的成果，依照时间序列和地域维度，分类统计浙江乡镇志的存佚数量，著录其相应名目信息，撰写《浙江乡镇志考录提要（1256~2018）》。

第二，文献学专题研究。本专题研究工作侧重从文献学角度入手，对历代浙江乡镇志的一些重要问题进行研究，按如下四个步骤展开探索：①关于浙江乡镇志的版本类型及其时空分布特征研究。版本是文献的物质载体，对其类型与特征进行探索，有助于我们从感性层面加深对志书文本的认识，本方面研究将运用历史文化地理学与社会文化学的研究思路与相关研究成果，在掌握现存历代浙江乡镇志版本类型的基础上，从时间序列探索乡镇志版本类型的阶段特征，运用历史文化地理学的研究手段，结合相关研究成果，以乡镇志编修最为集中的杭嘉湖地区为中心，研究版本类型的空间分布特征与不同历史时期的差异，由此从静态的角度探索浙江乡镇志版本类型在不同地域的形成与运用的动因及历史时期的地区差异；②关于浙江乡镇志的图书流通模式研究。志书在不同历史时期与区域的流播演变，是以其文献版本的传播流通为基础的，由此形成其版本流布的历史渊源，从这个方面研究，有助于进一步了解古代图籍的传播流通模式，本方面的研究建立在对于历代浙江乡镇志版本流布历史考述的资料基础之上，通过文献考据与归纳演绎的方法，重点以浙江乡镇旧志为研究对象，总结探索其图书流通模式及其在不同历史时期与地域所展现的基本特征，从动态的角度反映出志书文本流布的基本途径与规律所在，有助于我们进一步把握地方文献出版与传播的基本情况；③关于浙江乡镇志的文献价值研究。这是本研究中的一个基本问题所在，以往学术界多是以历代浙江乡镇志为资料，以具体研究成果反映出乡镇志的史料价值，本方面研究将以浙江乡镇志作为基本资料，分别从历史地理、社会经济、风俗文化、宗教思想、地方学术等角度入手，采取个案研究的方式，从多个维度来展现历代乡镇志文献对于研究浙江社会经济、风俗文化、思想学术等方面的重要价值；④关于稀见浙江乡镇志的文献报道与个案研究。通过田野调查与实地查访，不断发现一些稀见浙江乡镇志，同时省内各地文化部门积极整理地方文献，不断有珍稀乡镇志影印整理、公布于世，这些志书都具有相当的文献价值，需要通过报道和研究进行传播。本方面研究注重文献的专门性与稀缺性，将具体研究部分稀见浙江乡镇志（如《渔闲小志》《新市镇再续志》等），通过文献报道与文本研究，探索这些稀见乡镇志的编纂过程、体例体裁、资料断限、文献价值等问题，展示其重要性，预期这方面的研究成果不仅有利于开发本省地方文化资源，而且也丰富了相关领域的资料文献。

第三，史学史专题研究。方志学是历史学的一个分支，方志文献同时也是史部文献的重要组成部分，因此从史学史的角度对历代浙江乡镇志进行研究，有助于我们从史学理论的高度把握其文献特征，探索传统史学思想对于乡镇志编纂的重要影响，并从史学发展的大背景下考察浙江乡镇志编纂的历史分期，深入认识其在史学史上的重要地位与学术意义。本专题拟按如下三个步骤展开：①关于浙江乡镇志的命名形式、体例体裁、篇目设计、资料断限、成书年代等问题。运用中国史学史（尤其是历史编纂学）的基本研究理路，在文献考录的基础上，通过比较归纳的方法，探索浙江乡镇志命名的基本形式与一般规律；结合史学史发展的一般特征，考察浙江乡镇志编纂的主要体例、基本体裁及篇目设计构架，并深入研究其内在动因；运用文献考证的方法，尤其是借鉴历史政区地理研究中对于正史地理志资料断限研究的技术手段，在以往研究基础上，对浙江乡镇志的资料断限与成书年代问题进行宏观考论，结合详细个案举例分析，总结出关于乡镇志资料断限与文献定年的基本方法，使得今后相关研究在技术处理上有一定的技术依据参考；②关于浙江乡镇志的发展历程与分期特征的研究。考察历史文献发展分期，是史学史研究的基本问题，以往研究者进行了一定程度的探索，但囿于对历代浙江乡镇志数量与时空分布的查考统计不够精确，影响了学术结论的可信性，加之未能结合史学发展与社会文化演变历程进行综合考察，使得研究存在一定的推进余地。本方面研究立足于浙江乡镇志的数量统计与时空分布特征，在以往研究的基础上，侧重考察史学对修志的影响，依据史学发展的重要拐点和标杆，结合浙江乡镇志编纂历程中的重要阶段，比对勾勒出其发展分期标志，同时结合社会演变的规律，综合考察志书的历史分期及特征；③关于浙江乡镇志的史源类型与资料利用机制研究。浙江乡镇志在编纂过程中利用了数量繁多、类型多样的历史文献（例如文书、籍账、谱牒、碑刻、履历、书札、文稿等），丰富的史料来源保存了珍贵的档案文献。这方面研究有助于我们掌握地方基层社会史料档案的基本类型，探索乡镇志编纂过程中对资料的利用途径和编纂机制，总结其基本经验与优良传统，为当前本省新修乡镇村志的实践工作提供理论借鉴。本方面研究拟从史源学角度入手，采取文献追溯考据的手段，探索浙江乡镇志的基本史源类型与档案史料利用机制，并通过对具有典范意义的志书（如光绪《双林镇志》等）进行个案研究，剖析史源类型及其特征，并通过文献比对校勘的方式，探索浙江乡镇志在编纂过程中对文献资料的利用机制。

第四，浙江乡镇志编纂者群体研究。编纂者是志书的灵魂所系，是研究乡镇志不可绕过的重要研究对象，本专题研究分为三个步骤展开：①关于浙江乡镇志编纂者群体类型的研究。基于对乡镇志编纂者生平履历、社会背景、学术著述、专业特色等方面的史料考述，运用社会学与文化人类学的研究思路，进行宏观研究，探索其群体类型与基本特征；以乡镇志较为集中丰富的杭嘉湖地区为考察对象，研究其编纂者群体特征的演变历程，侧重考察乡镇志编纂者的学术成就、专业特色、社会地位对于修志的重要影响；选择有代表性的乡镇志编纂者，分别探讨学者修志、官员修志、乡绅修志、乡（村）民修志的基本特色及优劣短长；②关于乡镇志编纂动因、修志理念、分工机制的研究。现存历代浙江乡镇志中的序跋、凡例、识语、传记、艺文等部类保存有关于这方面研究的宝贵资料，通过综合考察，对修志缘起、理念以及分工协作机制进行研究，尤其是部分浙江乡镇志发凡起例较为详备严谨，通过编纂学研究，总结优良经验；③关于浙江乡镇志编纂者的方志学思想研究。历代浙江乡镇志中蕴含了丰富的方志学思想，以往研究方志思想史，对于这类文献重视不足；浙江乡镇旧志虽然多为私人纂修，受到传统史学的影响，但避免了官方史学的机械条框，具有灵活机动性，另外乡镇志编纂者的学术背景、史学史识、眼界胸怀等因素对于提升志书的学术质量与思想水准也大有意义，本方面研究拟重点分析浙江乡镇旧志编纂者传记资料与生平考述，结合乡镇志编纂特点与文献价值，从史志关系认识、志书职能功用、方志起源演变、方志批评理论等方面展开对浙江乡镇志编纂者方志学思想的研究，探讨其对于方志史的基本观点与立场，以及对于史志关系、志书职能的认识，从史学批评的角度探讨乡镇志编纂者对志书质量评判的基本标准，总结其方志批评学思想要素。

四 基本构架与内容

基于以上研究思路与工作流程的展开，我们确定各编章的写作框架与基本内容，概述如下。

上编为浙江乡镇志书研究专论，分为五章。

第一章宋明时期的浙江乡镇志书。概述宋明时期乡镇志书的发展脉络和编纂特点，对可查考的宋明时期乡镇志书的名目与数量进行爬梳整理，制作宋明浙江乡镇志书简表。

第二章清代至民国的浙江乡镇志书。此章是本研究的重点。对于清代乡镇志书的命名与别称、体例与体裁、篇目设计与编纂方式等问题进行了探究，以此展现清代乡镇志书的文献概貌。在对于清代乡镇志书名目与数量的查考统计的基础上，对清代乡镇志书发展史的分期问题与阶段特征进行了研究，提出了新的分期方案。我们通过广泛的文献搜索，尤其是利用各类古籍目录、版本考录、方志提要，以及各类新旧地方志书的艺文书目或地方文献著录部分、清代乡镇志书的序跋凡例等史料记载，① 对于现存清代乡镇志书的版本类型、版本数量与主要的版本流布情况等问题进行了更为细致详尽的查考，尽可能多地著录乡镇志书的不同版本信息，并查考其主要版本的流布情况。所撰《清代乡镇志书考录》侧重著录现存清代乡镇志书的不同版本形态以及主要版本的流布情况。在此成果的基础上，我们对现存的各种清代乡镇志书在1949年以前的版本类型、版本数量以及在时空分布上的特征等问题进行了研究，分为三大方面，即清代乡镇志书稿本及其特征、清代乡镇志书钞本及其特征、清代乡镇志书印本及其特征，对于这些志书的不同版本类型及其时空分布特点问题进行了细致的探讨。概述民国浙江乡镇志的发展脉络和编纂特点，对可查考的民国时期乡镇志书的名目与数量进行爬梳整理，制作民国浙江乡镇志书简表。

第三章中华人民共和国成立以来的浙江乡镇志书。概述中华人民共和国成立以来至2018年乡镇村志的发展，对这一时期乡镇志书的数量、分布、编修、出版、体例、内容等进行多方位考查，并对可查考这一时期内乡镇志书的名目与数量进行爬梳整理。

第四章浙江乡镇志书的编纂者。以清代浙江乡镇志书编纂者群体类型及其特征为例，按照不同的标准划分为相应的编纂者群体类型，并进一步讨论其基本特征以及对于志书编纂的影响。此外，志书编纂者的生卒年考订对于部分志书断年具有重要的参考价值，因此对部分清代乡镇志书编纂者的生卒年进行了文献考证。

第五章浙江乡镇志书的价值。乡镇志作为较小区域单位的方志，许多具体内容为州府志乘所未备，具有独特的史料价值与学科价值，在中国方志史上有其一席之地。乡镇旧志的价值已经得到充分认可和

---

① 关于查考现存清代乡镇志书版本信息所用主要的目录提要著作，详可参见陈凯著《清代乡镇志书研究》之"主要参考文献"第六部分，武汉大学出版社，2019。

发挥，新修镇村志的价值则正在显现和等待发掘，并将随着时间的推移得到更为重要和全面的体现。每一种每一部地方志书都有其独立的文献价值，但其最大的功用则体现为由地方志群体所构成的广阔而全面的资料库。因此，着重研讨其文献价值，并兼及社会价值和文本价值。

下编为浙江乡镇志书考录提要。本编分宋代、明代、清代、民国、中华人民共和国成立以来等五个部分对浙江乡镇志书进行考录。宋代、明代、民国的乡镇志书考录以文献著录为主。文献著录包括志书名称、卷帙、编纂者、成书年代、主要版本诸项。清代乡镇志书考录条目分为文献著录与编纂者考述两部分。文献著录包括志书名称、卷帙、编纂者、成书年代、主要版本诸项。编纂者考述则依据史料文献，对志书编纂者的生卒年份、社会背景、生平履历、学识专长、著述情况等内容进行考述。中华人民共和国成立以来（1949~2018年）的乡镇志书考录条目以文献著录为主。包括志书名称、编纂单位、主要编纂者、出版单位、成书时间、版本印数、页码字数、志书概况、篇目设置、上下断限、收藏机构等诸项。

本书以现存最早乡镇志常棠《澉水志》刊布以来（1256年）至2018年间的历代浙江乡镇志为对象。对于宋以来浙江乡镇志，通过文献爬梳，辑考著录志书名目，明确其目录版本学要素，并进一步考述历代浙江乡镇旧志编纂者的生平履历、著述情况。以此为基础，从文献学和史学史视角展开专题研究，分别探究浙江乡镇志的版本类型、时空分布特征、图书流布模式、体例体裁与命名特征、资料断限与成书年代、史源类型与文献利用机制、发展分期、编纂者群体类型、修志理念与方志学思想，通过对浙江乡镇志的文献报道与专题研究，进一步展示其文献价值。此次研究的难点所在，也正是研究的创新之处，我们希冀能在以下三个方面的研究成果有所推进与突破：

第一，本书对常棠《澉水志》刊布以来至今 760 余年间的历代浙江乡镇志，进行系统完整的考录整理、研究评述，特别是首次在全省范围内系统查考著录新修乡镇村志，拓展研究时段下限，进行贯通式考察，在时间跨度、志书数量、考录程度、研究角度上更为系统翔实；已查考著录的浙江乡镇志的数量名目，较之以往学术界通行结论增加一定比例（如《浙江方志考》著录明代浙江乡镇志 16 种，清代 76 种，现考订为明代 20 种、清代 100 种），推进原有研究结论；力求以原始文献考证研究乡镇志编纂者生平概况，以史料立论，坚实可信。

第二，本书对浙江乡镇志的版本类型、时空分布特征、图书流通模式等问题进行系统研究，尤其是对乡镇旧志钞本与印本系统首次进行分类梳理，探究其特征，以往这方面较少有学术成果出现。

第三，本书通过较为全面系统地考录整理、研究评述历代浙江乡镇志，对旧志整理、新志编纂、史志研究创造深入研究的基础平台；为社会读志用志提供线索，使浙江乡镇志更好发挥其社会价值、经济价值、科学文化价值；对于相关专业的教学培养、学科建设起到有益作用，为浙江省实施名镇志文化工程、乡村记忆工程以及各地编纂新乡镇村志的实践工作提供理论参考咨询。

上　编
研究专论

第一章
宋明时期的浙江乡镇志书

宋代方志编修出现了前所未有的繁荣局面。统治者的重视，学者的参与，使方志的内容日益充实，体例不断完善，基本趋于定型。在这一时期，无论是修志的普遍性还是成书的数量，都是史无前例的。①浙江纂修镇志，就始于宋代常棠所纂的《澉水志》。因这部镇志是现存最早的乡镇志，也是唯一存留至今的宋代乡镇志，历来被视为我国纂修镇志之开山之作。

一 宋代浙江乡镇志书的起源

目前可考知的最早出现的乡镇志书为梅尧臣编纂的《青龙杂志》（已佚），其成书年代约在北宋中期的嘉祐五年（1060）之前。②此后又有林鉴所纂《续青龙志》（已佚），其成书年代或在北宋后期至南宋初期之间。③由于这两部乡镇志书目前都已亡佚不见，我们无法得知

---

① 仓修良：《方志学通论》（增订本），华东师范大学出版社，2013，第 174 页。
② 按：（明）陈威、喻时修，顾清纂正德《松江府志》，于卷首胪列"引用诸书"50 余种，其中就有梅尧臣所纂《青龙杂志》一书。此外，（清）宋如林修、孙星衍等纂嘉庆《松江府志》卷一《疆域志》亦曾引述该志佚文一则。
③ 按：（清）宋如林修、孙星衍等所纂嘉庆《松江府志》卷二《山川志》引述此志佚文。

其编纂体例、体裁与篇目构架的具体情形。但仅就其志书命名来看，似有唐宋时期史料笔记著述体例的意味，因此推测，这两部乡镇志书文献有可能较为接近史料笔记的体裁，其作为地方志书的体例尚未完全成熟，仍具有杂史著述的文献性质。这种情况，也是与方志发展史上北宋时期的地方志书体例尚未完全定型，仍在图经与定型志书之间有所变动的历史特征相适应的。

1. 名目与数量

宋代乡镇志书的起源，与作为基层社会经济中心的乡镇、市镇之兴起有着密切的关联。① 目前可以确切考知的浙江宋代乡镇志书共有四种，现仅存一种，其名目分别为：①罗叔韶修，常棠纂宝祐《澉水志》八卷，南宋宝祐四年（1256）成书，现存；②张即之纂《桃源志》，卷数不详，南宋后期成书，已佚；③沈平纂《乌青志》四卷，南宋末年成书，已佚；④沈平纂《乌青拾遗》，卷数不详，南宋末年成书，已佚。浙江地区的四种志书皆成书于南宋后期。对比同时期的志书分布地域，上海湖南各两种（皆佚）、福建一种（已佚）。浙江地区合占宋代乡镇志书的近二分之一比重，成为已知宋代乡镇志书最为集中的地区。这个特点在后世乡镇志书发展过程中一直得以延续，明清时期的浙江地区，同样是乡镇志书编纂数量最为集中以及修志活跃程度最高的地区所在。

其中常棠的宝祐《澉水志》是现存最早的乡镇志。② 澉浦置镇于唐开元五年（717），位于海盐县南部。南宋定都杭州后，"四方百货所凑，澉为近畿，而舶由霩澉入钱塘阻于江湍，以收舶澉濡为便，番

---

① 陈振：《关于宋代"镇"的几个问题》，《中州学刊》1983 年第 3 期；陈振：《宋史》，上海人民出版社，2016，第 308~309 页。

② （宋）罗叔韶修、常棠纂宝祐《澉水志》，《中国地方志集成·乡镇志专辑》第二十册影印 1935 年《澉水志汇编》铅印本，上海书店出版社，1992。

货因而毕集"，澉浦港作为国都临安名副其实的外港和南宋政治的象征，取代了杭州的对外贸易地位，成为我国东南一大外贸港口。《澉水志》由罗叔韶修，常棠纂。罗叔韶，字仪甫，四明人，以肓小登太常第，绍定三年（1230）授澉浦监镇。常棠，字召仲，号竹窗，海盐人。隐居不仕。成书的年代处于南宋中晚期，当时是澉浦历史上最繁华、最鼎盛的阶段。常棠曾对澉浦镇尹（即镇长）罗叔韶说："郡有《嘉禾志》，邑有《武原志》，其载澉水之事则甚略焉，使不讨论闻见，缀辑成编，则何以示一镇之指掌？"罗叔韶钦佩常棠的见闻与学识，支持他编纂澉浦镇志，于是常棠开始收集有关档案史料，从宋绍定三年（1230）开始著述，历时 26 年之久，直到宋宝祐四年（1256），《澉水志》才最终成书。

罗叔韶《澉水志序》云："澉水斗大一隅，厥土斥卤，凡邱源之流峙，税赋之重轻，道途之遐迩，聚庐之众寡，与夫选举名数，先贤遗迹，素乏图经，茫无可考。叔韶效官于兹，甫及半祀，正欲搜访舆理为纪载，吏事鞅掌未暇也。竹窗常棠字召仲，寓居是镇，一日告余曰：郡有《嘉禾志》，邑有《武原志》，其载澉水之事则甚略焉，使不讨论闻见，缀辑成编，则何以示一镇之指掌，于是正订稽考，集作一经，名曰《澉水志》。"常棠序云："绍定三年，镇尹罗仪甫属余撰《澉水志》虽时编集大略，而仪甫满去，竟勿遐问。逾七八政，粤岁既久，订正尤详。因日边孙君来此，听讼侵长，遇事练熟，虽镇场废坏，非畴曩比然能公谨廉敏，明烛隐幽，才干有余，趋办自足。爱割己俸，售募镌行。水军袁统制闻而喟然曰：是书不刊于镇税全盛之前，而刊于镇税凋弊之后，甚可嘉矣。锐捐梓料，肃赞其成。噫！《元和郡县志》丞相李吉甫所制也，后三百余年，待制张公始刻于襄阳。今余所编《澉水志》后二十七祀，权镇孙君即镂于时阜，则是书之遇知音，又不大可庆耶。"

浙江宋代见于著录的四部镇志中，属湖州地域的两部，即《乌青记》和《乌青拾遗》。两书皆为宋末沈平所纂，均属二镇合志。乌镇旧属湖州府乌程县，青镇属嘉兴府桐乡县，两镇中隔车溪，而又联成一市，经济、文化方面又不能分隔，故合称乌青，以此作志。所载皆两镇事迹和沿革，反映当地的风土民情，以及缙绅冠盖的显要。嘉靖《乌青志》作者陈观云："乌青镇特嘉湖接壤境耳（按，乌镇属乌程县，即今吴兴县，青镇属桐乡县，中隔东溪，两镇联一市，故合称乌青），向亦有志，盖襟末镇人沈平东皋所作也。所载皆两镇事迹之沿革，民风土俗之繁荣，缙绅冠盖之显要，用识一时之盛也。"此志约佚于明末。虽难考原貌，但因明嘉年间陈观续修镇志，曾对该志"乃于暇日校正之，仍增入国朝人物土产，事迹及前所载之碑文……类成一帙"。后万历年间修镇志又引用《嘉靖志》，而现《万历志》尚存，这样就保存了该志的一些材料。从内容上看，已具有后来镇志规模。

2. 体例与内容

关于宋代浙江乡镇志书的特点，目前只能从仅存的南宋常棠编纂的宝祐《澉水志》来进行探究。南宋时，由图经到方志的定型已基本完成。《澉水志》即以"志"为名，在编纂上采用了分纲列目的纲目体形式，横排门类，以事系目。全书8卷15门。书前有罗叔韶及常棠序和《澉浦所全图》。卷一为地理门（沿革、风俗、形势、户口、赋税、镇名、镇境、四至八到、水陆程），卷二为山门（湾附），卷三为水门（堰闸），卷四为廨舍门、坊巷门、坊场门、军寨门、亭堂门、桥梁门，卷五为学校门、寺庙门、古迹门，卷六为物产门（早稻名、杂谷、货、花、果、菜、竹、木、药、禽、畜、海味、河味），卷七为碑记门，卷八为诗咏门。8卷44页之书，正文仅1.1万余字，篇幅精炼，内容却详今略古，十分丰富，保存了南宋海外贸易重要港口——澉浦镇的许多珍贵资料，志中有关市舶场、蕃舶骈集流通吴浙等记载，为研究宋代海外贸易提供了很有价值的资料。

从体裁运用上看，该志卷首有图（即《澉浦所全图》），无人物传记，全篇门类皆为书志体，属于兼备图、志两种体裁的志书。宝祐《澉水志》以这种纲举目张的编纂体裁与篇目框架，对南宋时期澉浦镇的历史、人文、地理等方面的内容进行分门别类的记述，其编纂体例稳当，篇目设计得体，语言叙述凝练有法、详略得当，与南宋"临安三志"在编纂上具有一致的风格与特点，是一部不可多得的宋代名志。因此，《四库全书总目提要》评价其为："叙述简核，纲目该备，而八卷之书，为页止四十有四……可谓体例精严，藻不妄抒者矣。"①清代学者周中孚亦评价此志为："叙述赅括，体例谨严，而文尤雅洁。盖为一镇作志，自不能多所搜采，故以精简出之。"②清嘉庆间修《马陆志》，其作者即"循《澉浦》遗，发凡起例"。钱大昕曾以此书作范式衡量《续外冈志》，称："予尝读常棠《澉川志》，窃叹澉川海盐之一镇耳，而未尝不与乐史之《寰宇记》、王存之《九域记》、欧阳忞之《舆地广记》并传，然则著书之君子，当务为其可信可传，固无事驰骋哉外，转致穷大而失其居矣。"所以一直以来宝祐《澉水志》都被奉为编纂乡镇志书的典范之作，对后世乡镇志书的编纂产生了重要的影响。

二 明代浙江乡镇志书的发展

囿于资料所限，尚未考得有元代的乡镇志书名目。然而有的学者

---

① （清）纪昀、（清）陆锡熊、（清）孙士毅等，总纂四库全书研究所整理《钦定四库全书总目整理本》，中华书局，1997。
② （清）周中孚：《郑堂读书记》上，上海书店出版社，2009，第1454页。

认为丰灼编纂的《三茅山志》系目前仅见的元代乡镇志书。① 洪焕椿先生在《浙江方志考》中虽然将此志归入山水志的范畴，但是在具体考述中引述了陈耆卿所撰《三茅山志序》，其所录陈序云："山以志重，而名贤治行、潜德忠贞足为仪范者，与之而昭示乎来祀。是则其名虽曰山志，实乃乡镇之书也。"② 由此来看，陈耆卿似乎又将丰灼编纂的《三茅山志》当作乡镇志书，而洪先生也误以此志为山水志，在志书分类上出现了矛盾。然检对明人高宇泰撰《敬止录》卷四十所载陈耆卿序文，两相对照之下，我们发现在"昭示乎来祀"之后根本不是洪焕椿先生引述的所谓"是则其名虽曰山志，实乃乡镇之书也"的语句，而是"盖先生文学政事，于往哲无愧"云云的评赞文字，并以此结尾。③ 由此可知，洪著中所谓"其名虽曰山志，实乃乡镇之书也"乃是作者自下之按语，却不慎误入所引述材料中而且未发现讹误所在；后来学者未经检对原书序文，径将此语认为是陈耆卿原文所述，因此造成了误解。实际上就陈耆卿所述以及任埙所撰序文来看，这部志书记载了以元代宁波三茅山地区（今宁波鄞州区与奉化市交界一带）为中心的自然、人文、特产、风俗等方面的内容，当属于山水志范畴，因此不能将其列入乡镇志书的行列中。

方志到了明代有了迅速的发展，并逐渐形成一种制度，保证修志工作连续不断地进行。明太祖朱元璋于洪武三年（1370）下令编修一统志，永乐十六年（1418）颁布《纂修志书条例》21 条。中央政府的三令五申，使各地编修方志得到迅速发展。同时，由于明代已进入

---

① 例如褚赣生、龚烈沸就持此观点，分别参见《明清乡镇志研究》（复旦大学 1987 年度硕士学位论文）与《宁波古今方志录要》，宁波出版社，2001。

② 参见洪焕椿编著《浙江方志考》，浙江人民出版社，1984，第 511~512 页。

③ （明）高宇泰撰《敬止录》，清道光十九年（1839）刻本。李修生主编《全元文》卷一七九二载有此篇序文，参见该书第五十九册，凤凰出版社，2004，第 21 页。

封建社会后期，随着社会经济的发展，特别是地方经济的发展，资本主义萌芽的产生，明代方志编修出现了一个新的动向，①府志、县志多次修纂的同时，乡镇志也比宋代有所发展，许多快速发展的乡镇，为了适应地方经济和人文需要，也编修了志书。

1. 名目与数量

浙江乡镇志书的编纂到了明代有了进一步的发展，但仍不普及。

目前可考知的明代乡镇志书有 76 种，其中现存 20 种，亡佚 56 种。明代浙江乡镇志书有 27 种，其中现存 7 种，亡佚 20 种。明代中后期的嘉靖、万历、崇祯三朝编纂的志书（18 种）占其全体数量的三分之二比重。分别为永乐《濮川志略》（佚）、天顺《仙潭事迹》（佚）、弘治《蒲岐所志》（佚）、正德《仙潭志》（存）、嘉靖《增辑乌青志》（佚）、嘉靖《四安镇志》（佚）、嘉靖《续澉水志》（存）、嘉靖《观海卫志》（存）、嘉靖《临山卫志》（存）、隆庆《鄞西桃源志》（佚）、万历《璜市志》（佚）、万历《桃源乡志》（佚）、万历《增补桃源志》（佚）、万历《重修乌青镇志》（存）、万历《桃源志稿》（佚）、万历《双林笔记》（佚）、万历《濮溪志草》（佚）、万历《菱湖志》（佚）、崇祯《石步志》（存）、崇祯《濮川残志》（佚）、崇祯《南浔镇志》（佚）、崇祯《濮川志略》（佚）、明末《硖川志》（存）、明《乌青续录》（佚）、明《仙潭续志》（佚）、明《桃源广记》（佚）、明《竹溪小志》（佚）。

明代的浙江镇志，在分布上很不平衡，主要集中于嘉兴、湖州两府，杭州、宁波甚少，而绍兴、金华、台州、处州、温州、衢州诸府，均未发现有修镇志。这与当时嘉兴、湖州及杭州等地的市镇的兴起和经济的发展密切关联。乡镇志在濮院等少数几个镇市集中纂修的原因

---

① 仓修良：《方志学通论》（增订本），华东师范大学出版社，2013，第 225 页。

即在于此。

从宋元开始，到明朝初年，一些原来属临时性、定期的集市，逐步发展成为规模较大的、以商业为主体的新市镇。嘉靖时人茅坤曾说："至于市镇，如我之湖，归安之双林、菱湖、琏市，乌程之乌镇、南浔，所环人烟者数千家，大者万家，即其所聚，当亦不少中州郡县之饶者。"这说明当时湖州、嘉兴府不少新兴的商业、手工业市镇崛起，巨商大贾聚焦，商旅来往颇繁，经济相当发达，商业非常繁荣，其富饶程度已经超过某些县城。

如乌青镇，洪武初"虽云重兴，亦不尽复。迄成化弘治间，年谷屡登，居民殷富，锐于兴作……民居则鳞次栉比"，"十里之内，民居相接，烟火万家"（见乾隆《乌青镇志》卷首）。由于经济繁荣，交通便利，世族名士聚居于市镇，书院、寺院林立，文人学士辈出，又形成了人文荟萃之地。以乌青镇为例，宋有进士17人，元1人，明9人；宋明两朝，举人达39人之多。因而该镇宋代二修镇志，明代三修镇志。

再如桐乡濮院镇，北宋不过是一个草市，叫御儿市，元代逐步形成小市，称永乐市，到了明代万历年间，一跃而成为"人可达万家"，"商旅辐辏"的商品经济发达的中心。这里丝织业兴盛，在明隆万年间，又"改土机为纱绸，制造绝工"，达到"机杼声轧轧相闻，日出绵帛千计，远方大贾携囊群至，众庶熙攘于焉"的繁荣景象。这里也是人文荟萃之地，有进士15人，其中宋4人，元2人，明9人。因而这个镇的修志事业也较发达，明代修了《濮院小志》《濮川志草》《濮川残志》《濮川志略》等，数量之多，为明代各镇之首，惜相继佚失。另外，海盐县澉浦镇、德清县新市镇等亦均几度修志。

明代各地区乡镇（尤其是江南地区的市镇社会）的不断繁荣发展

与地方人文事业的兴盛，成为编纂乡镇志书的重要物质和文化基础。明代乡镇志书的这种时空分布特征，是与明代中后期以来全国各地尤其是江南地区的市镇社会繁荣、经济发展与人文教育昌盛的历史背景相一致的。[1]

2. 体例与体裁

明代县志门类齐全，记述较详，而镇志则较为简略，记述一镇的概貌和风土人情。

从志书体例与编纂体裁的成熟完备以及记载篇目门类的丰富程度上看，明代乡镇志书较之南宋时期的乡镇志书有了更进一步的发展。以董穀纂修的嘉靖《续澉水志》为例，该志系海盐董穀纂，仿《绍定澉水志》图经体例所作，纂于嘉靖二十六年（1557），分四册九卷。董穀字硕甫，正德丙子举人，官安义、汉阳知县。罢官后，自号碧里山樵，又号汉阳归叟，居海盐澉浦镇。他曾对常棠所作《澉水志》，校后刊行。又采元、明诸事，续成新编。《四库全书》根据浙江巡抚采进本存目。该志虽然沿用了宝祐《澉水志》的纲目体形式，但是在分纲列目的程度上更为精细，每个大类都有次一级细目的设置。例如宝祐《澉水志》仅在地理门下细分为沿革、风俗、形势、户口等9个细目进行记述，其他诸门并未再行划分次级篇目，而嘉靖《续澉水志》仅在卷之四贡赋纪下就分置区图、丁产、税课局、盐课、滩荡、团盘、屯种、岁造共8个细目，主要用来记载当地的赋税、丁产与户口等内容，全志更是分为地理、职官、公署、贡赋、兵卫、祠宇、人品、杂记、艺文九9个大类共51个细目门类进行记述，不仅其分类的细致程度较之宝祐《澉水志》更上一层，而且进一步丰富了相关内容的记载。又如嘉靖《续澉水志》卷之五兵卫纪下又分为城池、军伍、

—————————

① 魏桥主编《浙江方志源流》，浙江人民出版社，1998。

校场、砦堠、铺舍等次级篇目，而在宝祐《澉水志》中大致与这些篇目记载的内容相对应的乃是廨舍、坊巷、坊场、军寨等高一级的大门类，但其所载内容都较为简略单薄，实际上等同于一般志书中的细目所载内容的篇幅容量。因此，董毂在编纂嘉靖《续澉水志》的过程中，便把属于此类情况的大类篇目降格为细目并列处理，这样在篇目大类设置上较之宝祐《澉水志》减少了许多，不仅看上去显得线索明晰、条例清楚，而且在次级细目的设置与编排上更为符合当地实际情况，使得志书各卷各类的篇幅也显得更为均衡，体例更趋精严。

从志书的体裁运用方面来进行比较，宝祐《澉水志》仅有图、志二体，通篇无人物列传。随着当地社会经济的不断发展与记载对象在内容上的日益丰富，嘉靖《续澉水志》在编纂中就增设了人物纪一卷，运用传记体裁记述乡里先贤人物，丰富了乡镇志书的记载内容，而且卷首载图较之宝祐《澉水志》亦为多，不仅有舆地形势图，又增加了地理景观图。嘉靖《续澉水志》图、传、志三体兼备，整部志书的内容与形式更趋丰富完备，由此展现了明代乡镇志书较之南宋乡镇志书编纂的长足发展特征。成于正德十一年（1516）的正德《仙潭志》，明陈霆撰。陈霆是本镇人，曾任山西提学佥事等职，离官后回乡从事著述。他所纂修的镇志实为缩小的县志。该志物产一目记载甚详，特别是有关湖州物产丝、油、苎麻等生产和贸易的情况。另外对街坊记载也颇为详细。对研究明代江南镇市经济有一定价值。

这些乡镇志书的特征从整体上反映了自宋代以来乡镇志书在体例、体裁以及篇目设计上的不断完善与演进的发展趋势，为清代乡镇志书编纂的繁盛时期到来，以及志书的体例体裁丰富多样、记载方式富于个性的鲜明特点之形成做好了铺垫和准备。

表 1　宋明时期浙江乡镇志书一览

志书名称	卷数	编纂人员	成书年代	存佚情况
宝祐《澉水志》	八卷	（宋）罗叔韶修、常棠纂	宝祐四年	存
南宋《桃源志》	不详	（宋）张即之纂	南宋后期	佚
南宋《乌青志》	四卷	（宋）沈平纂	南宋末年	佚
南宋《乌青拾遗》	不详	（宋）沈平纂	南宋末年	佚
永乐《濮川志略》	不详	（明）濮孟清纂	永乐年间	佚
天顺《仙潭事迹》	不详	（明）胡嗣宗纂	天顺年间	佚
弘治《蒲岐所志》	不详	（明）陈戴阳、朱声振纂	弘治年间	佚
正德《仙潭志》	八卷	（明）陈霆纂	正德十一年	存
嘉靖《增辑乌青志》	不详	（明）陈观纂	嘉靖二年	佚
嘉靖《四安镇志》	不详	（明）顾应祥纂	约嘉靖中期	佚
嘉靖《续澉水志》	九卷	（明）董穀纂修	嘉靖三十六年	存
嘉靖《观海卫志》	四卷	（明）周粟纂	嘉靖年间	存
嘉靖《临山卫志》	四卷	（明）朱冠、耿宗道纂	嘉靖年间	存
隆庆《鄞西桃源志》	五卷	（明）张桃溪、杜思泉纂	隆庆二年	佚
万历《琏市志》	二卷	（明）杨稠、杨辇纂	万历元年	佚
万历《桃源乡志》	二卷	（明）张沔、杜校纂	万历四年	佚
万历《增补桃源志》	不详	（明）水静、杜复益纂	万历二十三年	佚
万历《重修乌青镇志》	五卷	（明）李乐纂	万历二十九年	存
万历《桃源志稿》	不详	（明）王养吾纂	万历四十年	佚
万历《双林笔记》	不详	（明）陈所志纂	万历四十五年	佚
万历《濮溪志草》	不详	（明）周之学纂	万历年间	佚
万历《菱湖志》	一卷	（明）庞太元纂	万历末年	佚
崇祯《石步志》	一卷	（明）叶时标纂	崇祯三年	存
崇祯《濮川残志》	七卷	（明）濮孟清原纂、濮侣庄订补	崇祯年间	佚
崇祯《南浔镇志》	不详	（明）潘尔夔纂	崇祯年间	佚
崇祯《濮川志略》	不详	（明）濮孟清纂	崇祯年间	佚
明末《硖川志》	二卷	（明）潘廷章纂、王简可续纂	明代末年	存
明代《乌青续录》	不详	（明）胡顺伯纂	年代不详	佚
明代《仙潭续志》	不详	（明）胡道传纂	正德至万历	佚
明代《桃源广记》	不详	（明）何希濂纂	年代不详	佚
明代《竹溪小志》	不详	（明）朱金芝纂	年代不详	佚

　　资料来源：《中国地方志联合目录》《中国地方志总目提要》《浙江方志考》《清代乡镇志书研究》。

第二章
清代至民国的浙江乡镇志书

乡镇志书的编纂起源于宋代，经过明代的发展演变，其体例不断成熟进步，篇目设计与编纂体裁不断得到完善，记载的内容日益丰富多彩，志书的编纂水准不断得到提高。到了清代，随着全国各地乡镇社会（尤其是江南地区的市镇社会）的发展以及经济、人文事业的繁荣昌盛，乡镇志书的编纂进入了一个新的历史阶段，不仅在数量与种类上大有增加和突破，而且在志书的体例、体裁以及篇目门类的多样化方面展示出非常鲜明的特点，由此成为地方志书文献的一个重要门类与组成部分。

一　清代浙江乡镇志书概况

在对清代以前浙江乡镇志书的发展沿革梳理清楚之后，接下来对清代浙江乡镇志书的名目与数量进行了细致的查考和爬梳，明确其编纂者、书名、卷帙、体裁、成书年代、主要版本流布情况等方面的信息，进一步对清代浙江乡镇志书的命名与别称、体例与体裁、篇目设计与编纂方式等问题进行了探究。同时，从乡镇志书的版本类型、版本数量及其演变途径入手，对清代浙江乡镇志书的版本类型与特征进行研究。

本节首先对清代浙江乡镇志书的名目与数量进行了查考统计，以列表的形式展示其志书名目，可供检查考对。其次，对于清代乡镇志书的命名与别称、体例与体裁、篇目设计与编纂方式等问题进行了探究，分析总结其不同方面的特征，以此展现清代乡镇志书的概貌。

1. 名目与数量

对清代浙江乡镇志书进行系统的研究，首先要解决一些基本问题：志书的总数，编纂者、卷帙、成书年代、存佚情况等。只有在这些问题得以解决的基础上，才能对其进行下一步的深入研究。可以说浙江乡镇志书的名目与数量是整个研究的基础和重中之重。所以，我们广泛地考查了各类方志著录和提要考录著作，并利用相关地区新旧地方志书的艺文志部分对乡镇旧志书目的著录结果，进行了深入的整理，目前共考得有确切名目依据的清代浙江乡镇志书 126 种，其中现存 71 种，亡佚 55 种，以表格的形式展示如下。

表 2　清代浙江乡镇志书一览表

名称	卷数	编纂人员	成书年代	存佚情况
清初《濮川小志》	不详	不详	清代初年	佚
顺治《仙潭志略》	不详	（清）潘穀纂	顺治初年	佚
顺治《浔溪文献》	四卷	（清）潘尔夔纂	顺治元年	佚
顺治《仙潭后志》	不分卷	（清）胡道传续编、沈戬穀订补	顺治四年	存
顺治《临平续记》	不详	（清）潘夏珠纂	顺治年间	佚
康熙《重修乌青镇志》	不详	（清）沈嗣骏纂	康熙初年	佚
康熙《乍浦九山志》	二卷	（清）李确纂	康熙四年	佚
康熙《双林志》	六卷	（清）吴若金纂	康熙十二年	佚

续表

名称	卷数	编纂人员	成书年代	存佚情况
康熙《双林补志》	十六卷	（清）吴若金原纂、吴世英补纂	康熙十二年	佚
康熙《乍浦九山补志》	十二卷	（清）王寅旭、李天植纂	康熙十二年	存
康熙《乍浦九山续志》	不详	（清）李蔗村纂	康熙十二年	佚
康熙《仙潭志补》	不详	（清）胡尔嘉纂	略早于康熙十三年	佚
康熙《仙潭志余》	不详	（清）陈尚古纂	康熙十三年	佚
康熙《新溪注》	八卷	（清）陈尚古纂	康熙十三年	佚
康熙《增订濮川志略》	七卷	（明）濮孟清原纂，（清）濮侣庄订补、濮龙锡增订	康熙十四年	佚
康熙《栖里景物略》	十二卷	（清）张之鼎辑	康熙二十三年	存
康熙《栖水文乘》	不详	（清）曹葭园辑	康熙二十三年	佚
康熙《栖乘类编》	不详	（清）周逸民辑纂	略晚于康熙二十三年	存
康熙《乌青文献》	十卷	（清）张园真纂	康熙二十七年	存
康熙《鄞西桃源志》	五卷	（明）张桃溪、杜思泉原纂（清）佚名增订	康熙二十七年	存
康熙《桃源乡志》	八卷	（清）臧麟炳纂	康熙二十八年	存
康熙《仙潭文献》	四卷	（清）程之彭纂	康熙三十年	存
康熙《皋部志》	不分卷	（清）沈铨纂	康熙三十八年	存
康熙《东双林志》	十六卷	（清）倪汝进纂	康熙三十九年	佚
康熙《同辑双林志》	十卷	（清）谈嗣升、凌维远纂	康熙四十一年	佚
康熙《濮川纪略》	二卷	（清）张其是纂	康熙前中期	佚
康熙《双林纪略》	不详	（清）范硕纂	康熙五十一年	佚
康熙《浔溪文献》	不详	（清）夏光远纂	康熙五十五年	佚
康熙《前朱里纪略》	不分卷	（清）盛爀纂	康熙五十六年	存
康熙《再续澉水志》	十二卷	（清）吴为龙纂	康熙年间	佚
康熙《金乡镇志》	不分卷	（清）佚名纂	康熙年间	存
雍正《栖里续补志略》	不详	（清）韩应潮辑	康熙、雍正年间	佚
雍正《梅里志》	四卷	（清）韩存礼纂	雍正二年	佚
雍正《硖川志略》	一卷	（清）蒋宏任纂	雍正六年	存
乾隆《乍浦九山续补志》	不详	（清）宋景濂纂	乾隆二年	佚

续表

名称	卷数	编纂人员	成书年代	存佚情况
乾隆《南浔续志》	一卷	（清）陈可升纂	乾隆五年	佚
乾隆《双林支乘》	不详	（清）姚荄客纂	乾隆九年	佚
乾隆《乍浦志》	六卷	（清）宋景关纂	乾隆二十二年	存
乾隆《南浔文献志稿》	二卷	（清）张鸿寯纂	乾隆二十三年	佚
乾隆《南浔文献志》	二卷	（清）张鸿寯纂	乾隆二十三年	存
乾隆《乌青镇志》	十二卷	（清）董世宁纂	乾隆二十五年	存
乾隆《南浔文献志》	不分卷	（清）方熊纂	乾隆二十六年	佚
乾隆《石步志》	一卷	（明）叶时标原纂，（清）叶四聪订、叶维新重辑	乾隆二十七年	存
乾隆《东西林汇考》	八卷	（清）茅应奎纂	乾隆三十一年	存
乾隆《濮川风土记》	二卷	（清）杨树本纂	乾隆三十二年	存
乾隆《唐栖志略》	二卷	（清）何琪纂	乾隆三十四年	存
乾隆《梅里志》	十六卷	（清）杨谦纂	乾隆三十八年	佚
乾隆《濮院琐志》	八卷	（清）杨树本纂	乾隆三十九年	存
乾隆《琏市志》	不详	（清）嵇瑛纂	乾隆四十七年	佚
乾隆《重修南浔镇志》	十二卷	（清）方矗纂	乾隆五十年	佚
乾隆《南浔镇志》	十二卷	（清）董肇铿纂	乾隆五十一年	佚
乾隆《濮镇记闻》	四卷	（清）胡琢纂修	乾隆五十二年	存
乾隆《重增濮川志略》	十四卷	（明）濮孟清原纂，（清）濮侣庄订补、濮龙锡增订、濮润淞重增	乾隆五十四年	佚
乾隆《乍浦志续纂》	二卷	（清）宋景关续纂	乾隆五十六年	存
乾隆《花溪志》	十八卷	（清）许良谟纂	乾隆五十八年	佚
乾隆《花溪志补遗》	一卷	（清）许良谟纂	乾隆六十年	存
乾隆《菱湖小志》	十卷	（清）孙霖纂	乾隆前期	佚
乾隆《乌青杂识》	不详	（清）夏骃纂	乾隆年间	佚
乾隆《浔溪文献》	不详	（清）庄学德纂	乾隆年间	佚
乾隆《濮院志》	不详	（清）屠本仁纂	乾隆年间	佚
乾隆《北溪志》	不详	（清）戈温如纂	乾隆前中期	佚
乾隆《五大夫里志》	不分卷	（清）潘思汉纂	乾隆年间	存

名称	卷数	编纂人员	成书年代	存佚情况
乾隆《湖墅志》	不详	（清）魏标纂	乾隆末年	佚
乾隆《硖川新志》	二卷	（清）沈元镇辑	乾隆末年	佚
乾隆《三江志略》	不详	（清）陈和编纂	乾隆末年	佚
嘉庆《宝前两溪志略》	十二卷	（清）吴玉树纂	嘉庆十二年	存
嘉庆《濮院琐志》	八卷	（清）杨树本纂	嘉庆十三年	存
嘉庆《硖川续志》	二十卷	（清）王德浩纂、曹宗载重订	嘉庆十七年	存
嘉庆《新市镇续志》	八卷	（清）沈赤然纂	嘉庆十七年	存
嘉庆《濮川所闻记》	六卷	（清）金淮纂、濮镇续纂	嘉庆十八年	存
嘉庆《孝感里志》	十二卷	（清）张廉纂	嘉庆二十四年	存
嘉庆《双林续记》	十三卷	（清）沈荣晋纂	嘉庆二十四年	佚
嘉庆《增修双林续记》	不详	（清）沈荣晋原纂、郑昌祺增修	嘉庆二十四年	佚
嘉庆《梅里志》	十六卷	（清）杨谦原纂、李富孙补辑	嘉庆二十五年	存
嘉庆《濮川所闻记续编》	二卷	（清）金淮纂	嘉庆二十五年	存
嘉庆《上柏志》	四卷	（清）徐熊飞纂	嘉庆末年	佚
道光《浒山志》	八卷	（清）高杲、沈煜纂	道光五年	存
道光《乍浦备志》	三十六卷	（清）邹璟纂	道光六年	存
道光《琏市志》	四卷	（清）沈焯纂	道光七年	佚
道光《渔闲小志》	不分卷	（清）吴展成纂	道光十一年	存
道光《菱湖志》	不分卷	（清）沈云飞纂	道光十五年	存
道光《乍浦续志》	六卷	（清）许河纂修	道光十六年	存
道光《南浔镇志》	十卷	（清）范来庚纂	道光二十年	存
道光《安昌志》	不分卷	（清）高骧云辑、韩启鸿补辑	道光二十年	存
道光《双林志》	不详	（清）郑士枚纂	道光中期	佚
道光《练溪文献》	十四卷	（清）朱闻纂	道光二十八年	存
道光《竹里述略稿》	一卷	（清）徐土燕辑纂	道光二十九年	佚
道光《澉水新志》	十二卷	（清）方溶纂修、万亚兰补遗	道光三十年	存
道光《南浔志稿》	二卷	（清）董恂纂	道光年间	佚
道光《南浔备志》	四卷	（清）沈登赢纂	道光年间	佚
咸丰《南浔镇志》	四十卷	（清）汪曰桢纂	咸丰八年	存

续表

名称	卷数	编纂人员	成书年代	存佚情况
咸丰《双林镇志》	不详	（清）戴梅檐纂	咸丰十一年	佚
同治《竹里述略》	十二卷	（清）徐士燕辑纂	同治三年	存
同治《修川小志》	二卷	（清）邹存淦纂	同治三年	存
同治《新塍琐志》	十四卷	（清）郑凤锵纂	同治五年	存
同治《晟舍镇志》	八卷	（清）闵宝樑纂	同治八年	存
同治《双林记增纂》	十二卷	（清）蔡蓉升原纂、佚名增删	同治九年	存
同治《濮录》	不分卷	（清）岳昭垲纂	同治十二年	存
同治《菱湖志》	二十四卷	（清）卞乃疁纂	同治末年	佚
同治《菱湖志略》	三卷	（清）姚彦渠纂	同治末年	佚
同治《菱湖志》	三卷	（清）姚彦渠纂	同治末年	存
光绪《菱湖志略》	六卷	（清）王宸褒纂	光绪初年	存
光绪《三江所志》	不分卷	（清）陈宗洛原纂、傅月樵补纂、何留学增订	光绪元年	存
光绪《梅里志》	十八卷	（清）杨谦原纂、李富孙补辑、余懋续补	光绪二年	存
光绪《定乡小识》	十六卷	（清）张道纂	光绪八年	存
光绪《清湖小志稿》	八卷	（清）张宗禄纂	光绪八年	佚
光绪《临平记补遗》	四卷	（清）张大昌纂	光绪十年	存
光绪《双林志续纂新辑》	不详	（清）蔡汝鍠纂	光绪十二年	佚
光绪《修川志余》	二卷	（清）锺兆彬纂	光绪十四年	存
光绪《唐栖志》	二十卷	（清）王同纂	光绪十五年	存
光绪《小溪志》	八卷	（清）柴望纂	光绪十七年	存
光绪《菱湖镇志》	四十四卷	（清）孙志熊纂	光绪十八年	存
光绪《四安镇志》	不详	（清）朱镇纂	光绪中叶	存
光绪《临平记再续》	三卷	（清）陈棠、姚景瀛纂	光绪二十一年	存
光绪《湖墅小志》	四卷	（清）高朋年纂	光绪二十二年	存
光绪《忠义乡志》	二十卷	（清）吴文江纂	光绪二十三年	存
光绪《清湖小志》	八卷	（清）张宗禄原纂、张统镐续纂	光绪二十七年	存
光绪《新市镇再续志》	四卷	（清）费梧纂	光绪二十八年	存

名称	卷数	编纂人员	成书年代	存佚情况
光绪《剡源乡志》	二十四卷	（清）赵霈涛纂	光绪二十八年	存
光绪《蒲岐所志》	二卷	（清）倪启辰纂	光绪三十一年	存
光绪《重增濮川志略》	十四卷	（明）濮孟清原纂，（清）濮侣庄订补、濮龙锡增订、濮润淞等后人重增	光绪三十二年	存
宣统《梅里备志》	八卷	（清）余霖纂	宣统三年	存
宣统《闻湖志稿》	二十卷	（清）唐佩金纂	宣统三年	存
清末《沥海所志稿》	不详	（清）杨肇春纂	清代末年	存
清代《硖川志稿》	不详	（清）吴志云纂	年代不详	佚
清代《光溪志》	不详	（清）陈延恩纂	年代不详	存

2. 命名与别称

清代浙江乡镇志书的命名方式，主要是以具体地名加上"志"（及"小志""补志"等）这一类的通称组合而成的。例如董肇铠纂乾隆《南浔镇志》、沈云飞纂道光《菱湖志》、董世宁纂乾隆《乌青镇志》等，这些乡镇志书的命名方式就是以实际具体的地名（例如乡、镇、村、里等）加上"志"这一类的通称。又如濮孟清原纂，濮侣庄订补、濮龙锡增订的康熙《增订濮川志略》、陈尚古所纂康熙《仙潭志余》、邹存淦纂同治《修川小志》等乡镇志书的命名方式，则是以当地的雅称别名加上"志"这一类的通称。其中"濮川"即浙江桐乡市濮院镇的别称，"仙潭"即浙江德清新市镇的别称，"修川"即浙江海宁市长安镇的别称。此外，还有以当地具有代表性的地理标志，如山水、寺塔作为志书名称，例如李确所纂康熙《乍浦九山志》、唐佩金编纂的宣统《闻湖志稿》，其中"九山"是乍浦的标志性地理景观；"闻湖"指的是旧闻川（现王江泾镇），因被王周作诗《闻湖八景》所赞誉，而得名闻湖。除了上述情况之外，清代浙江乡镇志书在命名上还有九类不同的别称，分类叙述如下：

（1）"记"，或"续记""记闻"。

例如潘夏珠纂顺治《临平续记》、杨树本纂乾隆《濮川风土记》、沈荣晋纂嘉庆《双林续记》、胡琢纂修乾隆《濮镇记闻》等志书皆是以此命名。从编纂体例上来看，这些志书多是采用平目体或纲目体的形式，分门别类进行叙述。一般而言，此类志书，虽然沿袭了一般志书的编纂体例，但在具体篇目设置上仍有一定的灵活性。

（2）"小识"，或"杂识"。

张道纂光绪《定乡小识》、夏驷所纂乾隆《乌青杂识》是以此命名。所谓"识"，从语义训诂上看，与"志""记"等的含义基本一致，因而"小识"即是"小志"的一种别称而已。如就张道编修的光绪《定乡小识》来看，该书分列山水、古迹、梵刹、堤约、耆旧、艺文、石墨、田里八门，附以祠宇、古窆共 10 个大类，全面记载定乡的自然和人文，[①] 与一般的乡镇志书体裁完全一致。

（3）"录"。

仅有岳昭垲纂同治《濮录》。"录"与"记"同义，这类乡镇志书在编纂体例上与前述以"记"为名的志书基本一致，只是称谓有所区别。

（4）"文献"。

例如张园真所纂康熙《乌青文献》、程之彭编纂康熙《仙潭文献》、夏光远纂康熙《浔溪文献》、张鸿寯纂乾隆《南浔文献志》、朱闻纂道光《练溪文献》等志书皆是以此命名。凡称"文献"的清代乡镇志书，其基本特点乃是收录大量的人物诗文按类记载，以突出保存地方文献的用意。这种编撰方式的不足之处在于，容易演变为地方诗

---

① 沈建中、洪尚之：《之江名人》，浙江人民出版社，2010，第 124 页。

文集的汇编。

（5）"类编"，或"续编"。

周逸民辑康熙《栖乘类编》、金淮纂嘉庆《濮川所闻记续编》两本志书是以此命名。以"编"为志书称谓，旨在于以此效仿史书体例、追求高古之意。

（6）"略"，或"志略""述略"。

例如盛爌纂康熙《前朱里纪略》、范硕纂康熙《双林纪略》、徐士燕辑纂同治《竹里述略》、蒋宏任纂雍正《硖川志略》、韩应潮辑雍正《栖里续补志略》等皆以此命名。所谓"略"，是取其概貌、概略的意思而言，并非是论篇幅的详略。如张之鼐辑康熙《栖里景物略》十二卷、吴玉树纂嘉庆《宝前两溪志略》十二卷，其志书称"略"，篇幅却并不简略，由此可见仅为作者的谦逊之词。

（7）"乘"。

以"乘"为名者有曹菽园辑康熙《栖水文乘》、周逸民辑康熙《栖乘类编》、姚葭客所纂乾隆《双林支乘》。"乘"是一种先秦诸侯国史的体裁，如《晋乘》，即晋国的国史。志书以此为名，是效仿传统史学的编纂体例，也表明了编纂者"志属史体"的方志学思想。

（8）"考"。

以"考"为名者仅有茅应奎纂乾隆《东西林汇考》。据考证，茅应奎原序题为"东西林汇志"，但因之后每卷以"志"命名，如卷一形胜志、卷二建置志、卷三古迹志等，为避免重叠而改志书总名为"考"。

（9）"注"。

仅有一例，陈尚古纂康熙《新溪注》。此志已佚，无从得知其大概情况。

综上所述，我们可以知道，清代浙江乡镇志书的命名方式并不拘泥于定式，而是具有极强的灵活性。虽然多数志书即以"志"这一通称为名，但也有不少乡镇志书在命名上别出心裁。除此之外，我们通过志书的名称，还能对于其编纂方式与文献形态有所认知。如名称中带有"续""补"一类的字眼时，可以得知，此志必为续补前人所得，对于志书的梳理也有一定的帮助。

3. 体例与体裁

（1）编修体例。

清代浙江乡镇志书的体例，主要有细目并列的平目体、分纲列目的纲目体以及仿照正史的纪传体三种。这三种主要体例中，平目体的产生由来已久，最早在魏晋南北朝时期的地记与隋唐五代的图经中，都可以看到这种体例。平目体将记载要目并列排列，分别叙述，这种体例即使在地方志书发展趋于定型之后，也一直被后世所继承延续。纲目体是为了适应现实需求而产生的。随着地方志书记载内容的不断丰富，原有的类目框架不能囊括如此庞杂的内容，所以在原有的并列平目之下继续分类加以区分，以便进行更为细致的记载。如此一来便形成了纲举目张的编纂体例。归根溯源，纲目体是由平目体演化而来的，只不过在类目区分与框架层级上有了更进一步的发展。这种现象，仓修良先生曾指出，这种以细目并列为特征的平目体"可视为方志发展中的正宗"。①

清代浙江乡镇志书采用何种编纂体例，一般而言，是由志书的篇幅大小以及记载对象的复杂程度决定的。对于篇幅不大的乡镇志书来说，由于需要记载的内容范围较小，大多数采用平目体的编纂体例；而对于篇幅较多的志书，其所记载的对象内容更加庞杂，就需要进一

---

① 仓修良：《方志学通论》（增订本），华东师范大学出版社，2013，第21页。

步深入细化，多采用纲目体形式进行编纂。如宋景关纂乾隆《乍浦志》六卷，采用平目体的编纂方式分为《城市》《山川》《武备》《职官》《人物》《外纪》六个类目进行记载。然而以上这个论断仅适用于多数情况，实际上也存有一些特殊案例。如王同所纂光绪《唐栖志》，虽然篇幅卷帙众多，记载内容广泛，但却采用了平目体的编算形式，"为目凡十四，曰《图说》、曰《山水》、曰《桥梁》、曰《街巷》、曰《遗迹》、曰《祠庙》、曰《梵刹》、曰《人物》、曰《艺文》、曰《碑》、曰《冢墓》、曰《事纪》、曰《诗纪》、曰《杂纪》，为卷凡二十。"① 所以，志书编纂体例的确定，并不能一概而论，除了与志书本身的篇幅和内容有关，与编纂者自身的主观意愿也有一定的关系。

（2）编纂体裁。

明清时期地方志发展的一个重要表现在于，其所采用的编纂体裁较之前代更加繁复多样、不拘一格。清代各类地方志的编纂深受古代传统史学的影响，其所采月的主要编纂体裁有图、纪、传、表、志五种，都是从传统史学中借鉴而来的。"图"是指卷首所载的舆地图、形势图、景观图等；"纪"是指大事记，对该地区的历史发展进行概括叙述；"传"即为各类人物、先贤、列女等传记；"表"有沿革表、职官表、选举表等不同的类别，是借用表格形式对所要叙述的内容进行简洁地展示；"志"即专志，是按照一定的专题范围进行记载，如水利志、职官志、风俗志、艺文志等。就清代浙江乡镇志书所采用的体裁来看，其中"志"与"传"是各部志书必不可少的内容，但大部分志书是将五种体裁搭配使用。如宋景关所纂乾隆《乍浦志》，卷六为《外纪》，概述了明正统七年（1442）以来乍浦当地的大事迹；卷五为人物传；其余者，卷一为《城市》、卷二为《山川》、卷三为《武

---

① （清）王同纂：《唐栖志》，《文化唐栖丛书标点本》，浙江摄影出版社，2006。

备》、卷四为《职官》，即分别相当于"沿革志""山川志""武备志"与"职官志"，兼用了纪、传、志三种体裁。又如王同编纂的光绪《唐栖志》，第一卷为《图说》，载有《唐栖市镇图》《下塘漕河图》《超山图》《海云洞图》以及《栖溪讲舍图》等；第十八卷为《事纪》，分别从行宫、衙署、仓储、塘堤、保甲等方面入手，记载当地大事沿革；第九卷至第十五卷为《人物》，分为孝友、义行、耆旧、列女、寓贤、方外等不同类别的人物传记；第八卷为《选举表》，记载明清时期唐栖镇获得各级科举功名者的基本情况；此外，其他卷帙即为志体，其中第二卷志《山水》、第三卷志《桥梁》、第七卷志《梵刹》、第十六卷志《艺文》等皆是如此，是典型的运用了图、纪、传、表、志五种体裁者。五种体裁的相互配合，可以发挥各种体裁的长处，突出志书的文献价值。

4. 篇目设计与编纂方式

（1）篇目设计。

地方志书的篇目除了受到志书体例与编纂体裁的影响和制约之外，还与其记载对象有着密切的关系。编纂者的方志思想与修志理念决定了志书的篇目设计构架，以及具体内容的存留去取和编次顺序。而且随着新事物的出现或旧事物的消亡，记载对象的变化又决定了志书在篇目上的增删。一般而言，清代各类府州县地方志书的篇目设计，基本要素大致为以下几个方面：疆域政区、沿革建置、山川水利、物产风俗、户口赋役、职官选举、人物列传、艺文掌故、名胜古迹、琐事异闻等，涉及一地的政治、经济、文化、社会、历史、风俗等各方面的情况。例如李兆洛主纂的嘉庆《凤台县志》，其篇目设计构架即为：卷第一《舆地》（《沿革》、《疆域》《坊保》《山川》《形胜》《分野》），卷第二《食货》（《风俗》《户口》《田赋》《税课》《盐引》

《硝额》《额解》《额支》〈捐摊》《赈恤》），卷第三《营建》（城郭）《公署》《监狱》《汛铺》《仓廒》《书院》《津梁》《坛庙》《义冢》《寺观》《游观》，卷第四《沟洫》，卷第五《官师》，卷第六《选举》，卷第七《艺文》（《载籍》《金石》《词赋》），卷第八《人物》，卷第九《列女》，卷第十《古迹》，卷第十一《图说》，卷第十二《附录》。大多数的清代浙江乡镇志书在编纂过程中都不同程度地受到了府州县志的编纂体例与篇目设计构架的影响。例如宋景关纂乾隆《乍浦志》，其篇目依次为《图谱》《城市》《山川》《武备》《职官》《人物》《外纪》《题咏》，这就属于一种较为常规和稳妥的志书篇目设计方式。当然，有些编纂者并不一味照搬照抄府州县志的篇目设计，而是从本地实际情况出发，有所增删，使其更加贴近本地现实。如乾隆《南翔镇志》的编纂者张承先对于具体的篇目设计，就有这样的主张："赋役、户口、保甲、乡约概不载，恐等于邑志也。"① 其后该志由程悠熙增订为嘉庆《南翔镇志》，在篇目设计上也坚持了这一点。

晚清时期，随着中国社会近现代化进程的不断深入，一些从西方传入事物逐渐在传统乡镇社会中出现。尤其是晚清时期的浙江地区，社会受到西方的影响较多，不仅在政治文化当中对西方多有借鉴，而且在日常生活当中也出现了许多全新的事物。由此，浙江地区编纂的不少乡镇志书，在其志书篇目设计中都能看到反映时代特征与新事物的篇目，有着鲜明的时代特征。虽然相关内容所占篇幅不大，但对于新鲜事物的记载，不仅体现了编纂者开放的思想，同时也保存了重要的史料文献。

① （清）张承先：《南翔镇志》，上海社会科学院出版社，2004，第145页。

（2）编纂方式。

根据不同的分类标准，清代浙江乡镇志书的编纂方式，主要有以下两种类型。而编纂方式的选择，则是当时编纂者根据自身的情况做出的选择。

第一种，创修和续（补）修。从志书编纂的先后次序来看，可以分为创修与续（补）修两种类型。创修即为首创编修之意，例如嘉庆年间廪生王介，"尝以乡志为己任，倡义捐金，谋诸同辈，搜罗十余年……考吾乡志书创自先生，厥功甚伟"。① 创修道光《泾阳鲁桥镇志》五卷。而续（补）修则是在前人的基础上，加以增添补改而完成的。这种现象在乡镇志的编纂中并不少见。如清代《濮院志》，自清初佚名所纂修的《浪川小志》以来，一共续修九次；再如清代湖州《双林志》，自吴若金纂修康熙《双林志》以来，更是先后续修达到十二次之多，其中清康熙年间即续修四次，乾嘉年间与晚清时期各自续修四次，可以说是一个非常惊人的现象。这一点，在志书的命名上就有所体现，如康熙《乍浦九山补志》、雍正《栖里续补志略》、嘉庆《新市镇续志》等。

第二种，独立修志和合作修志。从志书的编纂组织形式来看，可分为独立修志、合作修志两种类型。清代乡镇志书的私撰性质较为浓厚，所以独立修志的形式较为多见。例如李蔗村纂辑康熙《乍浦九山续志》、吴若金纂康熙《双林志》、张之鼐纂康熙《栖里景物略》、杨树本纂乾隆《濮川风土记》等，皆属于编纂者独立修志的情况。独立编纂的志书，未必都是创修，也有属于续修的范畴，这些从志书名字中就可以看得出来。但也有一部分乡镇志书是经过多人合作编纂而成

---

① 冯庚修、郭思锐纂民国《续修泾杨鲁桥镇城乡志》卷七，《中国地方志集成乡镇志专辑》第 28 册，上海书店，1992，第 1346 页。

的。例如谈嗣升、凌维远合作编纂康熙《同辑双林志》，张桃溪、杜思泉合作编纂康熙《鄞西桃源志》等皆是如此。合作修志的编纂方式与编纂者的群体类型有着密切的联系，在合作编纂中，合作形式大致有以下几种：父子（叔侄）师生、亲友同好、乡里先后、家族延续等。

二 清代浙江乡镇志书的版本类型与特征

对现存清代浙江乡镇志书的版本类型、数量及其演变情况进行梳理是十分有必要的。梳理清楚这个问题，不仅有利于我们正确地查考著录现存的清代浙江乡镇志书文献，而且这方面的研究成果对于我们深入探究清代浙江乡镇志书的刊印方式与发展历程具有重要的文献价值。同时，也可以作为清代浙江乡镇志书的版本源流史的研究素材。以下就清代浙江乡镇志书的三大版本类型：稿本、钞本和印本及其特征展开论述。

1. 稿本志书及其特征

已经写定尚未刊印的书稿，称为稿本。现存的清代浙江乡镇志书稿本共有 24 部。首先考察清代浙江乡镇志书编纂的时段分布特征。统计可知，清代浙江乡镇志书中，康熙稿本 1 部、乾隆稿本 4 部、道光稿本 2 部、同治稿本 8 部、光绪稿本 8 部、宣统稿本 1 部。晚清同、光、宣时期的稿本数量占到了该地现存志书稿本总数的三分之二，乾隆、道光年间的稿本志书数量占总数的四分之一，这与清代乡镇志书编纂史上的两大高峰阶段是相呼应的。

但这一结果，却与清代浙江乡镇志书整体的时间分布有所出入。在前面的文章中，我们可以得知，不考虑版本类型的情况下，清代浙江前期志书编纂的兴盛程度，大大高于晚清时期。在乾嘉至道光中叶期间共编纂了 56 种志书，占目前可考知的 126 种清代浙江乡镇志书的 44%，而晚清同、光、宣时期所编纂的志书有 32 种，所占比例仅为 25%。之所以存在这种现象，与志书稿本的存佚情况有很大的关系。一般来说，时代越晚，稿本文献存留的概率越大，留下来的文本数量也会越多。虽然从时段分布上来看，较为晚近的文献所占的数量一般会相对高些，但是从整体进行分析时，则具有一定的偶然性与随机性。例如，从全国范围来看，现存晚清同、光、宣时期的乡镇志书稿本就有 40 部，占现存稿本总数的近 56%，而乾嘉至道光中叶编纂的稿本约有 25 部，仅占总数的三分之一比重。这种在数量和时段上均匀分布的现象，从统计学的角度来看，仍然带有一定的偶然性和随机性。由此可知现存清代乡镇志书稿本在时段分布上的差异所在。

2. 钞本志书及其特征

钞本，指照原稿或刻印本抄写的书。现存清代浙江乡镇志书钞本有 43 种，这些钞本在版本类型、成书年代、文献性质、完整程度等方面的特征都不尽相同，需要加以区分。而且钞本与祖本之间的关系、同一版本中各钞本间的关系等问题也较为复杂，需要进行具体的考辨分析。所以，需要依照一定的标准来对其进行划分。

第一，按照成书年代的先后可将其分为清钞本与民国钞本两种类型。例如邹存淦纂同治《修川小志》，有中国国家图书馆藏清光绪五年（1879）邹氏师竹友兰室钞本；范来庚纂道光《南浔镇志》，有上海图书馆藏清光绪三十一年（1905）钞本；臧麟炳纂康熙《桃源乡志》，有浙江省宁波市天一阁博物馆藏 1924 年胡藩钞本，等等。第二，按照钞本与稿本之间的关系可分为原稿钞本与传钞本两种类型。张之鼐辑纂的康熙《栖里景物略》，有浙江图书馆藏清嘉庆年间传钞本；徐士燕辑纂同治《竹里述略》，有南京大学图书馆藏钞本；朱闻纂道光《练溪文献》，有浙江省湖州市博物馆藏清同治年间岱云书室钞本，等等。第三，按照文本的完整程度与钞录的精细程度，可以分为残钞本与精钞本两种类型。例如周逸民辑纂的康熙《栖乘类编》，有北京大学图书馆藏清乾隆年间残钞本；潘思汉纂乾隆《五大夫里志》，有国家文物局文物保护科学技术研究所资料组藏残钞本；胡琢纂修的乾隆《濮镇记闻》，有中国国家图书馆藏精钞本，等等。

以上就是主要的分类方式。此外，还可以根据钞本与所据祖本之间的关系、同一版本体系中各钞本间的关系进行类型划分，例如，可再分为钞录稿本、钞录印本、传钞本；以及同时并传钞本、先后流布钞本等类型，这里就不再展开进行叙述了。

在现存清代浙江乡镇志书的 43 种各类钞本中，基本可以明确为清代钞本的有 23 种。在这类钞本中有 18 种志书，其版本流布过程中的钞本仅有一种，即"一志一钞"，占清代钞本种数的三分之二；在这其中又有近一半的志书是完全以钞本形式流传的，约占清代钞本种数的三分之一。例如胡道传续编、沈戬毂订补的顺治《仙潭后志》，仅有清光绪二年（1876）周衡钞本一种，而无其他版本；朱闻所纂道光《练溪文献》，也是只有清同治年间岱云书室钞本流传；范来庚编纂的道光《南浔镇志》，有清道光二十一年（1841）初刻本，而其流布的钞本仅有一种，即上海图书馆藏清光绪三十一年（1905）钞本；徐士燕辑纂的同治《竹里述略》，虽然有浙江图书馆藏清同治三年（1864）稿本，但是仅有一种南京大学图书馆藏的传钞稿本，等等。这是清代浙江乡镇志书的第一个特征。

第二个特征是清代浙江乡镇志书钞本的成书年代与该志成书（稿）年代距离较远。例如，张之鼐辑纂的康熙《栖里景物略》，有清康熙二十三年（1684）稿本，而其传钞本成于清嘉庆年间，相隔一百

多年时间；许良谟所纂乾隆《花溪志补遗》，成稿于清乾隆六十年
（1795），期间仅以稿本流传，而该志的张氏小清仪阁钞本成于清光绪
三十四年（1908），也相隔了一百多年时间；王德浩纂、曹宗载重订
的嘉庆《硖川续志》，清嘉庆十七年（1812）初刻，最早的钞本为清
光绪八年（1882）诚朴堂钞本，间隔了七十余年。经过梳理，在 23
种清代钞本中，其钞本成书年代与该志成书（稿）年代相隔较远的有
十种，约占一半。探究其成因，是由于在这些晚出钞本之前，该志书
已经有稿本、印本或目前无法考知的旧钞本流传，这些前期流传的文
献，是后出钞本的依据。例如何琪所纂乾隆《唐栖志略》，初刻于清
乾隆五十四年（1789），又于清嘉庆七年（1802）增补刊刻，此后陆
续出现上海图书馆藏清钱塘罗氏恬养斋钞本、南京图书馆藏清同治十
一年（1872）朱文藻钞本；又如胡道传续编、沈戢毂订补的顺治《仙
潭后志》，据考证该志成于清顺治四年（1647），而目前可知最早的钞
本成于为清光绪二年（1876），若在这两百多年间该志书从无任何流
传的写本或印本，则此晚清钞本真是不知据何而来。但资料所限，目
前无法对这种情况进行更进一步的追踪溯源。

　　3. 印本志书及其特征

　　印本，即印刷的书本。浙江乡镇志书的清代刻本有 37 种，其中康
熙刻本 3 种、乾隆刻本 6 种、嘉庆刻本 7 种、道光刻本 10 种、咸丰刻
本 1 种、同治刻本 1 种、光绪刻本 9 种；乾隆、嘉庆、道光时期的刻
本种数占全体一半多的比重，晚清同治、光绪年间志书刻本种数约占
全体数量的不到三分之一。这一状况与前述关于清代乡镇志书发展史
上前后两个高峰阶段的历史时段基本吻合。以下将对不同的类型的印
本志书展开具体的论述。

　　首先是初刻本。清代浙江乡镇志书的初刻本有 26 种，其中康熙年

间 2 种、乾隆年间 5 种、嘉庆年间 7 种、道光年间 5 种、咸丰年间 1
种、光绪年间 6 种，乾嘉间初刻本约占一半比重。在这些书中，有 7
种在清代与民国时期仅以初刻本的形式流布，而无其他写本或印本流
传。有 6 种清代浙江乡镇志书初刻本，在其后世流布过程中仅有钞本
文献出现，而无其他写本或印本。有 5 种在民国以前即有续刊本流传，
主要是以重印、补刻等形式，如吴存礼编雍正《梅里志》，初刻于清
雍正二年（1724），此后又有清道光四年（1824）华乾重刻本，清同
治八年（1869）吴政祥补刻本问世。有 8 种其初刻本在民国时期续
刊，例如范来庚纂道光《南浔镇志》，初刻本为清道光二十一年
（1841）刊本，钞本成于清光绪三十一年（1905），至 1936 年有《南
林从刊》铅印本行世。

然后是活字本。清代浙江乡镇志书中活字本仅 9 种，而以清嘉庆
年间本为主。第一，其中大多数的志书仅以初刊版本的形式流布，且
无其他版本行世。例如陈元模编纂的康熙《淞南志》，其活字本初刊
于清嘉庆十八年（1813），再无别本流传；张廉所纂嘉庆《孝感里
志》，仅有清嘉庆二十四年（1819）初刊活字本；叶长龄等纂、叶锺
敏重辑的光绪《杨舍堡城志稿》，亦仅有清光绪九年（1883）江阴叶
氏初刻活字本流传于世。第二，占全部的清代浙江乡镇志书活字初刻
本，在后世流传过程中无其他印本形产生。

最后是新式印本。及至清末民初时期，随着西方先进的印刷工艺
技术的传入和普及应用，产生了铅印本、石印本、油印本、影印本等
诸多以全新的技术手段刊行、翻印清代乡镇志书的版本类型。例如叶
世熊编纂的光绪《蒸里志略》，于清宣统二年（1910）铅印刊行；张
承先原辑、程攸熙增订的嘉庆《南翔镇志》，有 1924 年南翔风翥楼重
校铅印本；佚名编纂的道光《洪塘小志》，有 1927 杨遂重编石印本；

臧麟炳编纂的康熙《桃源乡志》，有民国油印本，等等。据我们统计，采用这些新式印刷工艺刊行的清代浙江乡镇志书的新式印本有2种，其中清代铅印本1种（宣统年间本）、清代石印本1种（光绪年间本）；民国浙江乡镇志书的新式印本有12种，其中民国铅印本10种、民国油印本2种，民国铅印本占全体比重的七成多。

晚清以来，浙江地区乡镇志书新式印本种类数的大幅度增长，从一个侧面展现了在中国社会近现代化的历史背景下，以浙江为代表的东南地域在接受新事物方面的豁达和开放，在引进先进生产技术并付诸实践等方面，也一直走在前列。虽然新式印本在1949年以前的各类印本种数中所占比重不大，然而采用新式印刷技术刊行的清代浙江乡镇志书，使得乡镇志书能够在较短的历史时期内有一定社会普及，并且扩大了其传播，这不仅体现出新兴技术力量对于社会文化演进的推动作用，也由此形成了清代乡镇志书在流传过程中文献复杂多样、版本多元的局面。

三 清代浙江乡镇志书的发展分期与阶段特征

1. 志书编纂的活跃时期

根据《清代浙江乡镇志书一览表》中统计得出，按照编纂时间来看，顺治志5种（包括清初志1种），康熙志26种，雍正志3种，乾隆志31种，嘉庆志11种，道光志14种，咸丰志2种，同治志9种，光绪志20种，宣统志2种，清末志1种，此外还有2种年代不详。最多的五个朝代依次为乾隆、康熙、光绪、道光和嘉庆。以下分别考察清前期、中期、后期浙江乡镇志书编纂的活跃阶段，在此基础上研究关于清代浙江乡镇志书的发展分期及其阶段特征等问题。乡镇志书在经过宋明时期的萌芽与初步发展之后，在清代得到了进一步的繁荣发展与长足的进步。这里首先概述清代以前乡镇志书的发展脉络，对可查考的宋明时期乡镇志书的名目与数量进行爬梳整理。其次对于清代乡镇志书的命名与别称、体例与体裁、篇目设计与编纂方式等问题进行了探究，以此展现清代乡镇志书的文献概貌。在对于清代乡镇志书名目与数量的查考统计的基础上，我们对清代乡镇志书发展史的分期问题与阶段特征进行了研究，提出了新的分期方案。

（1）清前期浙江乡镇志书编纂的活跃阶段。

清代浙江在顺治、康熙、雍正三朝总共编纂乡镇志书 34 种，约占总数的 27.4%，其中康熙朝编纂的乡镇志书有 26 种，占了清前期份额的四分之三，是前期编纂活动的重心所在。就康熙朝编纂乡镇志书的具体情况来看，前期至中期（清康熙四十年以前）的编纂活动最为活跃和密集，共编纂乡镇志书 20 种，占清代前期总数的约 60%，而后期（在一定程度上包含雍正朝乡镇志书进行统计）则不到十种。

就其编纂活跃程度的年际分布情况来看，康熙十二年至十三年（1673～1674）共编纂乡镇志书七种，这也是康熙朝前期编纂志书最为活跃的年份阶段。到了中期，则以康熙二十三年至三十年（1684～1691）编纂志书最为活跃，占该期编纂总数的七成比重。

至于雍正朝编纂的乡镇志书，主要集中在其统治后期（即清雍正六年至雍正十三年，1728～1735），以雍正十年至雍正十三年（1732～1735）编纂志书较为活跃。虽然从数量上看，雍正朝较之康熙时期编纂志书减少了近九成，但从清代政治发展来看，雍正朝在政策上继续延续了康熙朝的传统，因此我们一般可以将雍正朝志书编纂的情况视作康熙末年以来的延续。

（2）清中期浙江乡镇志书编纂的活跃阶段。

清代浙江在乾隆、嘉庆、道光三朝一共编纂乡镇志书 56 种，占总数的 45%，地位举足轻重。其中乾隆朝编纂数量达到 31 种，成为清前期以来的第二个编纂最为活跃的朝代。若将乾嘉两朝合起来看，则有 42 种，达到清代浙江乡镇志书编纂总数的三分之一，由此可以看出乾嘉文化在乡镇志书编纂史上的重要影响力。乾隆朝编纂乡镇志书的数量，占了清中期总数的一半多比重，成为清中期浙江乡镇志书编纂的一个活跃阶段。就其具体情况来看，乾隆朝中期与后期（乾隆二十一年至六十年之间，1756~1795）所编纂的乡镇志书有 23 种，占了整个清中期志书编纂份额的四分之三。而从年际分布所反映的志书编纂活跃阶段来看，乾隆二十二年至三十一年（1757~1766）共有志书 7 种，占乾隆中期志书编纂总数的三分之二；乾隆五十年至六十年（1785~1795）共有志书十种，占乾隆后期志书编纂数目的约 80%，这些年份都是清中期浙江乡镇志书编纂最为活跃的阶段，也是反映乾隆朝志书编纂最重要的时段指标，从文化史和政治史的角度来看，这些年份基本上能够与乾隆朝文治政策的繁荣昌盛发展遥相呼应。

至于嘉庆朝，一般我们认为在政治文化上属于乾隆朝晚期的延伸，志书编纂活动主要集中在嘉庆中后期，即嘉庆十五年至二十四年（1810~1819，9 种）；道光朝一半的乡镇志书（8 种）皆是编纂于中后期，即道光十五年至三十年（1835~1850），这也在一定程度上反映了乾嘉盛世在文化上的惯性延续，以及从巅峰阶段逐渐开始走向低谷的趋势。

（3）清后期浙江乡镇志书编纂的活跃阶段。

清后期浙江乡镇志书共有 34 种，在数量和比重上与清前期的基本情况相同，然而在活跃阶段以及年际分布情况上，随着政治、文化大格局的变化，有着不同于以往时代的鲜明特点。其中咸丰、同治两朝合计 11 种，光绪朝共编纂乡镇志书 20 种，占整个时期的六成比重，宣统朝虽然有三种志书编纂，但从其编纂实况来看，皆是光绪末年的延续，因此可以合并计算。清后期浙江乡镇志书编纂的高峰阶段是在光绪年间，与前述康熙、乾隆（乾嘉）时代并成为三大高峰期。光绪朝乡镇志书的编纂，其活跃阶段主要集中于中后期，即光绪十四年至三十三年之间（1888~1907），所编纂的志书占了该时段55%的比重。

到了晚清同治、光绪、宣统时期，浙江乡镇志书的编纂进入了一个全新的活跃时期。其中同治朝乡镇志书数量约占晚清志书总数的四分之一比重，且主要集中在同治后期（同治六年至十三年，1867~1874）。光绪中后期编纂的志书一半多都分布在清光绪十四年至光绪三十三年间（1888~1907）。此外，宣统年间编纂的乡镇志书，以清宣统三年最集中（1911，3种）。若将宣统视为光绪末年的延续，则可以认为光绪后期编纂乡镇志书占两朝总数的一半比重。自清光绪后期（光绪二十三年，1897）至于宣统末年，乡镇志书的编纂数量有所增长，这种变化与晚清地理学发展的思潮，以及各地编修乡土志的实况是有密切关系的。

2. 分期方案与阶段特征

基于对清代浙江各时期乡镇志书编纂活跃阶段的研究，将其发展史分为如下四个时期，并结合清代历史脉络以及政治文化史的演进，概述每个时期的基本特征。

（1）清顺治十年至雍正十三年（1653~1735）。

清初顺治后期至康熙中期，随着清王朝陆续统一全国与现实政治统治的需要，因明末清初大规模战乱流离所导致的各项文化事业停滞的状态开始有序恢复起来。从顺治后期开始，清政府对于方志编修事业日趋重视，修志活动得到复苏。随着清初江南地区的日渐恢复，各地乡镇的社会经济与人文交流开始恢复并进一步发展。对于清代浙江乡镇志书的编纂而言，在这个历史背景下，顺治后期的乡镇志书编纂活动开始日趋增多。康熙朝前期延续了这种发展趋势，编纂志书的数量总体上和顺治朝保持平稳的接续，而且在部分时段中，其修志活跃程度大有提高，呈现局部迅速发展的态势。

从康熙后期（尤其是最后十年，1712~1722）开始，文治政策得到进一步加强，地方编纂志书的活动也更趋兴盛，与此相应的是，浙江乡镇志书的编纂稳中有进，继续保持其前期、中期的增加幅度，这也体现了康熙朝文治政策的相对稳定性。由于雍正朝为时不长，但在文化政策上基本延续了康熙末年以来的制度，能够更好地体现经由康熙朝中后期及至雍正朝数十年间的一脉相承态势。而且，从康熙中后期开始直至雍正末年的三四十年的这段时间，浙江乡镇志书编纂活动日趋兴盛，数量递增，为乾嘉时期志书编纂鼎盛时期的到来打下了良好基础。

（2）乾嘉两朝及至道光中叶（1736~1840）。

乾嘉时期浙江乡镇志书编纂达到了历史的巅峰。乾隆朝浙江乡镇志书编纂，尤其到了乾隆三十年以后直至末年这段时间（即中后期，1765~1795）更是达到了峰值，合计编纂志书占该朝总数的约一半比重。嘉庆朝前期数年基本上仍是乾隆末年政治、经济、文化在时代上的延续，其中后期（清嘉庆十一年至嘉庆二十五年，1806~1820）所编志书占该朝总数的一半。

总体来看，嘉庆朝在志书数量上基本保持了乾隆中叶以来的发展幅度，具有很强的文化稳定性，这种比较稳定的发展趋势一直要保持到清道光中叶。这足以证明其修志活跃程度在继承乾嘉时期以来的优良传统基础上，展现出稳中有进的态势，同时也在某种程度上表现了自乾嘉以来及至道光中叶的近百年延续三代稳定发展的文化政策格局，已经达到了变化的临界点。

（3）道光二十一年至同治九年（1841~1870）。

道光朝后期历经了鸦片战争，"天朝的崩溃"对于国家的影响不仅是在政治、军事上的败绩，而且对于文化事业也产生了深远的影响。到了道光末年，浙江乡镇志书的发展开始趋于停滞和低迷。许卫平先生曾指出所谓低迷期当开始于清嘉庆中期，[①] 然而尽管嘉庆中叶开始内忧外患频繁，已经不再是最安稳的太平盛世，但由于文化政策的长时期稳定性效应，使之不至于随着政治环境的变化而有立刻的回应与衰变。换句话说，这种低迷期的到来，也是要有一个积累的过程才能触动临界点的。

咸丰年间更是天灾人祸频仍，外国列强的入侵与国内民众起义交相发生，导致本朝政治环境颇为混乱繁杂。咸丰朝的浙江乡镇志书编纂水平，跌入了清代的最低谷。这表明从道光末年开始至咸丰年间，浙江乡镇志书的编纂活动已经进入了暂时的低潮阶段，这一直要持续到同治初年所谓"中兴"格局的出现、国内政治环境有所稳定改善为止。

（4）同治十年至宣统三年（1871~1911）。

在此期间，伴随着新的历史演进趋势与国内政治文化环境的改善，浙江乡镇志书的编纂走出了前一个低谷，开始达到晚清时期乡镇志书编纂的又一高峰。其中约有一半数量的浙江乡镇志书，编纂于清光绪中期（始于清光绪十四年，1888）及至宣统末年的近四分之一世纪当中。同治朝浙江乡镇志书编纂的近一半数量，集中于最后三年时间（1872~1874）。光绪前期延续了自同治朝后期以来的浙江乡镇志书发展趋势，其中清光绪七年至光绪十年（1881~1884）所编纂的志书，

---

① 许卫平：《中国近代方志学》，江苏古籍出版社，2002，第35~36页。

占光绪前期志书种类的一半比重。

从清光绪十四年（1888）开始，慢慢迎来了浙江乡镇志书发展的第二个高峰阶段。从光绪中后期以来，浙江乡镇志书的编纂不仅在数量上有了新的突破，就其编纂的活跃程度而言，其分布的年份以及时期数量，在整个清代乡镇志书编纂史上也是罕见的，足以证明其修志事业的活跃程度。当然这种现象的出现，与当时各地大力编修乡土志、提倡爱国主义教育的理念也是分不开的。

四　民国浙江乡镇志书

民国年间，社会动荡，志书修纂虽常有停顿，但政府倡导并未减弱。北洋政府曾几次下令各地编纂地方志，各地割据的军阀一般也编纂方志。国民政府时期也颇为重视，于 1940 年颁行《修志事例概要》、1944 年颁布《地方志书纂修办法》、1946 年又重新颁布《方志书纂修办法》，规范和推动了修志工作。浙江是民国时期较早设局编纂通志的，1914 年即设通志局，聘沈曾植为总纂。不少名人也参与修志，成绩斐然，余绍宋主纂的《龙游县志》就被誉为名志佳志。

1. 编修概况

关于民国年间编纂的方志数量，仓修良《方志学通论》根据《中国方志联合目录》统计，民国时期共编纂各类方志 1629 种，其中浙江90 种；① 其中最多的是县志，有 1000 多种，约占民国时期志书总数的70%，浙江约 39 部。② 民国时期的乡镇志的编纂也得到一定的发展。有的地方，县志虽然修而未成，却有多部镇志问世，如民国桐乡县有《乌青镇志》《濮院志》，且均为佳作。据不完全统计，民国间编修的

---

① 仓修良：《方志学通论》（增订本），华东师范大学出版社，2013，第277页。
② 舒碧瑜：《民国浙江县志编纂探略》，杭州师范大学硕士学位论文，2018。

乡镇志现存计 54 种，其纂修仍以经济发达的江、浙一带为多，上海、广东等地次之，浙江省最多，有 20 种左右。黄燕生《中国历代方志概述》称有 16 种①，洪焕椿《浙江方志考》可见 22 种②。

民国时期，浙江乡镇志纂修虽延续传统，以湖州、嘉兴为多，但地域分布更广。其中湖州有《南浔志》《南浔备志》《南浔镇志稿》《乌青镇志》《双林镇志新补》《双林镇志》6 种，嘉兴有《竹林八圩志》《新塍镇志》《新塍新志初稿》《濮院志》《新丰镇志略初稿》5 种，绍兴有《螭阳志》《松厦志》《曹娥乡志稿》《天乐志》《天乐乡富家墩村志》5 种。此外，台州也有《海门镇志》《路桥志略》《增订路桥志略》3 种，其他地域有《新宁区志》《缑城镇志》等数种③。甚至如"孤悬海外，土瘠民椎，向来视为陋境"，"与内地之为镇者，相去天渊"的岱山，也产生了第一部镇志，即 1918 年汤浚所修之《岱山镇志》。其他还有杨积芳纂辑的《余姚六仓志》等。

表 3　部分民国浙江乡镇志书一览

志书名称	卷数	编纂人员	成书年代
《双林镇志新补》（稿本）		蔡松	1915
《路桥志略》	二卷	黄岩杨晨编，徐兆章参校	1915
《新塍镇志》	二十六卷首一卷	朱士楷	1916
《双林镇志》	三十二卷首一卷	蔡蓉升原纂，蔡蒙、蔡松、张福理续纂	1917
《竹林八圩志》	十二卷首一卷	祝廷锡	1920

---

① 黄燕生：《中国历代方志概述》，来新夏：《中国地方志综录（1949~1987）》，黄山书社，1988，第 436 页。

② 洪焕椿：《浙江方志考》，浙江人民出版社，1984。

③ 《新宁区志》（30 卷，首 1 卷）、《缑城镇志》（12 卷）为宁海干人俊所纂。据《宁海县续志稿》记载，干人俊所纂乡镇志有 9 种，除以上两种外，还有《宁海海游镇志》（8 卷）、《宁海回浦乡志》（8 卷）、《宁海久安乡志》（8 卷）、《奉化大桥镇志》（6 卷）、《奉化里连区志》（18 卷）、《仙居横溪镇志》（12 卷）、《缙云壶镇志》（12 卷），但多有散佚，仅《新宁区志》与《缑城镇志》残本被收录于《宁海丛书》（上海古籍出版社，2016）。

续表

志书名称	卷数	编纂人员	成书年代
《螭阳志》	四卷	张拯滋	1920
《余姚六仓志》	四十四卷首一卷末一卷	杨积芳等	1920
《南浔志》	六十卷首一卷	周庆云	1922
《南浔备志》	三册	刘锦藻	
《乌青镇志》	四十四卷首一卷	卢学溥	1936
《濮院志》	三十卷	夏辛铭	1927
《岱山镇志》	二十卷首一卷	汤浚	1928
《松夏志》	十二卷	连光枢编，何鸣宣参订	1931
《曹娥乡志稿》		徐绳宗	1937
《天乐志》		汤叙	1935
《天乐乡富家墩村志》		陈得明	1935
《增订路桥志略》	二册六卷	杨绍翰	1935
《海门镇志》	十二卷	项士元	1936
《新宁区志》	三十卷首一卷	干人俊	1943
《新丰镇志略初稿》		梅元鼎	1945
《新塍新志初稿》	三卷	严一萍	1948
《猴城镇志》	十二卷	干人俊	1949
《南浔镇志稿》	四卷	周子美	20 世纪 40 年代后期

2. 编修特点

近代社会以来，方志的编撰一方面延续了清代地方志的撰修方式，一方面开始突破古代方志编、研的旧轨，表现出较强的时代性。志书内容的包容量越来越大，一般都大量地增加了近代社会嬗变中出现的新事物，社会经济内容变为重点，加强了对自然地理、自然环境和自然科学等方面的记述，注意反映近代教育制度和社会民风民俗方面的变化，等等。内容的变化，又推动了志书表现形式——一篇目的改进，一些旧有的门类被废除，而反映社会变化、新政举措的门类不断产生，随着近代多种学科知识与理论的传播，志书在编研的方式方法上，开始吸收和运用近代科技文明的成果，新的记录方式和语言规范被志书广泛采用，新式方志图也开始编绘，志书的实用性问题得到强化。①

民国乡镇志的编撰总体上延续了清代地方志的撰修方式，很多志书门目设置、体例内容仍参仿旧志，有的甚至断限也止于辛亥革命之前，如民国《南浔镇志》就止于清宣统三年。但显然也受到了时代变革影响，出现了许多新的变化。简言之，主要有以下三点。

首先，志书的门目有所调整，门类越分越细。南浔镇在民国间纂成两部镇志，周庆云所编《南浔志》60卷，附《南浔撷秀录》1卷，为镇志中的巨篇，门目比咸丰《南浔镇志》增设学校、园林等10目，还置"大事记"统摄全志，体例也是较为齐备的一部。周子美所编《南浔志稿》4卷，记述了辛亥革命至抗日战争期间有关南浔镇的历史事件，其一二卷为社会调查材料，三四卷为各类文献资料，"大事记"中所收《浔溪团防志》（反映1924年江浙战争情况）《南浔公会兵灾报告书》《（抗战期间）南浔镇被焚房屋调查表》《吴兴县抗战人员忠烈事迹录》都是第一手的实地调查资料。刘承幹序云"使每邑有人焉，能如子美所为，纵无志科之设，其乡邦文献，必不泯没无传"。此外，蔡蒙等续纂《双林镇志》，与蔡蓉升原纂稿比较，"学堂、商业两门，原目所无，为今新立"；夏辛铭所辑《濮院志》仿《南浔志》编写"大事记"，记述濮镇的大事要事；而梅元鼎编《新丰镇志略初稿》附有从唐文宗太和七年（833）到1945年的简要新丰镇大事记；该志还设有"党务"章，这既是不同于以往志书的新门类，又是民国时期党务日益发展并得到重视的实际情况在志书中的直接反映。

其次，志书的内容与时俱进，反映时代特色。民国浙江乡镇志与

---

① 邱新立：《中国近代转型时期的方志研究》，北京大学博士学位论文，2003。

清代乡镇志相较，不仅门目有所更易，而且纳入许多新内容。如卢学溥等纂《乌青镇志》44卷首1卷。全志分41目，约55万字。卷首设目录、乡区图、风景摄影。此志在乾隆志门目基础上增设工商、赋役、任恤、教育、两庑、先儒、才媛、大事记七目，并在选举目中增设学校毕业生、议员历仕两子目。该志对清及民国事迹记载颇为详细。其赋役目主纪民国，并以表的形式记载田赋及各项杂税。教育目记自明正德至民国该镇书院、社学、义学、学校。其中工商目主述该镇工商交通诸业，历叙其历史生产演变情况，并附民国价目表。其中风景摄影、学校毕业生、议员、杂税、工商、交通、民国价目表等项皆为民国前乡镇志所没有的。该志篇幅容量甚至超过了一般的县志。对历代的经济状况，土特名产，政治得失，地方利病，文化遗产，诸家著述，民风厚薄，社会荣悴，均一一详载。浙江大学教授陈桥驿将该志誉为"历来乡镇志中无出其右的煌煌巨构"。此外，朱士楷纂的《新塍镇志》、夏辛铭纂的《濮院志》、卢学溥纂的《乌青镇志》、蔡蒙等纂的《双林镇志》等，卷幅多在30卷以上，载述也较细腻，部分志书对太平天国时期、清末民初的社会、经济状况有较多的反映。如夏辛铭所辑《濮院志》以《濮川所闻记》及《濮录》诸书为底本，补同治至1926年间事迹，志书顺应时代潮流，改变旧志只列农桑、不及工商的做法，增补工商内容，以农、工、商并重。

第三，志书的编纂采用新方法，吸收新的理念。旧志的地图，大都为手绘的示意图，卢学溥等纂《乌青镇志》已采用新法绘测，有地图4幅，又增添建筑物古迹等照片16帧。该志本就结构宏大，体例完备，资料翔实，再加上有图有照，图文并茂，实为以往时期乡镇志中仅见者。此外，《余姚六仓志》卷末所列11类编志人姓名，其中就有"测绘员"一类，由专业人员承担了新法测绘的工作。方志图编绘方法及绘图思想的进步是近代方志转型的一个清晰表现。

此外，1939年，绍兴县修志委员会刊行了《绍兴县志资料》第一辑"乡镇"册，其附录前跋云："前人记述及采访所得，有仿佛地志体裁者，已悉入'地志丛刻'中。别有里、巷、村，或夸其地望，或称其形胜，或正其名称，所自短篇记述，旧闻流传，盖亦不少，兹就已得者附于此。"入刊《绍兴县志资料》第一辑《地志丛刻》的有《三江所志》《安昌志》《柯山小志》《天乐志》《曹娥江志》《曹娥乡志稿》《天乐乡富家墩村志》《沥海所志》《梓里记》《皋部志》。其中既有民国期间所编志书（稿），也有前朝编纂、民国期间整理编印的志书。这是首次以集刊的方式对乡镇志书进行整理，从一个侧面表现了近代方志思想的进步，即更为重视那些更加接近民众的历史记录。

民国的浙江乡镇志不论是在篇目设置、内容安排还是编纂方法上，都在旧志（封建社会时期的志书）与新志（社会主义时期志书）之间，起着承上启下的作用。

第三章
中华人民共和国成立以来的浙江乡镇志书

　　在历史的长河中，浙江乡镇志的编修成逐步递增的发展趋势，宋→明→清→民国→中华人民共和国，呈现阶梯递增模式。中华人民共和国成立后，特别是改革开放以来，乡镇志的编修传统得到传承，并有了新的发展，呈现出新的景象。乡镇志的编修更加得到各级领导的重视，在方志机构的积极推动和社会各界的大力支持下，风气渐开，形成政府主导、志办指导、百姓修志、专家参与、各方互动，共同推进志书编修的良好局面。

　　据《中国地方志联合目录》显示，现存 1949 年前编修的地方志中，有乡、镇、村、里志 160 多种，这一数字其实只是一部分。《中国地方志集成·乡镇志专辑》收录南宋至民国时期的乡、镇、村、里志有 253 种，其中浙江 70 种。洪焕春编著的《浙江方志考》将"浙江乡镇志"特设为一卷，著录了历代编修的镇志 118 种。其中宋代 4 种，明代 16 种，清代 76 种，民国 22 种。另据统计，明代编纂的乡镇志有 53 种，今存 16 种，其中浙江有 20 种，佚 14 种。清代纂修的乡镇志有 466 种，今存 263 种，其中浙江有 100 种，佚 41 种。民国时期编修的乡镇志现存计 54 种，其中浙江有 16 种①（或说 22 种②）。在这些资料的基础上，我们经过整理和考证，统计出明代乡镇志浙江有 27 种，存 7 种；清代有 126 种，存 71 种，佚 55 种。③ 中华人民共和国成立至 2018 年共编修乡镇村志约 700 种。

　　需要说明的是，即使到了清代，凡是有一定集中的人口、商业比较繁荣的聚落（集市）。往往被人们称为镇④。在各类文献中，中华人民共和国成立之前的乡镇旧志，包括乡志、镇志、村志、里志、场志、巷志等。志书名称，有"志"（"小志""补志""续志""新志""志稿"）、"记"（"杂记""续记""记闻""小记"）、"识"（"小识""杂识"）、"录"（"杂录"）、"文献"（"遗献""征献"）、"编"（"类编""续编""简编"）、"略"（"志略""述略""集略"），以及"乘""考""征""注"等不同的命名方式。中华人民共和国成立后，因乡镇确立为中国最基层的行政机构，村则是基层群众自治单位，二者界限清晰。但因浙江的村志编纂起步早、体量大、影响深，与乡镇志关系密不可分，故对这一时期乡镇志的叙述，亦包含了村志。只是在具体统计数据时，将乡志、镇志、街道志、公社志列为一类，村志另列一类。中华人民共和国成立后的乡镇村书多以"志"为名，间有"志稿""小志""简志""新志"等命名方式。

① 黄燕生：《中国历代方志概述》，见来新夏《中国地方志综录（1949～1987）》，黄山书社，1988，第 436 页。
② 洪焕椿：《浙江方志考》，浙江人民出版社，1984。
③ 参见陈凯著《清代乡镇志书研究》，武汉大学出版社，2019。
④ 邹逸麟：《清代集镇名实初探》，载《清史研究》2010 年第 2 期。

一　编修历程

据浙江省地方志系统、图书馆系统以及相关研究资料统计①，在中华人民共和国成立至 2018 年间，浙江省共编修镇村志约 700 种，其中乡、镇、街道志约 300 种，村志约 400 种。

中华人民共和国成立以来的镇村志编修大体可划分为两个阶段。改革开放前的第一阶段中，镇村志编修为数不多，且多未公开刊出；1966～1976 年之间，有较长一段空白期。改革开放以来的第二阶段中，伴随新方志首轮修志的大规模开展，镇村志编修开始步入兴旺期；21 世纪起，镇村志编修保持发展态势并在近年加速发展。

1. 20 世纪五六十年代的镇村志

中华人民共和国成立初期，新方志编纂纳入国家哲学社会科学发展规划，全国许多省、市、县纷纷抽调人力、设立机构，积极开展新方志编纂，掀起了社会主义第一次修志热潮。但由于特殊的历史原因，"1967 年以前编出全国大部分县市（包括少数民族地区）的新的地方志"的规划并没有持续贯彻下去，新方志编纂也陷入停滞状态。②

据现有确切资料，这一时期浙江省有 8 个市县启动新方志编纂，编成 2 部新方志初稿，没有正式出版新方志。60 年代初，衢县曾组织编纂新县志，但因"文化大革命"没有成书。③ 安吉县组织力量搜集

---

① 如《湖州方志提要》（沈慧著，中国文史出版社，2013），《衢州方志提要》（衢州方志办编，方志出版社，2017）、《台州方志提要》（台州方志办编，中国文史出版社，2015）《传承·前行——宁波市地方志发展纪略》（宁波方志办编，宁波出版社，2014）等。

② 《1956—1967 哲学社会科学规划（草案）》于 1956 年拟定后，由于整风运动、反"右派"斗争等被搁置。1958 年 2 月，国务院科学规划委员会征集有关方面的意见修改形成《1956—1967 哲学社会科学规划纲要（修正草案）》。参见王张强《浅述 1956—1966 年中国新方志的编纂规划、模式及程序》，《中国地方志》2019 年第 1 期。

③ 衢州市志编纂委员会编《衢州市志》，浙江人民出版社，1994，第 1089 页。

资料，编写县志，最终因条件不成熟而中止。[①] 桐乡县委、县人民委员会聘请退休教师戴光荣等人收集修志的资料，后因故未能成书，现存疆域建置、社会建设、人物、吏治、农桑、水利、物产、教育、卫生、兵事、风俗等方面志稿 52 册。[②] 1960 年 6 月 9 日，桐庐县成立县志编纂委员会，后因国民经济困难而夭折。[③] 同年，富阳县人民政府建立县志编纂委员会，县委副书记王铿任主任，下设办公室，1968 年中止，仅完成"区域志""农业志""水利志"初稿。[④] 1962 年，左军、陈去生、徐锡珪等开始编纂《宁海县志稿》，一年后中断，县档案馆有纲目及政治、经济、地理、教育、人物等篇手稿及油印本。[⑤] 1963 年 7 月，丽水县志编纂委员会成立，编纂县志未成。[⑥] 同年，龙泉县委、县人民委员会决定修志，抽调曾若虚等人员着手采访，收集资料未能落实，人力不足，因政治运动影响志事长期搁置。[⑦] 1964 年 8 月，舟山专区档案馆编纂《舟山群岛列岛分岛简志》，64 开，142 页，内部印发[⑧]。

　　20 世纪五六十年代的乡镇志更是较少编修，以私人修撰为多，多以稿本形式存在，较少刊印。因存世少且散失多，这一时期的乡镇志数量尚无统计。浙江现存仅见 4 部，均系未刊本，其中 2 部私修，依成志时间先后分别为丽水的《锦溪乡志》（1957 年），嘉兴的《嘉兴县惠民人民公社社志》（1959 年），湖州的《"双一"简志》（1961

---

① 安吉县地方志编纂委员会编《安吉县志》，浙江人民出版社，1994，第 649 页。
② 桐乡县志编纂委员会编《桐乡县志》，上海书店出版社，1996，第 1403 页。
③ 桐庐县志编纂委员会编《桐庐县志》，浙江人民出版社，1991，第 822 页。
④ 富阳县地方志编纂委员会编《富阳县志》，浙江人民出版社，1999，第 990 页。
⑤ 宁海县地方志编纂委员会编《宁海县志》，浙江人民出版社，1999，第 958 页。
⑥ 丽水市志编纂委员会编《丽水市志》，浙江人民出版社，1994，第 707 页。
⑦ 龙泉县志编纂委员会编《龙泉县志》，汉语大词典出版社，1994，第 773 页。
⑧ 诸葛计：《中国方志五十年史事录》，方志出版社，2002，第 42 页。以上关于 20 世纪五六十年代的浙江省修志概况的叙述，均依据王张强博士提供的资料信息。

年）、《南浔小志》（1966 年）。

丽水龙泉林福生所纂《锦溪乡志》，今在龙泉县方志办留存手写复印本，横排竖写，69 页，1 万余字。此志虽成稿于 1957 年 7 月，实系民国修志之余绪。1944 年，龙泉县长徐渊若奉浙江省修志馆令，开展龙泉县修志事宜，委令贡生吴梓培为正馆长，廪生项应铨为副馆长，派林福生为西乡一带采访员。但他"行出而采访，仅得数条，尚未成文"之时，纂修馆又复停办，修志之事就此搁置。十余年后，社会已然"改革从新"，林福生"虑及先哲遗言、功迹恐后失坠无稽"，于是"枵腹拈毫，检出旧日采访名胜，又查纲鉴及县府旧志所载，未充足者补之，所缺者加之"，终成此稿。林福生在采访时是对应着县志体例，"摘要遵依省府颁定各县修志事例概要"，"以广多采，不厌求详"。后编乡志时，"对凡在本乡之名胜及历代沿革以来照依县志科目所举，便如古时风俗、科学、祠庙等等所见所闻，汇集锦溪纲纪一册"。① 此志设本府县乡历朝沿革、村落形状、古岁时礼制、河流水利、社殿寺庙、人物志 6 个部分。对乡情考查颇为细致，搜罗颇广，资料来源颇丰，于府志、县志、山水志、家谱、童话、传说都有采用。文句流畅，叙事简洁，收录诗文等亦有尺度。

张和孚编《南浔小志》，1966 年稿本，未刊，2 册共 4 卷。此志在周子美所赠《南浔镇志稿》基础上纂辑，上限 1912 年，下限 1948 年，分机关、团体、水利、桥梁、祠墓、寺庙、古迹、学校、蚕丝、金融、灾荒、兵事、风俗、土产、园林、人物、列女、金石、艺文 20 类。吴藕汀《南浔小志序》云：此志"续周氏以清末为断，数十年来，陵谷沧桑，可以见其梗概，尤以一乡习俗，琐细之事，民风礼俗之变易，

---

① 林福生：《锦溪乡志·新编锦溪乡乡志起略（即林福生自序）》，1957。

由此可鉴，为汪、周两家[1]所未有，此书一出，可与汪、周成鼎足……"

《嘉兴县惠民人民公社社志》[2]，1959 年 4 月编印，16 开油印本。当时的惠民公社地域包括原惠民、大云、大通 3 个乡，俗称惠民大公社。社志首设前言，正文设工交、农业、文卫、财贸、政法 5 章，约 4.4 万字，有 55 张示意图，23 张表格。通过这部志书，以小见大，可以大致了解嘉兴县解放初前 10 年的发展历程。如工业都处于萌芽状态，社志中记载 1958 年惠民公社有 10 家厂，其中农械厂、农具厂、砖瓦厂、粮食加工厂、被服厂、食品加工厂、造纸厂、钢铁厂各 1 家，土硝厂 2 家，共有职工 1939 人，其中钢铁厂就有 1320 人，显现出"大跃进"时期大炼钢铁的鲜明场景。此书文字叙述很少，也无体例可言。严格意义上讲，这部所谓社志，更像是一本档案资料汇编。

湖州安吉县《"双一"简志》是一本村志，由中共安吉县递铺公社双一生产队支部、安吉县档案馆合编，1961 年 1 月印行，38 页，简装 32 开本，是为了配合全国林业现场会议在双一生产队召开，提供与会代表现场视察作书面向导而用。志首序、双一生产队全图。正文分为建队沿革；区域、界至和面积；地理概况；气候；土壤；土壤冲蚀和保持；人口与土地；政治〔解放前政治、解放后政治（剿匪反霸、减租减息、土地改革、镇压反革命、抗美援朝运动）〕；贯彻过渡时期总路线总任务；全民整风和"反右"斗争；互助合作运动；贯彻建设社会主义总路线和大跃进；人民公社化运动；农林业（解放前的农林业；解放后的农业；解放后的林业；大胆革新创造毛竹改制改小年

---

① 即汪曰桢咸丰《南浔镇志》和周庆云民国《南浔志》。
② 因 1958 年 11 月至 1961 年 7 月嘉善县并入嘉兴县，这期间原嘉善县区域设 6 个人民公社，惠民人民公社是其中之一，故该志不称嘉善县，而称嘉兴县。

为大年；大搞山林培育取得"八字经验"的光辉成就）；文卫福利事业；风俗习惯。篇目的名称、内容的安排、文字的表述，都带有鲜明的时代特征。

虽然 20 世纪五六十年代现存浙江乡镇志数量很少，但类型丰富（有乡志、镇志、社志、村志），篇目、体例、内容也不相类似（《锦溪乡志》多依旧志写法，《南浔小志》则兼有民国之风，而另两部志书时代烙印深刻），修志的主体亦不相同（既有私纂，也有公社、村组织编写），因此，在一定程度上反映出这一时期浙江镇村志编纂的多样性，呈现出总体上不活跃但也并不沉寂的状况。

而 1980 年成稿的《菱湖新志》无意间成为跨越 20 世纪 60~80 年代的一部特殊志稿。姚志卫纂《菱湖新志》，16 开本，复写稿本，252 页，约 10 万字。此志编纂始于 1964 年 4 月，"文革"开始后一度中断，1978 年完成初稿，1979 年 2 月开始重订，1980 年 2 月成稿。志书下限 1978 年，重点记载清光绪《菱湖镇志》之后 80 年。全志分概论、地理、经济与物产、文化、人物、风俗、旧闻拾遗、大事纪略 8 章 41 节。

2. 改革开放以来的镇村志

20 世纪 80 年代开始的社会主义第一代新方志编修，无论从志书的内容，修志的规模，参与的人数来说，都远远超过往昔。当时全国已出版的 30 部新编镇村志，仍多集中于南方，特别是江浙地区。首轮修志中，浙江省已是全国出版镇村志最多的省份，据 1992 年不完全统计，已出版的新编镇志 68 种，村志 46 种，镇（乡）志、村志成为浙江新志的两大系列。① 20 世纪 80 年代以来，乡镇经济迅速发展，在浙江经济呈现出"三分天下有其二"的格局，镇村志的编纂则与之交相

---

① 邱新立：《中国新编地方志二十年成就》（二），《中国地方志》2000 年第 3 期。

辉映。浙江省将镇村志的编修、出版纳入浙江省名镇志集成、浙江省名村志集成与浙江乡村社会研究系列丛刊。至 1999 年,浙江省出版新编镇(乡)志 69 种,[1] 仍为全国出版乡镇志最多的省份。进入 21 世纪以来,随着城镇化进程的不断推进和地方志事业的不断延伸,[2] 镇村志的编修发展迅速。从 2015 年起,为助力全国城镇化建设和乡村振兴战略,推进乡村文化振兴,中国地方志指导小组办公室持续实施中国名镇志文化工程、中国名村志文化工程,全国的乡镇志、村志编修更是高潮迭起。仅 2018 年,全国年内出版乡镇志、村志 330 多部。[3] 至 2018 年底,浙江累计出版乡镇街道志和村志共约 700 部。中华人民共和国成立近 70 年来的镇村志的编修数量超过中华人民共和国成立之前的总量。

乡镇志与府、县志不同,自宋至民国,浙江乡镇志修纂的分布状况极不平衡,大多分布在当时富饶的杭、嘉、湖地区和宁绍平原。有的镇还一修再修,连绵不断。如明、清、民国间曾 14 次编修濮院镇志、11 次编修双林镇志。虽然镇志的编纂范围在不断扩张,但是总体而言,浙江其他地区的镇志修得很少,历数百载而付之阙如的绝非少数。[4] 镇村新志的编修不再如乡镇旧志编修那样限于部分经济发达乡镇,出现在全省遍地开花的局面,各市都开展了或多或少的编修活动。很多市县出现了从少到多的趋势。镇村志的编修虽然有了扩散性的发展,但从地域分布看,各市所修镇村志数量差距较大,且各市内部的覆盖面也大小不均,有的县区已实现"镇镇修志",有的正在启动编

---

① 周祝伟:《浙江新编地方志目录》(1999 年增订本),方志出版社,1999。
② 李培林:《修志工作要往社区、乡镇和村延伸》,见《在江苏省调研地方志工作时的讲话》,《中国地方志》2014 年第 6 期。
③ 冀祥德:《坚定信心,凝心聚力,为全面建成小康社会贡献"志"礼——2019 年全国地方志工作机构主任工作会议工作报告》,《黑龙江史志》2018 年第 12 期。
④ 魏桥主编《浙江省名镇志·前言》,浙江人民出版社,1991。

修，有的尚处于空白之中，仍存在地域差异。11 个地级市中，温州、嘉兴、杭州的乡镇志数量位居前三，金华、绍兴、杭州、宁波的村志数量居于前列，其中金华市的村志数①占全省村志总数近 40%。

不过，相比于乡镇村的数量，镇村志的覆盖率并不算高。据 1985～2019 年历年的《浙江统计年鉴》，浙江省的乡镇政府与村民委员会历年的平均数分别约为 1600 个、35000 个。若以 1985～2018 年浙江乡镇志编修的数量约 300 部，村志约 400 部来计算，乡镇志数量与乡镇数量之比接近 20%，村志数量与村民委员会数量之比接近 1.2%。② 其中虽然村志的统计当远远小于实际数，③ 正在编纂的村志数量亦是不少，但从现有数据看来，与村的数量相比，编纂出版的村志仍是凤毛麟角。当然，随着乡镇村数量的减少④与镇村志编修的增加，镇村志与乡镇村数量之比均在逐步提高，这是毋庸置疑的（详见表 4）。

表 4　1949～2018 年浙江省各市之镇村志数量

志数/市别	杭州	宁波	温州	嘉兴	湖州	绍兴	金华	衢州	舟山	台州	丽水	合计
镇乡街道志数	43	32	60	57	29	31	13	18	9	13	11	316
村志数	53	47	18	5	6	58	147	18	7	11	24	394
总计	96	79	78	62	35	89	160	36	16	24	35	710

说明：以村志命名者多予收录；村史均未记入；因搜集渠道有限、统计截至时间（2018 年）与今时接近，应有部分已出志书未能收录。

资料来源：浙江图书馆及各市县图书馆馆藏志书；各市县方志办提供的志书与材料；志书作者和收藏者提供的志书与材料。

---

① 村志中有谱借志名者，与严格意义上的村志有一定差距，这种现象在金华市较为突出。
② 乡镇村志数量与乡镇政府（村民委员会）数量的比例，因存在两者统计口径不一的问题，难以精确计算，故只取相关数据的约略数，用于表示大致比例。
③ 孙达人：《中国农民史的价值和意义——兼论族谱、村志的社会功能》，《社会学研究》1994 年第 6 期。
④ 如 1985 年、1992 年、2018 年的浙江省乡镇政府分别为 3240 个、1844 个、908 个；村民委员会分别为 43307 个、43516 个、24711 个。

二 编修特点

中华人民共和国成立以来的浙江镇村新志编修，与浙江的乡镇旧志一样，也有着起步早、起点高的优势。1949 年以来的浙江镇村志编修仍然居于全国前列，并出现了许多新事物，也创造了许多"先例"。比如：早在 1988 年，中国人民大学历史系教学实习队的师生们就在温州大桥镇开展了镇志编纂；许亦江主编 2003 年出版的天台《水南村志》是中国较早由村民个人修撰、公开发行的村志；毛东武、毛兆丰两度主编的《白沙村志》（1991 年、2012 年），是中国较早以村为单位单独出版的村志与续志；魏桥主编的《浙江省名镇志》（1991 年）、《浙江省名村志》（1994 年）分别记述 161 个建制镇、604 个行政村的历史和现状，是乡镇志编纂的一种特殊形式，等等。具体而言，浙江镇村新志的编修经历了形式、内容上的巨大变化，在编修出版、体例内容、组织方式等方面都有着鲜明的特点。

1. 连绵不绝，编修出版呈现旺盛生命力

（1）编修延续性强，修志续志渐成常态。

正是在多方协力的基础上，浙江乡镇志编修自 1982 年起，村志自 1987 年起，从未中断，总体平稳，每年都有一定数量问世，随时间推移，数量有所增加，展现出很强的延续性与生命力。其中全省乡镇街道志（含《浙江省名镇志》与《浙江省名村志》），20 世纪 80 年代有 29 部，1990~1999 年有 78 部，2000~2009 年有 74 部，2010~2018 年有 132 部；10 部（含 10 部）以上的 13 个年份中，7 个年份出现在 2010 年以后，2017 年达到一个小高峰，有 26 部乡镇志问世（详见表 5）。村志的编修，20 世纪 80 年代有 12 部，1990~1999 年有 76 部，2000~2009 年有 148 部，2010~2018 年有 158 部；且自 1996 年起，每年都在 10 部以上，再未少于此数；2003 年、2014 年、2015 年均在 20 部以上。

表 5 　1949~2018 年浙江省各市之镇乡街道志数量统计

年份/市	杭州	宁波	温州	嘉兴	湖州	绍兴	金华	衢州	舟山	台州	丽水	合计
1957											1	1
1959				1								1
1966					1							1
1980					1							1
1982					1							1
1983					1							1
1984		1										1
1985	1	1										2
1986	1											1
1987							1					1
1988	1			1	1							3
1989	2	3	6		2	1	2	1		1		18
1990			5				2			1	1	9
1991	2		2	3				1		2		10
1992	1		1	4	1							7
1993		1	3	2	1							7
1994	4	1	3	3								11
1995				1	2							3
1996	1	1	1	3	2				3			11
1997		1	2	1			1		1			6
1998	1		3	1		2	1					8
1999		1				1	1		1	2		6
2000	1	2	1		2	2						8
2001	1	1	1	2	1		1	1				8
2002	1		1	1		1						4

年份/市	杭州	宁波	温州	嘉兴	湖州	绍兴	金华	衢州	舟山	台州	丽水	合计
2003	4		1		1			2				8
2004	1		1		2						1	5
2005	1	1	3			1		3			1	10
2006		1				1					1	3
2007	2	1	2	1				1		1		8
2008	3	1	1	1	1							7
2009	2			2	4	2				1	2	13
2010	1	3	2	1		1			1			9
2011	2	2	4	2		1						11
2012			1	3	1	3		2		1	1	12
2013		2	3	1	1	2	1		1	1	2	14
2014	2		1			3	1	1				8
2015	1	2		3		2		2		1		12
2016	3	2	4	5		1		4		1		20
2017	3	3		10	1	4	2			2	1	26
2018	1	1	8	5	1	3			1			20
总计	43	32	60	57	29	31	13	18	9	13	11	316

　　说明：因搜集渠道有限，以及统计截至时间（2018 年）与今时接近，尚有部分志稿、志书未能收录。

　　资料来源：浙江图书馆及各市县图书馆馆藏志书；各市县方志办提供的志书与材料；部分作者和收藏者提供的志书与材料。

　　镇村新志中，既有纵贯古今的通志，也有接续前志的续志，以修编通志占主体地位，这既是传统使然，又因多数乡镇村还是首次修志。间隔时间较短又连续修志的乡镇，以某个时段为时限编修续志，这种情况虽在少数，却逐渐增多。参照国务院《地方志工作条例》每 20 年左右修一次志的规定，又在经济社会变化速度加快，电子图书、纸质图书保存条件日益改进的条件下，修编续志也可能逐渐成为乡镇村修志的"新常态"。20 世纪 80 年代起，《余杭镇志》《马站镇志》《盐官镇志》《西塘镇志》《练市镇志》《六横志》《钱清镇志》等都有过两次编修，《龙港镇志》《南浔镇志》更是数修。村志也是如此，天台《西张村志》于1997年和2007年两修，仙居《大路村志》于1988年和1997年两修，江山毛东武、毛兆丰于1991年和2012年两度主编的《白沙村志》还得到时任浙江省委书记习近平、赵洪祝的关注。

（2）出版形式多样，公开、精装、电子化占据主流。

就出版形式而言，乡镇志由油印稿到内部出版，再到正式出版，乃至兼出电子本。20世纪五六十年代或80年代早期，有不少油印手写稿本。之后志书有公开出版的，也有非公开出版或印刷的，公开出版日益增多。杭州43部乡镇志中有30部公开出版，且自2008年起的全部正式出版。2010年起的全省乡镇志有百余部，其中仅十余部是内部印行的。在装帧方面，也表现为由简本到精装本，32开本到16开本的发展趋势。曾经流行于80年代和90年代前期的32开精装本，自90年代后期起已很少见到。印数方面，私纂的印数较少，以致于有些志书现已难见到原本，只留存复印本，如丽水《锦溪乡志》；由政府组织修纂的印数多在一千册以上，多至二三千册，更有1995年出版的嘉兴《南浔镇志》印数已达4000册，2018年出版的203万字的杭州萧山《戴村镇志》印数则高达11000册。此外，自2007年《采荷街道志》采用全彩印后，有十余本乡镇街道志采用了高成本的全彩印刷，正文中的彩图、彩色照片配合文字，观感更佳，存史价值也更高。

随着信息化程度的不断提高，阅读与获取信息的方式不断改变，许多乡镇志不再只印刷纸制本，也制作了电子本发行，随书附赠光盘，甚至上传至网站，为读者提供了更为便捷的读志用志方式。如浙江地方志网站的数字方志馆有《浙江省名镇志》《浙江省名村志》可读，杭州数字方志馆有十余部乡镇志电子资源上传供阅读，舟山网上方志馆上传所有本市已出镇村志电子资源，并可直接下载。

（3）修志领域拓展，旧志整理等成果迭出。

从乡镇志的修志领域而言，已从单一的编修新志，进一步拓展到对原有旧志的整理。如湖州新市镇自古以来多次修志，从明正德十一年（1516）至清光绪二十八年（1902）约400年间有《仙潭志》《仙潭后志》《新市镇续志》《新市镇再续志》，另《仙潭文献》，共有5部；中华人民共和国成立后又有1988年的《新市镇新志》与2009年的《新市镇新志》先后出版。新志出版时，新市镇旧志被一起重新装订印刷，成为《新市镇志集成》系列。

又如清道光《渔闲小志》于《中国地方志联合目录》《中国地方志总目提要》《浙江方志考》诸多目录提要书中皆未著录，且国内外其他图书馆皆未有别本收藏，实为清代孤本乡镇志书。及至2000年，嘉兴市地方学者俞国林等据北京师范大学图书馆古籍善本部所藏志书稿本进行钞录，并影印复制了文献，此志方得重回故里。2008年，嘉兴市南湖区余新镇人民政府组织编委会，推出了由吴上德、杨耀祖等人整理的道光《渔闲小志》校点注释本（暨画册一本），仅印行一千册。后来此志原稿影印本收入学苑出版社2009年版《北京师范大学图书馆藏稀见方志丛刊续编》第四册。

其他如台州市方志办影印了民国《路桥志略》、慈溪市方志办出版了王清毅与岑华潮的《余姚六仓志》标点本、上虞市方志办出版了夏军波校续的民国《松夏志》，等等。旧志整理工作在乡镇志领域得到了更多的关注，出现了更多的成果。然而至今对于浙江乡镇旧志全面系统的整理工作仍付诸阙如，这是今后方志文献学研究所要重点关注的课题对象。

此外，中国名镇志文化工程（桐乡）《乌镇志》（方志出版社，

2017）出版之后，英文版也随之问世。《乌镇志》（英文版）是海内外第一本英文版志书，涵盖《乌镇志》（中文版）除"翰墨清芬"篇目中古诗词等传统文学作品之外的所有内容。2017 年 12 月 3 日，《乌镇志》中英文版亮相世界互联网大会，并作为特别礼物赠送给与会重要嘉宾，开志书助力国家重大国际会议的先例。

2. 编纂得法，志书质量呈现整体优势

（1）体例体裁更趋完善。

乡镇旧志的私纂性质使之带有浓厚的私家著述色彩，新编乡镇志较旧乡镇志，其非区划性、私纂性的特点逐渐地消逝，与省、市、县（区）志一样，具有区划性和官修性。乡镇已成为我国最基层的一级行政政区，其行政区划十分明确，新编乡镇志的记述地域范围也以本辖区为限，不再"越境而书"。以官修居多的乡镇新志，在体例、篇目设计上减少了随意性，体例结构更接近县志，更为整齐划一。多数志书采用章节体，前置概述、大事记，后有附录、跋、编纂始末，采用记、志、传、图、表、录等体裁，来记述区域内自然、政治、经济、文化和社会的历史与现状。套用市、县级志书的框架结构、篇目设置的情况，对于志书内容的完整性有一定助益，当然，若大量出现，也会产生面目单一、微观资料缺失等问题。

在约 300 部乡镇街道新志中，绝大多数志书设有大事记、概述和凡例，设置人物等常规章节、收录照片和地图、采用表格；多数志书设有后记或丛录（附录）。诸体并用，体例更加完善，体裁更加完整。

相比而言，村志的编修，因村与行政建置的距离略远，编修内容较多体现出以本地村民为主体。私人纂修也使志书体例内容呈现出更为多样、不拘一格的面貌，有的志谱结合，如《（永康）连枝村谱志》，有的自创新体，如《（江山）六家志》，有的则随意不羁，内容更是繁简悬殊。有些村志将志与谱做了很好的结合，如永康的《河头村志》。21 世纪以来，随着村两委更多地介入修志，政府主导模式渐占主体，村志体例也出现了一种向县志看齐的趋势。

（2）内容体量颇为可观。

21 世纪以来的大部分镇村志的内容涵盖面广，凡涉及区域内的自然、政治、经济、文化和社会的内容均有收录。各志所设篇目的规模、数量不同，但其构成大都涉及自然环境、镇村建制、姓氏人口、土地、交通、商业、农业、工业、财税金融、镇村建设、党派群团、基层政权组织、军事、治安、司法、教育、科技、卫生、文化、广播电视、名胜、社会生活、方言、人物、丛录等。架构的完整程度，以及内容的丰富程度，与县志相比毫不逊色。

要承载这么多内容，镇村志的单本规模和体量也必然大幅度增加，文字量由数万字向数百万字扩张。21 世纪以来，100 万字以上的镇村志已屡见不鲜。以杭州市为例，1980～2000 年间出版的《梅城镇志》《瓜沥镇志》《长河镇志》《临平镇志》《塘栖镇志》《余杭镇志》《富阳镇志》《新登镇志》《桐庐镇志》《浦沿镇志》《西兴镇志》等均为数十万字，最多的是《桐庐镇志》66 万字，而之后出版的《衙前镇志》（2003 年）、《党山镇志》《临浦镇志》《许贤乡志》（均为 2008 年）、《杭州四季青志》（2011 年）、《戴村镇志》（2014 年）、《寿昌镇志》（2016 年）、《乾潭镇志》（2017 年）、《鸬鸟镇志》（2018 年）均超百万字。丽水市 1990 年内部出版的《龙泉城北区志》为 9 万字，2009 年出版的《青田县鹤城镇志》则有 123.8 万字；湖州市 1980 年成稿的《菱湖新志》约 10 万字，2009 年出版的《菱湖镇志》有 240 万字。目前所见篇幅最大的是 2017 年出版的金华浦江《黄宅镇志》，共 5 册，327.6 万字。若将 1949 年后浙江新修镇村志合并计算，约有数亿字的篇幅。

（3）镇村特色得到提炼。

乡镇虽小，却往往因其地理、历史等方面的特殊原因，而形成自身的特色，能把这些特色归纳提炼，正是志书最具使用价值之所在。所以镇村志编纂者重视提炼特色，努力突出地方特色，讲好地方故事。

虽然体例向县志的趋同会削弱乡镇志的地方特色，然而，由于乡镇村新志的记述层次较低，内容较为丰富，涵盖的范围较广，一些富有地方特色的内容往往会以升格、详记的方式加以突出，因此使志书仍能保持一定的地域特色与时代特征。如海盐县《澉浦镇志》，除概述、大事记外，主体部分共设 11 卷，计 603 页，其中旨在反映地方特色的卷、章就多达 332 页。因我国唯一集山、海、湖于一体的风景区——南北湖坐落在澉浦镇，故该志特设"南北湖风景区"1 卷，浓墨重彩地记述其独特的自然风貌；又因澉浦镇靠海，古代为著名的"海防要津""海塘重镇""贸易良港"和"产盐重地"，故在卷二设置了"海塘""盐业"两章，彰显澉浦的地方特色。① 王志邦主编的《浦联村志》，突破传统编纂模式，因地制宜，设置篇目，② 突出重点，反映特色，开拓了浙江村志编纂的新模式。该志获得第八届（1995~1996 年度）"浙江省哲学社会科学优秀成果奖"三等奖。劳乃强主编的《龙游沐尘乡志》在专题篇设置了 5 个专题，即红色足迹、畲乡风情、余绍宋在沐尘、沐尘水库和诗文选辑，每个专题相当于一个分志，分别记述沐尘畲族乡的重要特色。如此结构，在体例设置上为记叙该乡的特色内容留下了充分的空间，使之得以详细记载，充分展现。其他如（常山）《球川镇志》注重发掘浙西重镇和革命老区的主要特色，

---

① 沈松平：《关于当代乡镇志编修的思考》，《广西地方志》2016 年第 5 期。
② 设村域、村民、村区组织、土地、基础设施建设、种植业、养殖业林业、企业、农业集体化时期社会分配、村办企业时期社会分配、村民生活、村民观念、丛录等编。

《江山城关镇志》突出城关为市（县）治所在地和地处浙闽赣三省交界的边界城镇这一地方特色，《小营巷街道志》将 1958 年 1 月 5 日毛泽东主席视察小营巷卫生工作做了专门记述，2015 年版《双林镇志》因双林是绫绢古镇将"蚕丝绫绢丝绸"升格为编等，都使镇村志的特色得到了提升。

（4）编纂方法更为扎实。

浙江镇村志的编修者有着可贵的求真、探索精神，在社会调查、资料考证方面不遗余力。早如 1957 年成稿的丽水龙泉《锦溪乡志》，其纂者林福生在采访时"以广多采，不厌求详"；后编乡志时，又于府志、县志、山水志、家谱、童话、传说都有采用。近如 2018 年出版的《温州瓯海区南白象街道志》，随文配置了 129 张表格，在涵盖事物各个方面的同时，化繁为简，文约事丰，集中表现了事物数量和动态变化的状况，较好地发挥了志书表体的功能，增强了志书资料的容量和使用价值。难得的是，大量表格下方标注有"资料来源于实地调查""数据来源于民间调查"，都是编纂者亲予采集的。

对于搜集到的各类资料是否入志，编纂者也有一定的考量。如1994 年出版的《浦沿镇志》，其有关历史部分的叙述，是在查阅了大量的方志宗谱等历史文献资料后写作而成的，一般都详细地注明了资料来源，不仅注明了书名，而且注明了卷次和门类。引用的资料都尽最大可能采用原始的第一手资料。对于某些没有明确结论的问题，《浦沿镇志》详细了前人所说，不匆忙做出结论。[①] 这样的做法，体现了志书的科学性和可靠性。

同时，镇村志的编纂吸取了传统方志和社会主义时期首轮修志实践的经验，编纂者在修志的步骤、方法上也越来越有章法。如通过各

---

① 李志庭：《浦沿镇志·序》，中国商业出版社，1994。

种渠道搜集资料，不仅按惯例查阅报刊、档案、图书、县市志、旧志、家谱等资料，请相关镇村部门提供资料，还发布征集资料文告（如宁海《长街镇志》等）、征集私人收藏（如乐清《黄华镇志》等），走访村民或召开村民座谈会（如《岩大房村/社区志》等），赴兄弟镇村学习交流，有的还采用三级志书编修中的初审、复审和终审（如建德《寿昌镇志》）等多个环节，听取意见，以期提高志书质量。

3. 多方参与，共同推动镇村志发展

（1）政府重视修志，担当修志主体。

从乡镇志的修志模式而言，呈现由单一向多元化发展的趋势。中华人民共和国成立后的乡镇志编纂原以个人发起为主，但 20 世纪 90 年代起，乡村基层组织与地方志机构的介入，使编修经费来源与主创人员发生了较大变化，编纂方法、刊印质量、用志途径上也更趋多样。

与乡镇旧志相比，乡镇新志的编修，从编修主体看，政府修志取代了私人修纂已成主要趋势，方志工作机构介入指导更成为常态。从具体操作看，一般都由乡镇政府或党委、政府组成编纂委员会，负责指导、协调和保障等工作，下设编委办或临时的修志办，选定主编和副主编，具体负责修志业务工作。私纂而成的乡镇新志相对较少，并有减少的趋势。至 2010 年浙江湖州已成书的 25 部乡镇志书中，由政府作为主体承担修志的有 13 部，占 52%。2018 年全省出版的 20 部乡镇志，则 100% 由政府作为主体承担修志。

村志的编修略有不同，其编修多由县一级修志机构主导或村民自发，编修区域主要集中在经济发达的乡镇村，或者是城中村。但随着修志逐渐被纳入乡村文化建设的范畴以及方志机构的深度介入，由村委会出资、方志机构指导的修志模式也逐渐占据主要地位，只是不如乡镇志那样显著。

在大多数"官修"镇村志的卷首，有乡镇（街道）党委书记、乡镇长（街道办事处主任）或村领导为志书作序，有些志书中还有上级区县、市领导为之所作之序，以及全国人大、政协或省部级领导为志书所做的题词。这些序和题词中的恳切话语，体现出党委政府对修志的重视与支持、对盛世修志之举的赞誉，以及对镇村发展的骄傲自信，充满了修志存史之意和爱乡爱国之情。

（2）民间基础深厚，学者乡民携手。

深厚的史志编纂底蕴，悠久的乡镇志编修传统，发达的区域经济，良好的人文环境，使浙江民间的镇村修志基础十分坚实。镇村小志，它不仅记载历史，更凝聚着众多修志人多年的心血，热心文化、热爱乡土的乡民村民、学者专家等纷纷参与修志。

乡民修志。如湖州《南浔小志》（1966年稿本）的编者张和孚是南浔镇人，从事工厂会计等工作；嵊州《谷来镇简志》《横路坑村志》的编者马善军是一位在杭州工作的"80后"，谷来镇马村外横人，编有多种乡土书籍，并自费印制免费发给村民阅读，他热心乡里文化建设等事迹被多家媒体报道；景宁《大赤垟村简志》是由4位耄耋老人合力编写的，老人最大的86岁，最小的81岁……由当地人或近乡人编写镇村志的情况不胜枚举。虽然他们都是比较熟悉地情的乡人，但要写成志书，并不是单单靠查找些资料、凭借自己的经历和记忆就可以的，很多信息需要编纂者实地考察核实。除此之外，编纂者们还会开座谈会，听取镇里有阅历、有经历的老人家们的意见，广征博采。涉及相关部门的，会请各部门审阅志稿。几经修改，最终才定稿，送出版社出版。他们为修志付出了极大的努力。

学者修志。如浙江师范大学历史系副教授龚剑锋1989年撰（嵊州）《开元镇简志》，虽然只有19页内文，约1.4万字，文省意赅，内容精练，所记事物特色鲜明，辑考较备。毕业于杭州大学历史系，曾担任杭州大学历史系古建筑研究所副所长等职的俞日霞，编纂了《宁六村志》等数部绍兴村志。诸暨《枫桥史志》（1998 年）主编陈炳荣系枫桥镇人，抗日战争时曾就读国立西南联大，毕业于边务研究所，中国地理学会会员，有《诸暨县简志》等著作 70 余万字。萧山《长河镇志》《浦沿镇志》的主编王炜常，是浙江省历史学会会员、中国谱牒学研究会会员。而成书于 1988 年的《桥头镇志》是中国人民大学历史系 37 位师生接受镇党委和镇政府的委托历时一年编修而成的。他们将修志列为实习内容，探索教学改革，目的是使历史学科为社会现实服务。1988 年 5 月到桥头镇后"广泛调查，收集资料，通过座谈，深入研讨，存真求实，数易其稿"。镇志（征求意见稿）还在永嘉、北京分别召开评审会，市县有关领导和专家、教师给予指导，并且听取人大方志学培训班 35 位学员（来自 19 个省的市、县志主编和编辑人员）的意见。师生们本着事求是的精神，力求对志书体例有所创新，增设了一些新的章目。此外，还有很多方志工作者同时也是地方文史研究方面的学者，也积极地投身于镇村志的编修。更多的学者参与修志的方式，不是直接编纂，而是为之提供资料或意见，为之作序或题词，为之评论或宣传，也起到了重要的作用。据不完全统计，近 30 年来，十多位著名学者为数十部浙江镇村志作序题跋，如浙江大学教授陈桥驿、毛昭晰、孙达人、李志庭、金普森，南开大学教授来新夏，中国历史博物馆研究员傅振伦，复旦大学教授葛剑雄，上海交通大学教授黄良余，陕西省文史研究馆馆员李裕民，等等（详见表 6）。

表 6　部分著名学者为浙江镇村新志作序跋情况一览

（按学者姓氏拼音为序）

学者姓名	学者身份	作序镇村志名
陈桥驿	浙江大学教授	崇福镇志、东浦镇志、枫桥史志、绍兴县志丛书镇村志系列（含 14 部镇志 6 部村志）、盛陵村志
傅振伦	中国历史博物馆研究员	富阳新登镇志
葛剑雄	复旦大学教授	笕桥镇志
黄良余	上海交通大学教授	朱桥地方志
金普森	浙江大学教授	南岸村志、富强村志
来新夏	南开大学教授	洲泉镇志
陈学文	浙江省社会科学院教授	濮院镇志
李裕民	陕西省文史研究馆馆员	崇福镇志
李志庭	浙江大学教授	浦沿镇志
林衍经	安徽大学教授	江山市长台镇志
毛昭晰	浙江大学教授	笕桥镇志、凯旋街道志
孙达人	浙江大学教授	象塘村志
魏桥	浙江省社会科学院（浙江省地方志办公室）编审	鸠坑乡志、衙前镇志、采荷街道志、余杭镇志、湍口镇志、爵溪镇志、横河镇志、龙港镇志、漱浦镇志、乍浦镇志、崇福镇志、枫桥史志、长乐镇志、女埠镇志、清湖镇志、华埠镇志、蜀阜志、泽国镇志（2 部）

（3）方志部门介入，助推成效显著。

首轮修志始，浙江的方志部门就对镇村志的编修给予关注。省方志办人员少，无法顾及乡镇志，于是采取支持修志但不作规定要求的态度，并创新了乡镇志的编修模式，于 20 世纪 90 年代初开展了《浙江省名镇志》和《浙江省名村志》的编纂。浙江省地方志编纂室筹划编写名镇志，当时是出于以下考虑：一是镇数量相对市县数量是个巨大的数目，如果普遍编纂镇志，人力和财力会有一定的困难。二是市、县志不能包括镇的历史和现状，一些具有重大影响、特色鲜明的镇略而不记，是为方志之不足，且不利于海内外学者对浙江乡镇的继续研究。于是选择了全省 161 个各具特色的集镇，既有历史上的传统名镇，又有中华人民共和国成立以来特别是改革开放以来新崛起的城镇，给予各有侧重的记述，汇成一书，蔚为大观，不仅延续了浙江编修乡镇志的文脉，而且对后来的乡镇志的编纂起到了积极的推动作用。① 以此为起点和代表，全省先后编纂了《东阳名村志》《湖州市名村志》《嘉善县乡镇志》《文成乡镇志》等集镇、集村型的镇村志，往往一卷在手，即可了解、研究浙江或相关市县城镇的现状、历史和各地方经济、文化发展的轨迹。编纂者的匠心独具，被收入志的名镇各呈异彩。② 而我们可以看到，在《浙江省名镇志》和《浙江省名村志》书成之后，浙江的乡镇经济、社会、文化进一步发展，当时这些汇编在一起的名镇都纷纷单独修志，内容丰富，特色鲜明，更为细致地记录了乡村发展的历史脉络、成败得失。如有着 800 年历史的绍兴雅张村，在《浙江省名村志》中仅 3000 字的篇幅，1999 年编修的《雅张村志》则有 42 万字，不仅记其大势大略，还详述事物发展之因果。这就好像由一束花培育出的万紫千红，政府、志办、学者、乡人，多方协同，齐心努力，令浙江省的乡镇志编修之花更加多姿多彩，并结出丰硕的果实。

1995 年，浙江省地方志学会与永康市河头村在永康联合召开中国

---

① 颜越虎：《浙江方志事业的领头雁——访原浙江省地方志办公室主任魏桥》，《中国地方志》2006 年第 7 期。

② 这些名镇，"有的因历史悠久而著名，如自五代晋天福二年（937）之后，'簪缨相继，日渐殷富，遂成巨镇'的王店镇；有因反侵略战争和革命斗争而著名的，如击毙英法洋枪队头子华尔的慈城镇；有历来兵家争战之地，号称'东南第一关'的定海城关镇；有浙东人民革命斗争的根据地梁弄镇；有的因特殊的人事内容而著名，如蒋介石父子故居奉化溪口镇、浙东侨乡宁波大碶镇、越剧之乡嵊县城关镇；有的因特殊的地理条件而著名，如天下奇观、万马奔腾的钱江潮的观赏地盐官镇；有避风良港、联台窗口如象山石浦镇；有海防重地、屯兵之所的三门健跳镇和有'贾利及时夸富有，只因鱼米胜桑麻'的渔港沈家门镇；有水乡以桥多称著的绍兴东浦镇；以及自明清以来商业繁盛、人文发达的南浔镇。此外，还有的是新兴的名镇，如著名的小商品市场义乌稠城镇、因经营钮扣而崛起的永嘉桥头镇，等等。"见《浙江省名镇志·前言》，上海书店，1991。

乡村文化研讨会暨《河头村志》出版发行会议，探讨村志编纂模式。浙江这种农民自发地开展村志编修，被中国农民史学家称为"农民觉醒的一个标志"。这次会议对之后浙江村志的编修产生了重大影响。

2012年发布的《浙江省实施〈地方志工作条例〉办法》是当时唯一将镇村志编纂正式列入部署的地方法规。该办法第二条规定："本省行政区域内地方志、其他志书和年鉴的组织编纂、管理、开发利用工作，适用本办法。……本办法所称其他志书和年鉴，是指机关、社会团体、企业事业单位、其他组织及个人组织编纂的专业志、乡镇志、村志和专业年鉴等资料性文献。"对《地方志工作条例》的内容进行了延展，为地方志工作与镇村志编纂之间架起了制度化的桥梁。地方志部门介入程度越来越高，在其中起的作用越来越大。

市县志办则更为深入地介入镇村志的编修中。尤其是21世纪以来，在市县第二轮大规模修志的过程中，有些县（市）方志办主动将乡镇志编修纳入常规工作，大力推进，效果明显。如2007年嘉善县在由县委办县府办合发的《续修〈嘉善县志〉工作实施方案》中要求："各镇、各有关部门和单位要续修或新修乡镇志与专业志（规划名单附后），有条件的镇要选择一个村编村志。"并附编修镇志规划11部（魏塘镇〈续修〉、西塘镇〈续修〉、干窑镇、大云镇、丁栅镇、洪溪镇、姚庄镇、陶庄镇、惠民镇、天凝镇、杨庙镇）。截至2018年，这11部志书全部完成出版。柯桥区史志办则构筑区、镇、村三级修志体系，全域编修镇村志，抢救乡村记忆，先后牵头完成《钱清镇志》《兰亭镇志》《福全镇志》等14部镇志的编修，实现"镇镇有志"，其中《钱清镇志》入选首批"中国名镇志"。村志编纂自2012年始，史志办制订编修规范，培训编撰人员，审核修改稿件，实施财政补助，多轮发动，至2018年底，计有29部村志出版。平湖、上虞、泰顺等地也实施了乡镇村志编修计划，其中泰顺的罗阳镇志、仙稔乡志、洲岭乡志、南院乡志、碑排乡志、下洪乡志、岭北乡志几乎同时于2018年出版。

同时，方志工作者亦在镇村志编修中施展专业之长，主持或参与了大量志书的编纂。有的担任主编、副主编、总纂，有的担任顾问、评审，有的为志书写序，有的提供资料。如省方志办魏桥曾先后为十余部镇村志作序，永康市方志办应宝容担任十余部村志顾问。也有的以市县志编纂的"原班人马"集体承担镇村志编修，如杭州市地方志办公室编纂的《下姜村志》、龙游县地方志办公室编纂《沐尘畲族乡志》、诸暨市地方志办公室编纂的《岭北镇志》。仓修良先生在《方志学通论》中指出，修志人员的素质决定着志书的质量，主编得人是一部志书成功的关键。既要有较高的文化素质，也要有很强的责任心和敬业精神。方志工作者将市县志编纂的方法和经验带入镇村志编纂，对镇村志的体例篇目、编纂方法等产生较大影响，为保证浙江镇村志的整体质量打下了良好的基础。据不完全统计，近30年来，约30位方志办工作者担任了50部以上镇村志的主编。其中王志邦（曾任职于浙江省方志办）、俞尚曦（桐乡市方志办）、毛东武（江山市方志办）等均主编了多部镇村志（详见表7）。

表7　部分浙江方志工作者担任镇村志主编情况一览
（按工作单位行政区划先后排序）

姓名	主编或曾就职的镇村志	就职或曾就职的方志部门	主编的其他志书
王志邦	义桥镇志、许贤乡志、浦联村志、东冠村志、武义柳城镇志、山后村志、三盈村志、岩大房村（社区）志、永丰村志	浙江省方志办	宋元浙江方志集成（主编之一）、清雍正朝《浙江通志》标点本（总编）、浙江省市场志（常务副主编）、浙江工商大学志：1911~2011，等等

姓名	主编或曾就职的镇村志	就职或曾就职的方志部门	主编的其他志书
贾大清	下姜村志	杭州市志办	杭州市志（1986~2005）
陈志根	戴村镇志、工农村志	萧山区志办	萧山市志（副主编）、萧山围垦志等
莫艳梅	凤凰村志	萧山区志办	
孙平	笕桥镇志	杭州市志办	淳安县志
周如汉	姚家埭村志（总纂）	余杭区志办	余杭县志
王庆	鸬鸟镇志	余杭区志办	余杭市志、余杭军事志等
杜建海	徐东棣村志、天宫庄园湾底村志	鄞州区志办	
林志龙	爵溪镇志	象山县志办	
竺桂良	石浦镇志稿选编、石浦镇志	象山县志办	
杨志林	大门镇志、东岙顶村志	洞头区志办	洞头县志
徐启豆	宜山镇志、龙港镇志（2003）、龙港镇志（2011）	苍南县志办	
施明达	泰顺县莒江乡志	泰顺县志办	泰顺县志
王健飞	澉浦镇志	海盐县志办	海盐县志
俞尚曦	洲泉镇志、崇福镇志、凤鸣街道志、乌镇志	桐乡市志办	桐乡县地名志等
余方德	湖州市名村志	湖州市志办	湖州人物志
陈景超	乾元镇志、新市镇新志、禹超镇志	新市镇志编委办	
何鸣雷	钱清镇志（2016）、祝家村志	柯桥区志办	绍兴县志（1990—2013）、柯桥区村志丛书
许林章	店口镇志	诸暨市志办	
童文贤	古丽镇志	永康市志办	永康市志
劳乃强	沐尘畲族乡志	龙游县志办	龙游县志
毛东武	清湖镇志、白沙村志、坂头村志、六家志	江山市志办	江山市志（副主编）
祝龙光	廿八都镇志、峡口镇志、淤头村志、大桥镇志（特约主编）	江山市志办	江山市志

续表

姓名	主编或曾就职的镇村志	就职或曾就职的方志部门	主编的其他志书
朱云亨	江山城关镇志、大桥镇志、峡口镇志（特约主编）	江山市志办	江山市志（副主编）、江山民政志
蒋文波	六横志、展茅镇志	普陀区志办	普陀县志、普陀区志、普陀县地名志
邬永昌	南岙村志	普陀区志办	
洪关旺	界首村志	松阳县志办	

当然，镇村志的编修存在不少问题。有的对资料审核不严，错误较多；有的内容极简，空有志名；① 有的志书不定例规，随意安排各篇章及其上下限；有的缺乏基本史识，对传闻不加考证照搬入志；有的不重史德，恣意采录与己相关的文章；有的不认真采集资料，在很短的时间内编就，等等。各种问题造成志书的不严谨、不规范、质量难以保证，以至于不可信、不可用，价值难以发挥。同时，在编修出版方面也存在一些困局，或因重视不够，或因经费不足，或因人手缺乏，影响了编修和出版。有的村民自发编纂后没有能力出版，如萧山邵家塔村志；② 有的志稿已成却终未能集结印行，如黄岩

① 如金华的不少村志，志的内容往往只有数页，余者皆谱，名不副实。一些乡村的修谱活动，欲通过族谱的方志化来获得族谱的社会认同，家谱以村志的形式出现，以村志冠名，开篇谈村志内容，但后面大多数篇幅则用以述族谱内容，如浙江永康市的《俞溪头志》《寮前村志》《下徐店志》，名义上是村志，实则为俞、骆、徐三姓之谱。还有一些地方在送审村志时，只递交村志部分，而将族谱部分留下，待审查通过后，再将其补入（见梁洪生《新谱与新志的对接》。上海图书馆编《中国谱牒研究——全国谱牒开发与利用学术研讨会论文集》，上海古籍出版社，1999，第339~357页）。对于只是借用志名，而志的内容只走形式、过于单薄的，得不到方志界的认可。当然，因为这些村志代表了一个类型，是族谱向志书发展的一种表现。对于其中很难予以是"志"还是"谱"界定的，我们在统计分析中暂将它们包含在内。
② "萧山邵家塔村84岁老人邵水春花6年时间写下80万字村志"，"没有钱印书"。见杭州新闻网，http://hznews.hangzhou.com.cn/shehui/content/2012-11/06/content_4462548.htm。

城关志稿;① 有的数次动议，终未能开展编修；有的编修进展缓慢，时间跨度长达十余年。修志之难，令一些曾编修过市县志的老主编发出这样的感慨："编乡志并不比编县志容易，而且受种种条件制约，要想编出一部有分量的乡志似乎比编一部县志更难。"② 志书的收藏利用也有一定的局限。浙江图书馆一直很重视地方志的收集，长期以来，借助省市县各级图书馆系统收藏了大量镇村志，存有新修浙江乡镇志数百部。各市县图书馆也有一定的存量，但多寡有别。方志系统则相对较少，近年来逐渐重视，存本有所增加。虽然如此，有的志稿现在只能见到存目，无论是图书馆还是方志机构，都没有收藏；有的私修志书，甚至街道乡镇组织编纂的志书，也只有作者和街道办事处、村委有存本，公共机构中无法找到。存藏不足，电子化不够，造成用志的局限性，影响志书价值的发挥。

---

① 该志稿由黄岩城关镇志编纂办公室编，1989 年 12 月至 1990 年 12 月内部印刷，一套 8 册，共 5 编（史地沿革、经济概貌、政事撮要、文化纪略、乡情荟萃）。

② 劳乃强：《乡镇志如何突出地方特色——以龙游县〈沐尘畲族乡志〉为例》，载《浙江方志》2019 年第 5 期，第 29 页。

第四章
浙江乡镇志书的编纂者

　　乡镇志书的编修一般来说与地方经济的发达、商品经济的发展、市镇的崛起是分不开的。同时，成志在人，没有文化事业的兴旺，没有一些爱乡恋土的有识之士的参与，虽为巨镇，而无志乘也是常见的。[①] 编纂者对于志书的重要性是不言而喻的，其对于志书的篇目设计以及文献价值都起着巨大的影响。编纂者的科举功名、职业、社会关系以及专长技能等方方面面都对其后续志书的编纂有所联系。本章以清代浙江乡镇志书为例，首先对编纂者基本类型及其特征进行了探索，其次对编纂者对于志书篇目设计的思考以及在编纂过程中档案的利用形式等问题进行了研究。

一　基本类型及其特征

　　根据现有的资料，查考了 126 种清代浙江乡镇志书共 122 位编纂者的社会身份、生平履历与专长技能等情况。处于不同历史时期的编纂者们，构成了一个数量庞大、身份各异的特殊人群，依据各位志书

---

　　① 魏桥主编《浙江方志源流》，浙江人民出版社，1988。

编纂者的生平传记资料，由此编纂了《清代浙江乡镇志书编纂者身份专长一览表》。在此表的基础上，对这一群复杂的人群进行分析，从不同的角度，探究其群体类型。

1. 科举功名

根据各人所获科举功名或学历程度来看，清代浙江乡镇志书编纂者群体主要可以分为社会精英知识分子和社会中下层知识人士这两种群体类型。社会精英知识分子以进士、举人为代表，而社会中下层知识人士与未获高一级科举功名的诸生为代表。根据统计，在122名乡镇志书编纂者中，属于进士出身者3名，例如顺治《仙潭后志》的编纂者沈戬毂，系明崇祯丁丑（1637）进士；道光《琏市志》的编纂者沈焯，系清乾隆六十年（1795）进士；光绪《唐栖志》的编纂者王同，系清光绪三年（1877）进士，等等。属于举人出身者13名，例如乾隆《石步志》的编纂者叶四聪，系清雍正元年（1723）举人；乾隆《濮镇记闻》的编纂者胡琢，系清乾隆三十九年（1774）举人；乾隆《濮院志》编纂者屠本仁，系乾隆己酉年（1789）举人，等等。合计作为社会精英知识分子的、具有进士与举人身份的清代浙江乡镇志书编纂者共16名，仅占总人群比例的13%左右，而在全体中所占比例最高的是广大具备"诸生"（生员）身份的社会中下层知识人士，合计总数106名，约占清代乡镇志书编纂者群体总数的80%以上。

然而在"诸生"这一类型的编纂者群体中，有一半以上的编纂者，其具体的科举功名身份并不详尽。根据相关志书、文献所载的生平传记资料，仅知其为清代某时期或某地区生员出身，而更细一步的身份，则大多语焉未详，仅以"诸生"两字统而论之。例如顺治《浔溪文献》的编纂者潘尔夔，即明末诸生；顺治《仙潭后志》的编纂者胡道传，系邑诸生；康熙《乍浦九山补志》的编纂者王寅旭，其生平在传记资料中可知其为诸生,系李天植门生,凡此情形皆对于更为精确地区分和统计造成了难度。此外还有乡间"布衣"即未获功名者有3人,例如康熙《再续溦水志》的编纂者吴为龙,清康熙年间曾以布衣荐为博学鸿词科,力辞不赴;雍正《栖里续补志略》的编纂者韩应潮也是布衣,等等。

由此来看,在清代乡镇志书编纂者群体中,其绝大多数为社会中下层知识分子。这种情况,一方面是与中国古代科举制度的金字塔分布特征相印证,进士、举人这类金字塔顶尖的人物毕竟还是占少数;另一方面说明,清代浙江乡镇志书的编纂具有较为广泛的社会基础,这在某种程度上体现出了"平民修志"的特色。然而,科举功名的高下并不能与志书编纂的质量高低成正比。就清代浙江乡镇志书而论,获得科举功名者所编纂的志书中也有平凡之作;而作为"草根"的社会中下层知识分子所编志书有时更能显现特色。例如作为县学生的乡间文人凌维远,虽然博士多闻,专研古文,但其所纂康熙《同辑双林志》却没有重蹈"文人修志"的弊病,在志书的编排中,他对于志书体例进行了精心的构思安排,发挥其文学特长,使得这部志书极具宋元风格、详略得当、语言凝练、体例精当,而不仅仅是进行文献掌故的搜罗。所以仅以科举功名的高下来论修志者水平高低乃至志书质量高下,无疑是非常片面的。

这里以科举功名高低进行群体类型的区分,仅表明清代浙江乡镇志书编纂的平民性、基层性特征,而这种群体类型对于志书编纂的实际影响,则需要做更具体的分析。真正对于乡镇志书编纂有决定性影响的,还是基于人物的社会关系与专长技能这两方面,前者一般对于志书编纂的途径、形式与分工模式等有所制约,而后者对于志书编纂的体例构思、篇目设计以及特色篇目的产生有重要影响。

2. 社会职业

从社会职业来分，清代浙江乡镇志书编纂者的群体类型可分为官员、学者、文人三大类别，以下分别展开论述。

在清代浙江乡镇志书编纂者群体中，具有官员身份者一共 24 人。其中各地的州县学教谕、训导 13 人，例如嘉庆《濮川所闻记》的编纂者濮镶，曾任云和县教谕。任各地知县、知州者 6 人，例如道光《安昌志》的编纂者高骧云，历任河北密云、蓟州、良乡、房山等七州县长官；① 同治《菱湖志》的编纂者卞乃譖，"咸丰九年秋，署娄县〔知县〕"；② 乾隆《乌青镇志》的编纂者董世宁，乾隆三十六年（1771）任开化府知府，③ 等等。各地区府县学教授 1 人。此外，有各类杂色官员 3 人，多为中央部院中层文官。清代各州县学教谕、训导身份的乡镇志书编纂者占本类全体总数的一多半，由此可以看出，基层社会的政府官员与教育机构主事者在官员修志群体中所占比重较大，这一特征也与上述清代浙江乡镇志书编纂的基层性特点相呼应。另外一个特征，即这类乡镇志书编纂者多是自发地编修乡镇志书，并且将其视作个人著述，并不是处于官方的规定和要求，基本没有官修色彩。

在中国传统社会中，并没有现代科学研究意义上的学者，学者往往同时还充当着不同的身份。所以乡镇志书编纂者群体中，较难给出精确的学者身份的界定。在我国传统语境中所指的学者，一般是指为学有所长、知识渊博、著述丰富的知识分子与文人学士。然而这些方面，本身是很难加以量化的，对于不同的学科和研究来说，有着不一样的标注和定义。就本文而言，主要是指有公认的在学术史上有一定

---

① 赵润东：《一代清官高骧云》，《房山文史资料》，中国人民政治协商会议北京市房山区委员会文史工作委员会，2003，第 158~165 页。

② （清）孙志熊：《光绪〈菱湖镇志〉卷三十〈殉难〉中国地方志集成·乡镇志专辑》，上海书店出版社，1992。

③ 《文山壮族苗族自治州志》（第六卷），云南人民出版社，2002，第 276 页。

地位和学术成就的通儒学者。如嘉庆《梅里志》的编纂者李富孙，博学多闻，精研学术，是公认的大学者；又如编纂了同治《菱湖志略》和同治《菱湖志》的姚彦渠，不仅知识渊博，而且擅长地理之学，著有《禹贡正诠》《春秋会要》等。这一类型的志书编纂者多注重文献整理刊刻、藏书丰富，以乡邦文献的搜集整理为己任，所以其所编纂的乡镇志书多侧重于地方历史文献掌故的保存与整理。

在中国传统社会中，"文人"一词的定义也是非常广泛而模糊的。其实，上面界定的具备学者资格的志书编纂者，是包含在更为广泛的"文人"定义之中的。文人的门槛没有学者那么高，所以文人群体中多数都是"诸生"身份的中下层知识分子。通过查考这类编纂者人群的传记文献，可以发现，这类人群的传记文字，多数会用到"博学多闻""博览书籍""惟好著书"等字样，然而对于著述的记载，大多数都言语含糊，要么仅罗列三两部著作名称，而且多数都亡佚了。真正属于学术研究与经世致用的文史考证与水利田亩类的著作较为少见，这也是文人与学者之间最大的差别。所以这类乡镇志书的质量也参差不齐。有些有着典型的"文人修志"的弊病，在志书中大量收录诗文，使之成为变相的地方文学著作集。有的编纂者完全不顾及志书的著述体例，将志书变成了一家一族之谱牒。例如张廉所纂嘉庆《孝感里志》，考虑到当地张氏家族派系广而纷乱、族人难以溯源祖辈的情况，于是"欲合成一谱，则转苦部数之过重，用是辑成〔嘉庆〕《孝感里志》十二卷，自始祖尧叟公，详列其事，下及各邨始祖，别其支派，列其系图，且拟字递百字，一代以一字统之，庶几无误，诚善术也"。① 张廉采用家谱的理念与体例来编纂志书。虽然单单从篇目来看

---

① （清）戴殿泗撰嘉庆《孝感里志序》，（清）张廉纂嘉庆《孝感里志》卷首，《中国地方志集成·乡镇志专辑》第十八册影印上海图书馆藏清嘉庆二十四年（1819）活字本，上海书店出版社，1992。

仍与一般地方志没有太大的区别，但就内容来看，等于是将一部张氏家谱拆散之后，分布于各篇目之下，这样就失去了其作为乡镇志书的文献性质。除此之外，也有具备真才实学的文人，不仅重视体例，而且采取了极其严谨的态度来考订文献，不仅没有"文人修志"的弊端，反而能发挥自己的文学特长，例如晚清时期的湖州乡里诸生孙志熊，虽然也是雅好诗文的儒生，有《陶诗笺注》《诵清芬馆杂纂》等文学著作，但就其编纂的光绪《菱湖镇志》来看，不仅体例谨严，而且重视文献掌故的考辨，保留了珍贵的乡镇著述，也得到了当时俞樾、陆心源这样大学者的极佳赞赏，"同郡俞先生樾、陆先生心源，今之魁硕也，皆诧为不刊之作，趣付梓，其精审可知矣"。①

3. 社会关系

从社会关系的标准来看，清代浙江乡镇志书编纂者群体可分为三种不同的类型，清代浙江乡镇志书编纂方式的确定与此类划分标准有着极为密切的联系。

第一种为父子（叔侄）师生类型。据我们统计，清代浙江乡镇志书编者群体中属于父子关系者有 3 对，属于叔侄关系者 2 对，属于师生关系者 2 对（李天植、王寅旭；方溶、万亚兰）。其基本特征是子承父业，弟承师业，在时代上前后相续，致力于同一地区的志书编纂，多数是以续纂或者增纂的形式出现。例如余懋曾续补光绪《梅里志》，其子余霖又续纂为宣统《梅里备志》八卷。此外叔侄关系也属于此类型，例如李天植曾纂有康熙《乍浦九山志》二卷，其侄李蔗村于清康熙十二年（1673）纂成《乍浦九山续志》；濮侣庄曾订补康熙《濮川志略》，其侄濮龙锡又补纂了康熙《增订濮川志略》。

第二种为乡里先后类型。这指的是不同历史时期的乡里士人，在

---

① （清）杨岘：《孙君墓志铭》，《迟鸿轩文弃续》，清光绪十九年（1893）刻本。

前人志书旧稿的基础上，不断进行增补辑纂的编纂历程。如光绪《梅里志》，最开始是由杨谦编纂的，其之后李富孙又对其进行了补辑，再之后的余懋还进行了续补。由此可见，一部乡镇志书的最终定型，往往要经历一段较长的历史时期。在不同时代编纂者的努力之下，或增补，或修订，最终使得这部志书不断升华，达到更高的水准。这种编纂方式也展现了一定的乡土认同感以及修志者对于延续乡邦文化的一种责任感。

最后一种是家族延续修志类型。如同经学史上有某一家族数代专治一经的美谈，例如清代仪征刘氏四代人专治《左传》，传承家学。清代浙江乡镇志书编纂者群体中也存在着某些家族几代人传承修志的情形。例如浙江桐乡市濮院镇的濮氏家族，从明代濮孟清开始修撰《濮川志略》，之后历经濮侣庄订补、濮龙锡增订、濮润淞重增，在几代人的努力下，在乾隆十四年（1749），成书《重增濮川志略》。这些"家族修志"编纂者们，大多数都出自富于藏书的书香门第，祖辈皆注重地方文献的传承，因而后代能够在祖辈基础上陆续增纂编订，推陈出新。这也是清代乡镇志书编纂者群体中一个较为引人注目的现象。

4. 特殊技能

有些编纂者所具有的一些特殊的技能，对于所编志书质量的影响最为直接。这些都能够从志书的体例编次、篇目设计中看出来，尤其是一些特色篇目的增设，因而这类群体类型的特色尤其明显。以下分三个方面进行介绍。

第一种是具有编纂地方志书经验的编纂者。据我们统计，在122位清代浙江乡镇志书编纂者中，有曾主修或参修各类府州县志的实践经验者计有11人，约占全体总数的一成不到。例如编修同治《濮录》的岳昭垲，先参与过《嘉兴府志》的编修，"博学多闻，著述宏富。

征文考献，每以表彰先德为志道。道光间，金坛于相公修府志（即于尚龄等纂修道光《嘉兴府志》），随其从祖香雨、从伯古香两先生司采访，分校《人物志》"。① 之后由于《濮川所闻记》毁于战火，毅然担当起重修志书的重任，完成了《濮录》的编纂。具有修志的实践经验的编纂者，熟悉编纂志书的基本工作流程，因而在自己编纂乡镇志书的时候能够轻车熟路，充分发挥经验优势，不仅对于志书的编纂分工能较为得体，而且对于志书的体例与篇目的设计与构架都能显得较为成熟，由此提高了编纂工作的效率与志书的水准。

第二种是长于史学研究，注重地理沿革与文献考据的编纂者。例如道光《澉水新志》的编纂者方溶，"所著《禹贡分笺》一书，考据精确，疏解简明，当世推为善本"。② 又如乾隆《濮院志》的编纂者屠本仁，清嘉庆中任丽水县教谕，"其学工于考证，雪钞露纂，至老不辍。诸生请业者勖以经史，使不囿俗学。好金石，时手拓而疏证之。……性严介而廉肃，士不堪附，既去乃见思焉"。③ 在任期间促成李遇孙编撰《括苍金石志》，又曾辑嘉庆《丽水县志》，虽然仅仅完成了《沿革表》。这类编纂者，往往具有严谨的学术研究作风，对所记载资料多加考证，提高了史料的可信度。

第三种是拥有社会民生所需的专门技能者。例如康熙《双林纪略》的编纂者范硕，"读书娴经济，所著《水利管见》刊入《县

---

① 夏辛铭：民国《濮院志》卷十九《人物二》，《中国地方志集成·乡镇志专辑》第二十一册影印 1927 年版刻本，上海书店出版社，1992。
② （清）王彬、徐用仪：光绪《海盐县志》卷十七《人物传·文苑》，《中国地方志集成·浙江府县志辑》第二十一册影印清光绪三年（1877）蔚文书院刻本，上海书店出版社，1993。
③ 夏辛铭：民国《濮院志》卷十九《人物二》，《中国地方志集成·乡镇志专辑》第二十一册影印 1927 年版刻本，上海书店出版社，1992。

志》";① 又如编纂光绪《双林志续纂新辑》的蔡汝锽,"外和而中
刚,未尝立崖岸,至其所不可,必有执持。兵法吏治,皆所究心,能
用古说合时变。弟子数十人,独君体用咸有,冀有树立于世"。② 这些
具有民生所需的专门技能的志书编纂者不仅在乡里社会的日常事务运
作中能够发挥自己的专长并造福乡里。在编纂志书的过程中,尤其是
在篇目设计方面,也能够将自己所长展现出来,体现志书的鲜明个性。

表 8   清代浙江乡镇志书编纂者身份专长一览表

编纂者	社会身份	学识专长	所编志书
潘毅	贡生	—	顺治《仙潭志略》
潘尔夔	诸生	博学多闻,精研地理;曾续修族谱	顺治《浔溪文献》
胡道传	诸生	甘贫嗜学	顺治《仙潭后志》
沈戬毅	进士、枣强县令、明末遗老	诗词经史、天文律吕、西儒历法筭算之学	顺治《仙潭后志》
潘夏珠	出沈谦门下	有"东江八子"之称,著有《桐鱼新扣词》	顺治《临平续记》
沈嗣骏	庠生	留心乡邦文献	康熙《重修乌青镇志》
吴若金	县学生	—	康熙《双林补志》
吴世英	诸生	—	康熙《双林补志》
王寅旭	诸生,李天植门生	—	康熙《乍浦九山补志》
李天植	举人、文学家、明末遗老	工诗词、古文辞	康熙《乍浦九山补志》、康熙《乍浦九山志》
李蔗村	增广生	性喜吟咏,兼善骈体	康熙《乍浦九山续志》
胡尔嘉	诸生	—	康熙《仙潭志补》
陈尚古	诸生	—	康熙《仙潭志余》康熙《新溪注》

---

① 蔡蒙:民国《双林镇志》卷二十《人物》,《中国地方志集成·乡镇志专辑》第二十二册
(下)影印上海商务印书馆 1917 年版铅印本,上海书店出版社,1992。
② (清)施补华撰《泽雅堂文集》卷八《蔡元襄哀辞》,《清代诗文集汇编》第七百三十一
册影印清光绪十九年(1893)陆心源刻本,上海古籍出版社,2010。

编纂者	社会身份	学识专长	所编志书
濮侣庄	国子生	留心地方文献，以著述表彰先贤功绩	康熙《增订濮川志略》、乾隆《重增濮川志略》、光绪《重增濮川志略》
濮龙锡	庠生	德行高尚，好读《左传》，肆力古文诗词	康熙《增订濮川志略》、乾隆《重增濮川志略》、光绪《重增濮川志略》
张之鼏	诸生	博览群书，长于诗文	康熙《栖里景物略》
曹菽园	诸生	工诗文，喜撰述	康熙《栖水文乘》
周逸民	诸生	善堪舆地理之学，文人雅士	康熙《栖乘类编》
张园真	府学生	文人	康熙《乌青文献》
臧麟炳	诸生	—	康熙《桃源乡志》
程之彭	诸生	—	康熙《仙潭文献》
倪汝进	诸生	博学多闻，精研地理；曾续修族谱	康熙《东双林志》
谈嗣升	县学生	沉潜笃学，慷慨好施	康熙《同辑双林志》
凌维远	县学生	博士多闻，专研古文	康熙《同辑双林志》
张其是	诸生	文人	康熙《濮川纪略》
范硕	县学生	注重经济之学，《水利管见》刊入县志	康熙《双林纪略》
夏光远	贡生、永嘉县训导	—	康熙《浔溪文献》
盛爌	恩贡生、德清县训导	—	康熙《前朱里纪略》
吴为龙	诗人，以布衣荐为博学鸿词科	文辞优雅，长于骈文	康熙《再续澉水志》
韩应潮	布衣	工诗，风雅绝俗	雍正《栖里续补志略》
蒋宏任	监生	—	雍正《硤川志略》
宋景濂	廪膳生、诗人、宋景观之兄	—	乾隆《乍浦九山续补志》
陈可升	诸生	—	乾隆《南浔续志》
姚葭客	诸生	—	乾隆《双林支乘》
宋景关	贡生、诗人、宋景濂之弟	肆力于诗古文辞，著作等身	乾隆《乍浦志》、乾隆《乍浦志续纂》

续表

编纂者	社会身份	学识专长	所编志书
张鸿寯	诸生	—	乾隆《南浔文献志稿》、乾隆《南浔文献志》
董世宁	监生、乌镇同知、开化府知府	—	乾隆《乌青镇》
方熊	县学生	文学诗歌	乾隆《南浔文献志》
叶四聪	举人，两淮中正场盐课大使	—	乾隆《石步志》
叶维新	诸生	—	乾隆《石步志》
茅应奎	贡生、昌化县学教谕	好学博洽，喜远游	乾隆《东西林汇考》
杨树本	副榜贡生、江西宁州州同、湖北鹤峰知州	擅长史学，著有《春秋事幾始终》《纪元备考》《杨氏宗支考》	乾隆《濮川风土记》、乾隆《濮院琐志》、嘉庆《濮院琐志》
何琪	布衣	博学多闻，工书法	乾隆《唐栖志略》
杨谦	廪生	—	乾隆《梅里志》
嵇瑛	诸生	—	乾隆《琏市志》
方泰	府学生、诗人	文学书画	乾隆《重修南浔镇志》
董肇铿	县学生	—	乾隆《南浔镇志》
胡琢	举人、平阳县训导	熟悉掌故	乾隆《濮镇记闻》
许良谟	诸生	学问渊博，于乡邦文献尤所留意	乾隆《花溪志》、乾隆《花溪志补遗》
孙霖	诸生、文学家	工诗好游	乾隆《菱湖小志》
夏骃	贡生	—	乾隆《乌青杂识》
庄学德	诸生	—	乾隆《浔溪文献》
屠本仁	举人、丽水县教谕	工于考证、好金石；促成李遇孙编纂《括苍金石志》，又曾辑嘉庆《丽水县志·沿革表》，纂修嘉庆《嘉兴县志》，颇得称赞	乾隆《濮院志》
戈温如	诸生	—	乾隆《北溪志》
潘思汉	诸生	—	乾隆《五大夫里志》
魏标	诸生	诗人	乾隆《湖墅志》
沈元镇	诸生	—	乾隆《硤川新志》

编纂者	社会身份	学识专长	所编志书
陈和	诸生	—	乾隆《三江志略》
吴玉树	太学生	著述有体例	嘉庆《宝前两溪志略》
王德浩	廪生	留心乡邦文献	嘉庆《硖川续志》
曹宗载	贡生	注重礼教	嘉庆《硖川续志》
沈赤然	举人、知县	—	嘉庆《新市镇续志》
金淮	监生	熟悉地方掌故	嘉庆《濮川所闻记》、嘉庆《濮川所闻记续编》
濮镶	副榜贡生、云和教谕	精舆地、掌故之学	嘉庆《濮川所闻记》
张廉	贡生	刻志经史之学，著有《季汉书辨疑》《春秋论》《列代史论》	嘉庆《孝感里志》
沈荣晋	贡生	肆力于诗古文	嘉庆《双林续记》、嘉庆《增修双林续记》
杨谦	廪生	—	嘉庆《梅里志》
李富孙	拔贡生、清代著名学者	博学多闻，精深经术	嘉庆《梅里志》、光绪《梅里志》
徐熊飞	举人	—	嘉庆《上柏志》
高昺	诸生	—	道光《浒山志》
沈煜	举人、余杭县教谕	—	道光《浒山志》
邹璟	诸生、援例授职州同	文人学士	道光《乍浦备志》
沈焯	进士、台州府学教授	—	道光《琎市志》
吴展成	诸生、词人	肆力于诗古文辞，生平著作甚富	道光《渔闲小志》
沈云飞	贡生	—	道光《菱湖志》
许河	附贡生	喜好汉儒之学	道光《乍浦续志》
范来庚	县学生	留心地方文献	道光《南浔镇志》
高骧云	举人、知县	史治清廉，政绩卓越	道光《安昌志》
韩启鸿	诸生	—	道光《安昌志》
郑士枚	诸生	—	道光《双林志》、嘉庆《增修双林续记》
朱闻	诸生	—	道光《练溪文献》
徐士燕	廪生	印学	道光《竹里述略稿》、同治《竹里述略》

续表

编纂者	社会身份	学识专长	所编志书
方溶	恩贡生、於潜县训导	潜心经学、熟悉地理,著有《禹贡分笺》,考据精确	道光《澉水新志》
万亚兰	诸生	谈经论史,考据详明	道光《澉水新志》
董恂	府学生	工诗词,能医,亦通经学	道光《南浔志稿》
沈登赢	府学生	热心乡里公益事业,留心乡邦文献	道光《南浔备志》
汪曰桢	举人	擅长史学,著有《二十四史月日考》《南浔碑刻志》	咸丰《南浔镇志》
戴梅檐	诸生	—	咸丰《双林镇志》
邹存淦	国学生、候选布政司理问、藏书家	著有《五代史记钞》《己丑曝书记》等书	同治《修川小志》
郑凤锵	举人、开化寺训导	教导有方	同治《新塍琐志》
闵宝樑	附贡生、常州府总捕、水利通判	—	同治《晟舍镇志》
蔡蓉升	廪贡生、训导,任武义、桐庐等县学教谕	敦品力学,与门下士创湖州蓉湖书院	同治《双林记增纂》
岳昭垲	国子监算学生	参与纂修道光《嘉兴府志》,任采访,并分校《人物志》	同治《濮录》
卜乃灉	诸生、娄县知县	久在军中,娴战守,慷慨敢任事	同治《菱湖志》
姚彦渠	诸生、学者	擅长地理、历史之学,著有《禹贡正诠》《春秋会要》	同治《菱湖志略》、同治《菱湖志》
王宸褒	乡绅	—	光绪《菱湖志略》
陈宗洛	诸生	秉性慈善,热心里中慈善公益事业	光绪《三江所志》
傅月樵	诸生	—	光绪《三江所志》
何留学	诸生	—	光绪《三江所志》
杨谦	廪生	—	光绪《梅里志》
余懋	诸生	擅长医术,多任义举,对里中文献多所留意	光绪《梅里志》

编纂者	社会身份	学识专长	所编志书
张道	诸生	—	光绪《定乡小识》
张宗禄	附贡生	文人雅士	光绪《清湖小志稿》、光绪《清湖小志》
张大昌	举人	留心乡邦文献	光绪《临平记补遗》
蔡汝鍠	举人	兵法吏治,皆有研究,有文名,工楷法	光绪《双林志续纂新辑》
锺兆彬	诸生	—	光绪《修川志余》
王同	进士、刑部主事、紫阳书院山长	曾协助丁丙补钞《文澜阁四库全书》	光绪《唐栖志》
柴望	诸生	—	光绪《小溪志》
孙志熊	增生	以乡邦文献为己任	光绪《菱湖镇志》
朱镇	附贡生	擅长地理与考据之学	光绪《四安镇志》
陈棠	诸生	—	光绪《临平记再续》
姚景瀛	诸生、藏书家	藏书丰富	光绪《临平记再续》
高朋年	诸生	文人	光绪《湖墅小志》
吴文江	增贡生、选训导,藏书家	藏书丰富,热心乡里公益事业;校勘县志,改订讹误	光绪《忠义乡志》
费梧	诸生	—	光绪《新市镇再续志》
赵霭涛	诸生	藏书丰富、文人雅士	光绪《剡源乡志》
倪启辰	诸生	—	光绪《蒲岐所志》
濮润淞	国学生	擅长医学	光绪《重增濮川志略》
余霖	举人	协助沈曾植续修《浙江通志》,并协助金甸丞编纂《秀水县志》	宣统《梅里备志》
唐佩金	庠生、书画家	工诗,善书画	宣统《闻湖志稿》
杨肇春	诸生	—	清末《沥海所志稿》
吴志云	诸生	—	清代《硖川志稿》

二 对于志书篇目框架设计的思考

大多数的乡镇志书,在基本的体例编次上,仍是仿照府州县志书的体例，很难跳出传统地方志书编纂的基本范式，但是在具体篇目的设计上，却有所创新，或结合本地的实际情况，或根据自身所长，对具体的篇目进行了增删。突出本地的资源特色，或结合时代发展的特点，增补了反映时代特色以及新事物的内容，删减掉过时或错误的内容。以下将从清代浙江地区乡镇志书编纂者对于志书新增篇目、删削篇目以及重点记述篇目等三个方面来考察浙江乡镇志书编纂者在编纂过程中，对志书篇目框架设计的思考。

1. 增设篇目的思考

清代浙江乡镇志书编纂者增设新篇目的原因，主要有以下几点：一是前志记载的相关内容不够明确清晰，大多都分类含糊，重点不突出，需要编纂者增大篇幅或者新增子目来进行记述的；二是新鲜事物的出现和旧有事物的发展，这种情况体现在志书中，就是比较有时代和地区特色的类目。这两种情况在续志中都有所表现，是属于增补的范畴。晚清浙江地区部分乡镇志书编纂者所设立的新增篇目，就很好地体现了这个时代历史的特征。例如宣统《续修枫泾小志》的编纂者就注意到："会馆为南北公共，故增入许序；……平粜章程，较他处为善，因亦附后；……学堂系新政创建，不可不载。"① 由此可见，该志书的编纂者显然注意了公共基础设施的重要，故而开列各地会馆一目；而各级学堂的创办普及，是清末新政的重要措施，志书的编纂者及时将其记录于志书之中；平粜、米价、荒政、赈济等项目，在晚清基层社会中都是非常重要的公共事务，乡绅士人在其中起着重要的领导和中介作用，故而本志的编者将其开列新目，加以详细记录。除此之外，宣统《续修枫泾小志》的编纂者还能够体察历史发展的潮流，

---

① （清）程兼善重纂宣统《续修枫泾小志·凡例》，《上海乡镇志丛书》第六册，上海社会科学院出版社，2005。

增加了"铁路"一门，记载铁路的运行线路以及路程情况，这些内容，都是以往历史时期的志书所不具备的。这些乡镇志书的编纂者虽然身处乡里，远离都市，但是敏锐地关注了新事物的出现，具备了现代化的意识，及时地将这些内容反映到志书的编纂过程中，新增了有时代特色的类目，保存了重要的资料，对于我们研究近代以来浙江地区城乡的互动以及近代化进程的推进，都是十分重要的。又如，章圭璪在纂辑宣统《黄渡续志》的过程中，接续咸丰《黄渡镇志》的记载内容，及时反映了上海地区在晚清时期六十年间的变化，在志书类目的设计上，编纂者除了增加"兵事"一卷，又有"宪政""交通""火政""善举""工商"等反映社会近代化的要素类目，还能够详细记述新政机构、公共消防、慈善赈灾、工商产业等内容，使之既与传统的志书编纂类目有别，又很好地突出了鲜明的时代特色。

更加值得注意的是，光绪《重辑枫泾小志》的编纂者将"闺秀、方外有著作可传者，亦录入《艺文》"。中国的传统社会，一向不注重女性的权益，虽然不乏文采出众的女子，但因为层层的束缚，后世皆不得其详概，这是非常可惜的，《重辑枫泾小志》的编纂者在这一点上就突破了传统，做出了创举，关注以往不为世人所重视的人群，为文献采集增加了一个重要的途径，同时也反映出编纂者开明的眼光和见识。

2. 删削篇目的思考

虽然乡镇志书的编纂者对于志书基本篇目框架的设计思路，很大程度上还是无法完全逃脱旧传统的影响与束缚，尤其是各种县邑志书类目、凡例无形的规范影响。但是一些具有远见卓识和眼光高远的编纂者，就能从旧有的框架中跳出来，不拘泥于传统的束缚。而是能结合本地实际情况，以及自身的特长所在，在编纂过程中灵活设计志书的体例，大胆巧妙地创设符合新时代发展要求的类目。这种重在突出本地特色，避免志书记载的千篇一律的弊病的做法是非常难能可贵的。例如一般地方志书的《艺文志》部分，其中记载乡贤的著述，必定古今兼备、唯恐遗漏，不肯放过一字，但是编纂嘉庆《南翔镇志》的张承先对于艺文部分的记述则有自己独到的见解，他认为："诗文为不朽盛业，然风云月露之词，于志何关？兹特采其可备文献者，录入《文苑》；切于本里之人与事者，仿近时志乘例，细书分注于各条之下；又诗文颇繁，前人已美不胜收，时贤概从割爱。"[①] 明清时期的南翔，文教昌盛，士人迭出，按照传统的惯例，志书必定要在艺文部分大书特书，以求最大限度地保存乡邦文献；但是志书的编纂者本着经世务实的精神，不务虚名，凡非"切于本里之人与事者"，一概不录，这样我们看到保存下来的，多为记述乡邦历史、重大事件，以及关涉水利、赈灾、经济等内容的文献，很好地体现了经世致用的原则，也为艺文类搜集文献篇目立定了一个很实用的原则。此外，关于岁时、占候、方言部分的记载，编纂者认为"吴俗大略相同，邑志及之，已不免赘……概置不录"，这些不录的类目，恰是志书编纂的常规要素，一般志书的编纂，都要或多或少着些笔墨，但是作者务实的态度，以及要对志书重点类目详细记载的本意，使志书的编纂在某种程度上突破了常规，却很好地体现了地方独有的特色，避免了千篇一律的弊病。传统的地方志书叙述疆域沿革，多仿照正史地理志，要记载星域分野，为的是达到史志一体的功效，但其实这样做只是浪费篇幅，于乡里民事毫无实际意义；有些地区经济并不十分发达，但依旧一味从县志、府志中抄录敷衍，这样只是为了形式上的全面，也没有什么实际意义。

---

① （清）张承先著，程攸熙增订嘉庆《南翔镇志·凡例》，《上海乡镇旧志丛书》第三册，朱红标点本，上海社会科学院出版社，2004。

本志的编纂者正是意识到了这一点，果断地将天文、田赋、户役等篇目删去。又如，咸丰《黄渡镇志》的编纂者以为："镇与县不同。城池、学校，镇皆无有，赋役、户口，则县志统之，物产、风俗、祥异，非异他所者不录。"① 因此，咸丰《黄渡镇志》重点突出其水利方面的内容，包括各条支流河水道，以及开设河道、兴修水利的详情，用两卷的篇幅记载了这些内容，为我们研究浙江地区基层社会的水利提供了详尽的资料，好过那些刻意追求面面俱到、四平八稳的志书。

3. 重点记述篇目的思考

尽管有些志书的编纂者为图方便，可能也是限于自身水平有限，经常直接将县志的体例套用到乡镇志书的编纂上。但是从浙江地区留存的清代乡镇旧志来看，有些编纂者，在如何设计篇目、突出重点，以反映本地独有特色的问题上，还是下了一定的功夫。有的编纂者并不因循守旧，根据自己的特长，记载相关地情，如水利、赋役、田亩等，有的编纂者则以本地特色为出发点，进行重点记述，形成较强的专题记述门类。例如，南翔镇在明清时期文教兴盛，但是以往的志书对于这方面的人物、事迹记载不详，嘉庆《南翔镇志》的编纂者看到康熙年间旧志的缺点，在编纂新志时，就提出了这样的鲜明主张："不敢蹈袭，另立体例，贤达、文学、孝义、隐逸诸传，尤加意搜访，较邑志颇详。"② 一般来看，关于人物传记方面的资料，县志、府志要比乡镇志全面详尽得多，这主要是因为府县志的修纂，能够运用更多的资料进行整理纂述，这远非某个乡镇一己之力可以为之；但是嘉庆《南翔镇志》的编纂者为了突出本地文教的优势，详加访求文献资料，

---

① （清）章树福：咸丰《黄渡镇志·凡例》，《上海乡镇志丛书》第三册，邹怡标点本，上海社会科学院出版社，2004。

② （清）张承先著，程攸熙增订嘉庆《南翔镇志·凡例》，《上海乡镇旧志丛书》第三册，朱红标点本，上海社会科学院出版社，2004。

对文人雅士的记载尤为究心，使得志书在这方面的成就超过了上一级志书，突出了自己的独有特色。

关于志书篇目的去取改定，除了结合本地实际情况外，志书编纂者本人的才能，有时候也是决定志书特色的重要因素。此外，清代浙江地区乡镇志书编纂者所搜集运用的特色资料，以及所创设的具有鲜明特征的志书门类与篇目还有很多案例，限于篇幅，这里就不详细展开讨论了。

第五章
浙江乡镇志书的价值

　　乡镇志是记载县以下相应基层区划综合情况的志书，是地方志书中的一个重要类别。乡镇志作为较小区域单位的方志，许多具体内容为州府志乘所未备，有拾遗补阙的作用；有的一再纂辑，延续数百年，积累了丰富的材料，更具有独特的史料价值与学科价值，在中国方志史上有其一席之地。乡镇旧志的价值已经得到充分认可和发挥，新修镇村志的价值则正在显现和等待发掘，并将随着时间的推移得到更为重要和全面的体现。数量众多的乡镇志，为留住乡土记忆、接续传统文脉创造了一个新的平台，为乡村的可持续发展提供了历史参考与文化动力，获得普遍认同并越来越受到重视。镇村志编修意义重大，价值无限，已有学人从不同角度做了较为全面的分析。我们就不再面面俱到，而是取其文献价值做一简要关注，并略及其社会价值和文本价值。

一　文献价值

　　地方志对历史的记载具有连续性、具体性和全面性的特点。它是以一地一志为基本单位，年鉴式的累计记载，能够弥补一般文献之缺，参历史之错，详史书之略，叙史书所无。每一种每一部地方志书都有其独立的文献价值，但其最大的功用则体现为由地方志群体所构成的广阔而全面的资料库。① 方志的性质和特征决定了它是历史研究最基本的资料来源和立论基础，具有极高的文献价值，历来受到学者的重视。这个资料库中所蕴含的文献价值则是不容忽视的。

在编纂者们扎实勤勉的工作下，大部分镇村志内容丰富，史料充沛。其中保存的文献资料，已经成为并将继续成为社会经济、风俗文化、地方学术等各方面研究的重要材料。

1. 关于社会经济史研究

（1）丰富的史料来源。

明清时期，社会巨变，社会经济的交往日趋频繁，农工商各行各业的发展也日新月异。所以在新修和续修的各类地方志中，对于社会经济情况的记载也日益繁多，从而为我们了解和研究近现代的社会经济发展保存了大量的史料。而中国地域辽阔，受各种因素的影响，各地经济发展往往存在着很大的差异。要想研究某一地具体的社会经济史，就不可避免地要到当地的地方志书中去寻找相关的史料。可以说，现存的地方志书，对于目前的社会经济史研究来说，是不可或缺的重要文献。

自宋元开始，我国的棉纺织手工业已经得到了比较广泛的发展，到了明清时期，浙江地区的棉纺业在经济中已经占据了极为重要的地位，同时也是国内手工棉纺织品的重要产销地。这一点，在地方志书中就可以找到线索。如嘉定"邑之民业，首藉棉布，纺织之勤，比户

① 崔建英：《崔建英版本目录学文集》，凤凰出版社，2012，第517页。

相属，家之租庸、服食、器用、交际、养生送死之费，胥从此出"①。松江则"精线绫、三梭布、漆纱、方巾、剪绒毯，皆为天下第一"②。太仓一带"比间阎以纺织为业，机声轧轧，昼夜不休，贸易惟花布"③。无锡虽然并不种植棉花，却"邑中女红最勤纺织，故不种棉而出布特盛，其出东亭者尤缜密，胜于他处"④。

　　除了棉纺织业，市镇的兴起与发展也是浙江社会经济史极为重要的一环。宋元时期，农村市镇就在浙江地区较为大量的出现，随着商品经济的进一步发展，明清时期，浙江市镇进入了蓬勃发展的阶段。首先从数量上来看，苏州府在乾隆年间，吴县有二市六镇、长洲县有三市五镇、元和县有二市七镇、昆山县有二市九镇、新阳县有一市三镇、常熟县有十市四镇、昭文县有二十四市四镇、吴江县有六市五镇，震泽县有四市一镇。⑤ 与明代相比，数量大为提升。除了数量，市镇的规模也在不断地扩大。以震泽镇为例，元代时仅仅有数百家居住，而"明成化时至三四百家，嘉靖间倍之而又过焉"，清初发展为"货物并聚，居民且二三千家"的大镇。⑥ 在工商业发达的太湖流域，市镇并不是孤立存在的。便捷的交通，使得市镇之间可以互相依存，互相联系，形成一个联系紧密的网络体系。这一点从晚近时期市镇的航船或汽轮航线，依旧依稀可见。例如，乌青镇的航班通过航船、汽轮与周边的市镇保持着联络，以乌镇为起讫点有乌镇珧市善练→石冢→袁家汇湖州；乌镇→宗扬庙→石湾石门→长安；乌镇→严墓震泽→南浔→双林→菱湖，均为每日两班。更多的是途经乌镇的航班：菱湖→

① 万历《嘉定县志》卷六。
② 康熙《松江府志》卷五。
③ 康熙《苏州府志》卷二十一。
④ 光绪《无锡金匮县志》卷三十一。
⑤ 乾隆《苏州府志》卷十九。
⑥ 乾隆《震泽县志》卷四。

双林乌镇→盛泽→平望上海；嘉兴→陶览濮院桐乡→炉头→乌镇双林→袁家汇湖州；南浔→乌镇炉头桐乡→屠甸→硖石；德清→新市琏市乌镇→嘉兴，或是每日一班，或是每日两班，交往是比较频繁的。①

　　浙江历代人口增减和变迁等的情况，也是社会经济史的重要内容。近代浙江的人口数字在各种公私著作和统计图表中都可以查到。但是鸦片战争前的人口增减情况却只能到地方志中去寻找。如道光九年（1829）《武康县志》卷六中记载了从宋景德四年（1007）到道光七年（1827）的人口变化："宋景德四年主户四千五百，客户一百一十九。……道光七年滋生册，乡民二万四千四百七十三户，十万二千一百四口，市民一千三百九十八户，六千三百一十九口。"② 此外，各类地方志中还记载有当地的物产风俗、人物等方面的资料，从这些资料中，也能探寻到当时的一些自然经济状况。

　　乡镇旧志对于社会经济史研究来说，已是重要珍贵的文献。中华人民共和国成立以来，革故鼎新，社会巨变，社会经济的发展变化日新月异。相比旧志，新修的各类地方志对于社会经济情况的记载本就更为重视，镇村志也不例外，并在更为基础的层面为我们了解和研究现当代的社会经济发展保存了大量的史料。"经济""社会"是常设篇目，工业、农业、商业、金融等经济内容，社区服务、社会治理、社会主义精神文明建设等社会内容，在镇村志中多有体现。在镇村志中，相关资料的收集也较为全面和细致。如1959年编印的《嘉兴县惠民人民公社社志》③，简要记录了嘉兴县1949年后前10年的发展历程，收

① 樊树志：《江南市镇传统的变革》，复旦大学出版社，2005，第195页。
② 疏箕等：《浙江省武康县志1-3》，《中国方志丛书·华中地方》第五六五号，台湾成文出版社，1983，第370~374页。
③ 因1958年11月至1961年7月嘉善县并入嘉兴县，这期间原嘉善县区域设6个人民公社，惠民人民公社是其中之一，故该志不称嘉善县，而称嘉兴县。当时的惠民公社地域包括原惠民、大云、大通3个乡，俗称惠民大公社。

录了很多经济史的数据资料。通过这部志书，读者可以大致了解 20 世纪 50 年代嘉兴县工业都处于萌芽状态，社志中记载 1958 年惠民公社有 10 家厂，其中农械厂、农具厂、砖瓦厂、粮食加工厂、被服厂、食品加工厂、造纸厂、钢铁厂各 1 家，土硝厂各 2 家，共有职工 1939人，其中钢铁厂就有 1320 人，显现出"大跃进"时期大炼钢铁的鲜明场景。又如 1983 年油印的《南浔镇备志》（新中国成立后三十年部分）保存了较完整的统计数据，如 1949～1980 年南浔区土地面积、南浔区户口与耕地亩产量、南浔区粮食产量，1958～1980 年南浔区社员分配情况，1951～1980 年南浔区合作化、人民公社发展概况，1949～1980 年南浔区全年蚕茧总产量。土地改革类目中有全区 12 乡 1950 年农民协会组织情况、各阶层户数、各阶层人口数、土改前各阶层占有土地面积、土改后各阶层占有土地面积、没收征收四大财产的分配情况、各阶层分得土地的户数及分得土地面积数等。改革开放中的经济改革、经济建设是 20 世纪八九十年代以来镇村志书记载的重点，大经济与细资料在镇村志中的结合，使这一历史时段内的经济状况得到很好的记录，改革成效得到很好的彰显。有的镇村志中设有"社区志""人物志"。它们不但记录了昔日的农村如何发展为城市、昔日的农民如何变身为市民的过程，而且向读者展示，昔日的集体经济如何孕育出一批在今日市场竞争中具有举足轻重地位的企业，如何培育出一批叱咤风云的创业者、实干家。这些人物和他们的创业史入志，是社会经济发展的微观表现，为后来者提供了丰富的实践案例。

（2）基层社会的缩影。

正史中记载的大多都是有关国计民生的大事，所以我们可以从正史中勾勒出国家发展的轨迹和关键事件的节点，但是其中往往并不会记载乡里村间的小事，而进行社会经济史的研究时，我们不仅要关注国家大的财政改革和农赋税收的变化，我们更要关注基层社会中的点点滴滴。而这些资料，往往只能去乡镇志书中寻找。乡镇志书记载的是一乡一镇的事情，相较于府县志书和正史来讲，它的着眼点更小，而且处于自身维护乡邦历史的想法，往往记载的要更为详细和具体，通过乡镇志书，可以勾勒出当地的基本社会情况，更有利于社会经济史的研究。

我们可以窥视清末江南市镇各行各业的不同面貌，例如："商贾之家皆极勤朴，衣不罗绮，食不甘脆，斤斤自守，生业日繁。惟丝业牙行聚四方商旅，饶富立致，争尚奢靡。而朝荣夕悴，勃焉忽焉。其三世殷富者不多见。近有以盘剥乡民为业者，或徒手，或设一小店，专放债，取厚利，皆致殷富。核其实，绝非行商坐贾也。"① 有的商人兢兢业业，恪守本分，生意日好，而有的则投机取巧，牟取暴利，但也往往都是昙花一现，富不过三代。我们也可以从中看到江南小镇的特殊风韵，又如："里人婚礼迎娶之船曰花船，市户收租之船曰账船，载货物于苏州者曰装船，载丝往上海者曰丝船，农家有田庄船，渔家有渔船，有载客及寄书带货往来近处各城市乡村者曰航船。"② 水上交通作为菱湖镇的重要交通路线，所以船的重要性自然不言而喻，而在上述这段话中也体现得淋漓尽致。

浙江镇村新志多数统贯古今，穿越时空，记述了今日繁华的悠远历史。如"采荷这一方宝地，历经沧海桑田。隋唐时期，这里为滩涂湿地。吴越国修筑'钱氏石塘'，村落初成。到宋明时期人烟凑集，'田畴万顷，一望无际，黄花万亩，白藕千池'。清代及民国盛传'草桥门外菜担儿''清泰门外盐担儿''太平门外粪担儿'等口传的历史

---

① 同治《双林记增纂》卷十五《物产》。
② 光绪《菱湖镇志》卷十一《舆地略·物产》。

都一一记入志书，使人们窥见今天已经消逝的往迹，留住历史，增加了志书的厚重"。① 笕桥镇本是以农耕为主业的近郊镇，是在改革开放以后才迅速城市化。清代诗人屠倬所描写的笕桥农村春冬的景象——"荷锄有黄发，采桑多绿鬓"，"田树余桑柘，村居半药笼"，如今已经看不见了。但是镇志的编撰者仍然记忆犹新，他们忠实地记录下笕桥镇的农耕文化，不仅见于"土地志""农业志""土物志""民俗志"，还散见于"社区志""人口志"。这是一幅生动的历史画卷，给寻根的新一代笕桥人和海内外赤子作了交代，给了凭据。② 兰溪《女埠镇志》（方志出版社，1998）重视基本地情，用重笔记述社会、人文部类。对政区、山水、土地、居民、氏族、风俗等立专卷作过细的记述。其中专设氏族卷，使全镇 55 个主要氏族之源流、迁徙、构成、聚落、族规、宗祠、家谱、家训等得以保存。临海《杜桥志》（浙江人民出版社，2009）除卷前彩页之外，还于卷末设置了"历史留影"，收录各类老照片 194 帧，生动地展示了各时期人民的生活，很是珍贵。而大多数镇村志中都记录了本镇本村老百姓的吃穿住行娱，用文字、图片、表格等，展示出基层社会的原貌。如遂昌《界首村志》（2006）记录着 1982 年界首村实行家庭联产承包责任制，分田到户；这一年，村民购买了村里第一台电视机；1986 年，界首安装了自来水管；第二年村里装上第一部固定电话；1999 年村道机耕路变成水泥路；2003 年村里建成防洪堤坝；2004 年，界首村和浙江其他村庄一样，免缴农业税，十多位五保老人免费住进了敬老院；2005 年，村民参加农村医疗保险，是年，投资 35 万元在村中建起休闲公园……志书记录着人们的幸福日子，点点滴滴，平凡朴实，有着浓浓的生活气息。恰如《绍兴县

---

① 魏桥：《采荷街道志·序》，研究出版社，2007。
② 毛昭晰：《笕桥镇志·序》，中华书局，2016。

志》主编傅振照在《柯桥区村志丛书·总序》中所说，村志有四个特点："一是最接地气。它是府（市）、县、镇（乡）志的基础，是地理地名、山水名胜、方物名产、民俗风情的源头。二是最有人气。这一个村庄、数个聚落，一个姓氏、数户人家，祖祖辈辈，薪火相传，都清楚明白。因事出本地，原原本本，故人人关心。三是最聚文气。这一山一水、一草一木、一砖一瓦、一桥一路，往往有一个典故，或一种传说，有着深厚的历史文化内涵，翔实可信。四是极富生气。本地人写本地事，记古代，如数家珍，犹如历历在目；记现代，桩桩件件，都觉鲜活如生；记眼前，暗露自信，充满前瞻性。"①

2. 关于风俗文化史研究

（1）丰富的史料来源。

风俗文化，是民族和国家文化的重要组成部分，也是用于区分不同族群的主要标志之一。风俗文化史则是研究一个族群、民族以及国家的政治、经济和社会的重要资料。风俗文化研究主要关注的是风尚服饰、饮食文化、社会生活、婚丧嫁娶、舟车行止等与生活密切相关的方方面面。而这些细致又琐碎的记载，往往要到地方志中去找寻。地方志编纂的发展和兴盛，对于风俗文化史学的发展也起着推动作用。

隋唐时期，《诸州图经集》《隋州郡图经》《元和郡县图志》等志书，已经开始较为系统地对各地的风土人情进行记载和描述。到了明代，地方志在辑录社会风俗方面已经越来越重视。明代的 900 多种地方志中，大多数都有专门的"风俗"内容，除此之外，在"寺观""土产""镇市"等门类下，也夹杂着大量的风俗记载。发展到清代，地方志的修纂工作得到了极大的重视，尤其是官修志书，还限定了统

---

① 傅振照：《柯桥区村志丛书·总序》，可见于《杨家桥村志》（浙江人民出版社，2104）等志书。

一的体例格式，供修撰人员参考。虽然各地的编写体例并不相同，但基本上都囊括了风俗的内容，也有将风俗立卷者。在乡镇志书中，你可以找到和人民生活息息相关的冠礼、婚礼、丧礼、祭礼等礼仪民俗，你也能找到有关传统农业社会中十二个月份相关的岁时民俗，如"六月六日，曝衣，食馄饨，洗六畜。是月合酱，虫不为蛀。十九日，福业院为'观音大士会'，祷赛者咸集"①。还能看到向巫师求医问药的信仰民俗。乡镇志书对风俗的记载往往比其他史书中更为详细和具体，所以可以很好地弥补在风俗文化研究中所缺少的部分。新修镇村志对风俗文化的记述更加重视，在篇目设置上几乎没有缺漏"风俗"或"民俗"的，内容也占较大的比例。"尤以一乡习俗，琐细之事，民风礼俗之变易，由此可鉴"。②

（2）风俗文化面面观。

如对当地的丧葬民俗的记载：《同治湖州府志》中记载"今有举佛事而甘付亲一炬者，有惑堪舆之说而数十年不葬者，非人子也"。③而在嘉兴，由于地方政府官员上书请求禁止火葬，火葬则逐渐消失，《光绪嘉善县志》中记载："丧家阴阳、土作等费，恣意娄索，富者如其意，贫乏者苦之，火葬之弊，近因钱少宰宝廉奏禁，旧习已除。"④而在长兴县，则又不相同，《嘉庆长兴县志》记载"开吊出殡，鼓乐

---

① 《嘉兴府志》，《中国地方志民俗资料汇编·华东卷》（中），书目文献出版社，1995，第649页。

② 吴藕汀：《南浔小志·序》，赞张和孚1966年所编《南浔小志》"续周氏以清末为断，数十年来，陵谷沧桑，可以见其梗概，尤以一乡习俗，琐细之事，民风礼俗之变易，由此可鉴……"转引自朱从亮纂辑、朱仰高校勘《南浔文献新说》，2000，第319页。

③ 同治《湖州府志》，《中国地方志民俗资料汇编·华东卷》（中），书目文献出版社，1995，第736页。

④ 光绪《嘉善县志》，《中国地方志民俗资料汇编·华东卷》（中），书目文献出版社，1995，第656页。

喧杂，殊非宁戚之意，又多作佛事。贫者惑于必刍，甚付亲骸于一炬"。① 如对当地生活民俗的记载：《乾隆武康县志》中分别记载了当地衣、食、住等方面的习俗，"衣，男妇服制不常，率仿杭城风气，数十年来浙趋华靡，然俭素之概不尽改。食，饮食，城市富家燕饮多事丰腆，山村则尚俭朴，有汗樽坏饮之风。住，宫室崇卑不一，皆无雕刻垩黝之饰"。② 又如对当地信仰民俗的记载：《同治安吉县志》记载了当地村民在生病时不问医药，而求助于鬼神的风俗，"病不医药，专事祷禳，旧志既言其略矣。迩来疾病之家颇事药饵，然于头痛、身热等症鲜有服药者，必至病剧卧床始延医诊视，而祷禳之事必相附而行，其费甚于医药……又有见喜愈病之说。聘未娶者乘病迎娶到家，谓之'冲喜'。女家亦因可省嫁资，不甚拒绝。甚有病者已死，秘不发丧，而乘凶婚娶者，谓之'荒亲'。此风湖郡皆然"。③ 一地的谚语反映着当地的民风。镇村志中收录了大量地方谚语，从中可以窥见独特的民风。如《横河镇志》中，倡导做人不可平庸，要"出山"（奔前途），办事要"看山色"（看情况而定）、要"活络"（灵活处事），提倡"侬有一掌金，我有定盘星""宁可掼掉三亩稻，勿可掼掉鲫鱼脑"，主张"嘴巴扛在肩上"（到处谋生），并以"游过三关六码头，吃过串筒热老酒"为荣。这些谚语在民间的流行，也将当地人千方百计、千山万水、千辛万苦、大胆创业的民风生动地体现了出来。④ 浙江方志中蕴含的大量地方风俗，包含了非常丰富的社会内容，涉及许

① 嘉庆《长兴县志》，《中国地方志民俗资料汇编·华东卷》（中），书目文献出版社，1995，第756页。
② 乾隆《武康县志》，《中国地方志民俗资料汇编·华东卷》（中），书目文献出版社，1995，第725页。
③ 同治《安吉县志》，《中国地方志民俗资料汇编·华东卷》（中），书目文献出版社，1995，第756页。
④ 魏桥：《横河镇志·序》，方志出版社，2007。

多底层人们的生活，这不仅是江南地区风俗的缩影，能为中国风俗文化史的研究提供地域性的案例，而对当地风俗文化史的研究则更是不可或缺的珍贵材料。

3. 关于地方学术史研究

（1）地方学者的图书目录。

研究学术界具有代表性的人物的学术活动、学术著述、学术思想，是学术史研究的一个重要内容。学术人物的活动牵连社会的各个层面，可以透视出学术发展的社会条件、学术风气与学术流派的状况，可以条理有关学术著述的产生时间和经过，可以显示有关学术思想的前后变化或发展；研究学术著述的内容、形式、撰写过程、流传状况，可以完整地将学者或学派的各方面主张均加以清理，一定程度上显现学术成果的价值；学术思想的研究则是基于学术人物活动和学术著作上对学术史研究深化的表现。[1] 而这些资料，除了在人物的自传，作品集中进行收集和整理，地方志也是研究学术人物、学术著作所不可忽视的资料，对现存的地方志中相关人物信息的收集、整理，是一件非常有必要的事情。

地方志中不仅会撰写与本地有关的人物传记，有些还会收录文献目录、诗文和逸事等。如清代学者李富孙，曾师从卢文弨、钱大昕、王昶、孙星衍等人，经学深湛，而其事迹除了见于《清史稿》卷四百八十二、《清史列传》卷六十九之外，还可以在光绪《梅里志》卷十、宣统《梅里备志》卷四找到其传记，这样就能补足正史传记中的不足。地方志的记载有时候比正式文献的记载更加的翔实，有的甚至还能校正其他文献的错误之处。而且乡镇志中的《艺文》类目下，为了彰显本地的文教成果，突出本地的文教氛围，往往收集了本地学者的

---

① 张国刚、乔治忠：《中国学术史》，东方出版中心，2002，第 9 页。

大量诗文和著作。通过对这一块内容的梳理，我们可以充实对学者的认识，补充其完整的图书目录，这样对其学术思想进行研究时，才会更加的全面具体。尤其是研究学术界具有代表性的人物的学术活动、学术著述、学术思想，这些资料，除了在人物的自传，作品集中进行收集和整理，地方志也是研究学术人物、学术著作所不可忽视的资料。

（2）地方志中蕴含的学术思想。

除此之外，清初对思想文化的严加把控，使得学者在学术思想方面的创造力得到了极大的抑制。而且当时的经济发展和社会状况也尚不能使思想界得到充分的发展。这时，许多的学者都不得不转向。有些继承了清初务实的学风，在诠释古籍、辨别真伪方面做出了突出的成绩；有些则投入地方志的著述中，将地方志当作史书类的著述，在其中倾注了自己的学术思想。清初的浙东学派擅长修志，他们积极参与家乡志书的修撰，如编纂于康熙二十七年（1688）的《桃源乡志》就是范例。该志由臧麟炳所纂，清康熙二十八年（1689）成书，共8卷。该志"以旧本为质，搜罗典故，访求逸事，其间或人或事，或里域古迹，或题咏文章，足以昭示来世而兴起斯人者，上自前朝，以迄今兹，无不一一详著于篇，盖三易稿而成焉"。[1] 又如濮镛，乾隆戊申（1788）副榜，云和县教谕，"精舆地掌故之学，家居授徒二十余年，以经术文章提倡后进"。[2] "濮川风土，前人撰志者略有数家，镛虑久而散佚，就平日所参之旧志"，与金淮、濮承韵、岳泺传共辑嘉庆《濮川所闻记》六卷（续编二卷）。[3] 在这类型的方志著作中，也能考

---

① （清）臧麟炳：《桃源乡志》，中国档案出版社，2006，第10页。

② 夏辛铭：民国《濮院志》卷十九《人物二》，《中国地方志集成·乡镇志专辑》第二十一册影印1927年版刻本，上海书店出版社，1992。

③ （清）严辰：光绪《桐乡县志》卷十九《艺文志·史部》《濮川所闻记》六卷续编二卷条下注，《中国地方志集成·浙江府县志辑》第二十三册影印清光绪十三年（1887）刻本，上海书店出版社，1993。

察到作者的学术思想。

此外，乡镇志包含的地方志内容，因具有一定的文献价值，也常常成为研究的线索，有益于史前史、方志史等等的研究。以新志为例，《笕桥镇志》"建置志"把本地的社会史追溯到良渚文化时期，通贯古今，"民俗志""文体志"中记载了关于防风氏传说和纪念活动，这对于杭州史前史的研究有重大价值。许多志书中整理和保存了当地的历代修志情况，如《塘栖镇志》收录历代修志简况；《新市镇新志》"文献卷"中收录历代修志情况、历代志书内容提要、历代志书序跋文；《南浔文献新志》（2000 年 4 月，内部印发）有历代镇志编纂附录；《双林镇志》有双林历代及当代镇志一览表，收录自明万历《双林笔记》起的 16 部镇志；通过温岭《新河镇志》（中华书局，2016）记录的内容，可知前有清代贡生沈文露撰《新河志》2 卷（已佚）、1991年西门梁绍文撰《新河镇志参考稿》，按这个线索，增补清代浙江乡镇志已佚志书一部，以及当代浙江乡镇志稿一部。

二 社会价值

数量众多的乡镇志，为留住乡土记忆、接续传统文脉创造了一个新的平台，为乡村的可持续发展提供了历史参考与文化动力，获得普遍认同并越来越受到重视。

1. 记录经验教训以资借鉴

"理解昨天是把握今天的一把钥匙，昨天的经验和教训是避免今天重蹈覆辙的最好借鉴。"[①] 历史发展道路曲折，社会主义建设过程也不是一帆风顺，其中有许多经验教训，需要做历史记录，以资后人借鉴。

浙江镇村志不仅翔实地记录了历史，更是着重记录了当代现实。

---

① 张乐天：《告别理想：人民公社制度研究》"绪论"第 1 页，上海人民出版社，2012。

如温州龙港 1984 年建镇，在全国率先取得农村城镇化的成功经验，成为"中国第一座农民城"。自建镇以来，修志三次。第一次始修于 1991 年 8 月，1994 年出版之日正值龙港建镇十周年之时。第二次为续志，起止时间为 1991~2000 年，2003 年出版。第三次始修于 2009 年，中共龙港镇委、镇人民政府决定重修镇志，2011 年出版。连续编修的镇志，充分展示了龙港建镇以来，尤其是全面改革开放新时期文明进取的成果、特点、经验，可为后世之资。

在记述中华人民共和国成立以来，人们扬眉吐气，当家做主的史实的同时，志书也如实记录了在一些政治运动中由于"左"的干扰，割断了历史，束缚了村民的手脚，挫伤了经营的积极性，走过了一条曲折而艰辛的道路。有的镇村志专设"文化大革命"章节，较为详细地叙述了"文革"中发生的事件，描述了阶级斗争宽泛化的现象；有的镇村志对人民公社期间的农业经营、工分制度、粮食分配、社会生活等做了全面记述，对大办集体食堂、三年自然灾害期间出现的问题等做了如实记录。如《鸠坑乡志》中述及鸠坑茶，在唐代"睦州鸠坑"已是贡茶。1958 年"大跃进"期间，脱离实际，实行"四季采茶"，使茶叶产量倒退。直到改革开放后才重创辉煌。小小茶叶的兴衰史是乡村整个经济发展的缩影。[①] 改革开放以来，思想解放，传统继承，在党的正确领导下，浙江人借天时，乘地利，迎潮而上，迅速登上时代快车道，走在全省的前列。浙江镇村志书突出地记述了改革、开放、体制转轨，社会转型的详细过程。对于改革过程中出现的政策偏差、环境污染等各种问题也没有回避，而是基于确凿的历史事实，通过详尽的统计资料，记录于志书之中。

如今，对镇村悠久的历史很多人并不深知；对新中国成立以来的

---

①   魏桥：《鸠坑乡志序》，浙江大学出版社，2003。

经历，不仅年轻人有所不知，就是年长者也逐渐淡忘。然而，历史和现实的经验教训是一部十分难得又无法替代的生活教科书。有学者这样说，镇村志最有价值、最应当引起编撰工作者和一般学者重视的优点就在于：它充分记录该村所取得的成绩之时，没有忽略过去和现在所存在的问题。① 在 2019 年 6 月 1 日出版的第 11 期《求是》杂志上，中共中央总书记习近平发表重要文章《把乡村振兴战略作为新时代"三农"工作总抓手》，文章指出，实施乡村振兴战略，首先要按规律办事。这个规律，就来源于实践与总结。因此，一部部纵贯古今，明古详今，内容充实，体例完善的镇村志问世，其价值和意义是长效的，是无法估量的。②

2. 发掘经济人文价值服务社会

镇村志的丰富内容，不仅是学者探索研究的宝库，而且有着能够服务于现实社会的实用价值。

如位于松阳和遂昌交界处的界首村，依山傍水，村庄偎依在松阴溪北岸，呈现出一条腰带形状。村中保存着一条完整的古驿道，以驿道为主线，两边坐落着驿站、祠堂、学堂、民居、禹王宫、圆拱门、牌坊等明清古建筑群。界首村 2006 年被省政府批准为第三批省级历史文化村，当年村民自发，并由松阳县方志办洪关旺主编了 18 万字的《界首村志》，这是松阳县第一部村志，在界首村的日后发展中起到了重要作用。村两委依据村志记载，对村庄进行整体规划和开发，保护并恢复古驿道和明清古建筑群，保留了古村落的历史格局和传统风貌，美化了环境，带动了旅游，增加了村民收益。2013 年 6 月界首村被列入第二批国家传统村落保护名录，2014 年被列入浙江省第二批历

---

① 孙达人：《论族谱——村志的当代意义》，见东阳市象塘村志编纂委员会编《象塘村志》，村自印，2000。

② 魏桥：《横河镇志·序》，横河镇志编纂委员会编《横河镇志》，方志出版社，2007。

史文化村落保护利用重点村。又如嘉兴《余新镇志》中对"源大"米行史料的记载，帮助"源大"成功申请为浙江省老字号。"源大"米行创于1941年，其第三代传人赵建祥根据余新镇政府编纂的《余新镇志》中有关"源大"米行的详细记载（如书中记载的"源大"米行老板就是他的爷爷赵泉有），请镇政府出具了有关"源大"米行的资料档案。凭着这张档案证明，"源大"成功申请到了浙江省老字号。意识到志书价值后，这家老字号还主动开展了"源大"史志的编写。①在《余新镇志》记载的"建国初期余新镇商铺139家"中，"源大"是第一家恢复经营并成功申报"浙江老字号"的品牌。今后，或许会有更多的品牌从志书中走出来、活起来，创造出更为可观的经济效益和社会效益。

3. 培养地情专家，培育爱乡情怀

镇村志的编修对于培养地情专家、激发爱乡情怀也有着积极作用。通过镇村志编修，集聚了一批熟悉和了解乡镇村情况的基层工作者，对于他们尽快熟悉地方情况，理清当地的历史脉络，制定出今后的发展规划，是很有帮助的。而且修志中培养出来的存真求实，严谨细致的工作作风，重视调查研究的工作方法，亦将有益于参编者从事地情研究和其他工作。

在镇村志编修过程中，大量乡民参与其中，撰写志稿，接受采访，提供资料，给予资助；有不少村志收录每一位村民姓名、家族的变迁情况，甚至为每家每户拍摄留影或留下话语（如萧山《凤凰村志》，2019年），村民被一一书写于志书之中。如《临安市三口镇志》（2004年）的编写人员均系各条战线离退休老同志，为修志不计报酬，完稿

---

① "源大"成功申请浙江省老字号，2014年10月8日，http：//zj. people. com. cn/n/2014/1008/c186941-22529533. html，2019年8月6日。

时只花去 1700 元资金；为编写遂昌《后山村志》，80 高龄的朱月明主动奉献自己撰稿的"后山村史"初稿，未领一分稿酬，还捐出 1000 元资助村志出版；为写《大田村志》，退休的程万能查历史、翻档案、寻资料，甚至上山找寻祖坟遗迹，心甘情愿为编写村志"跑腿"，程万能还开始每天写大田日记记下村中大事留给后人，希望再过 10 年，年轻一代能续写村志；为能提供翔实资料，对界首村历史人物、掌故相当熟悉的刘为绾老人特意从遂昌搬回老家，当起村志编撰小组的"活字典"……编修的过程与成志的结果，让更多关注"小家"的乡民融入"大家"之中，充分感受到家乡发展，爱乡之情油然而生，强烈的参与感与自豪感激励着他们更加关心镇村集体的发展，更加热情地投入到家乡的建设之中。所以，金普森在《南岸村志·序》中说："小志记载的资料，较之大志来说，更具体、翔实，更亲切、感人，在教育人、鼓舞人、引导人方面更具激励作用，甚至超越大志。"①

三　文本价值

方志的文献属性与文献价值，一直得到充分肯定。但在近年的研究中，"文献"经常被当作"文本"来看待，地方志亦作为"文本"被研究者所关注。若将镇村志作为文本看待，仅考察其序跋，就可以看到志书文本价值至少可以表现在以下两个方面。

1. 镇村志文本表现的方志学发展与争鸣

前文提及，有许多学者为浙江镇村志书作序。作为文本中重要的组成部分，志书这些序跋中包含着非常丰富的学术思想，其中关于志书质量、编纂方法、志书价值等问题的讨论，可以考察到方志学发展

---

① 见俞日霞主编《南岸村志》，浙江人民出版社，2008。

状况与学者之间的理念争鸣。

关于乡镇志的编修规模。严济慈曾在《浙江省名镇志·序》中称："有此一编足可抵百部之乡镇志也。此亦为编纂新方志之一创举，以免乡乡镇镇修志，徒费人力物力。"① 魏桥在《武义柳城镇志序》中称："社会主义时期的新镇志，现在并不要求普遍编修，应从各地实际情况出发，量力而行。"② 葛剑雄在《笕桥镇志·序》中指出："新编乡镇志无论是数量还是质量都有待增加和提高。"③ 陈桥驿则在《盛陵村志·序》中明确提出："从比较长远的要求来说，每一个市县除了市县志的修纂以外，还应该做到镇镇有志，村村有志。"④ 可以看到，对于乡镇志书总体规模的把握，有不同的意见在志书中呈现，往往随着时代的变迁，经济、社会、文化的发展，随着修志事业的发展和志书价值的展现，而逐步有了更为深入的认识。正如钱永兴在《溪里方村志·序》⑤ 中所说，改革开放解决了村志编修的思想和观念问题，一轮修志为村志编修提供了舆论和理论支持，而村集体经济的壮大和村民经济收入增加则为村志的编修提供了物质上的保证。一轮修志以后大批村志的编修出版，正是这个时代发展的一个必然结果。

关于现有志书的编修质量。有很多学者在镇村志中对志书质量进行了客观评价和原因分析。如傅振伦在《新登镇志·跋》中从整体到篇章细致地分析了志书优点与不足，实际上也是对他心目中的佳志提

---

① 见浙江省名镇志编纂委员会编《浙江省名镇志》，浙江人民出版社，1991。
② 见柳城镇志编纂办公室编《武义柳城镇志》，浙江人民出版社，1989。
③ 见笕桥镇志编纂委员会编《笕桥镇志》，中华书局，2016。
④ 见盛陵村志编纂委员会编《盛陵村志》，中华书局，2009。
⑤ 见溪里方村志编纂委员会编《溪里方村志》，2009。

出了期待。① 李志庭在《浦沿镇志·序》中指出了该志的特点，对有些志书随意采用资料提出批评，对佳作提出了基本要求，一是具有科学性和可靠性，二是具有全面性和系统性。② 陈桥驿在《枫桥史志·序》中称："修志当然以官修为主，但私修也值得提倡"，并指出官修志书存在机构臃肿、人员冗杂、专家参与少等弊端，③ 呼吁让更多学识渊博、经验丰富者参与到志书编纂中来，以提升志书质量，减少无益消耗。④ 葛剑雄在《笕桥镇志·序》中，不仅对地方志与地方史的属性功能作了分析，⑤ 对乡镇志的历史渊源与价值作了阐述，⑥ 还对新

---

① 傅振伦认为："斯志详今略古，侧重记注文书、档案、文物、口碑各方面的史料，如民族郡望，人物著作、文征轶事等，采访周详，既可资治垂鉴，又备征文考献之用。详于经济与城镇建设，体现时代精神与地方特点。《概述》一篇勾勒地情及地方利病，言简义赅，亦便'节时捷取'，实非同凡响。'社会'一词有广义、狭义之分，今人修志或一仍旧贯，或标风俗、民情，今为《生活》篇，似可考虑。《历代诗文选》所附旧志考略、民国志正误，亦颇精审。《人物》篇附录《新登县志·人物传》简录亦佳，惟事见'正史'及前志者，可注明其出处。《生活》篇导言论社会风气既有传统美德，也提到应行改革之处，皆亦可次法戒。《方言》章所记语音、词汇及谚语的注释说明，均佳。惟农谚仍可广事收罗以增入之。"

② 见浦沿镇志编纂领导小组编《浦沿镇志》，中国商业出版社，1994。

③ 陈桥驿序中称："历来官修之弊，在某些地区，某种程度上仍然存在。主要的是：第一，公费办事，消耗巨大，有的市县修志机构臃肿，人员冗杂，但学识渊博、经验丰富者不多。而在修纂过程中，审稿会反复举行，收效并不很大；志书出版时，又往往举行首发式，为造声势，不惜破费。第二，专家参与修志者甚少，这是志书质量不高的重要原因。"有些志书的编纂者缺乏必要的科学知识，"像这样一类的志书，徒然浪费大量人力物力，既无学术意义，也无实用价值，首发式以后，实际一切完结"。

④ 见陈炳荣编著《枫桥史志》，方志出版社，1998。

⑤ 葛剑雄序中称：地方志与地方史属不同类型，因而具有不同功能。地方史属专门史，是一特定地方的历史；而地方志属百科全书，是个地方包罗万象的全面记载，地方志包括地方史，地方史却不能包括地方志，至多只能涉及该地的历史及与历史有关的若干方面，正因为如此，地方志的功能和作用并非其他类型的地方性著作所能替代。

⑥ 葛剑雄序中称：地方志的编纂需要有专门人才，还需要动用不菲的人力物力，一般只有县级政区方能具备，大多数乡镇无此条件，所以历代朝廷功令只规定县市必须定期修纂，限于篇幅和采访条件，乡镇的资料和各方面状况不可能都载入县志，作为县的百科全书的县志难以承载一乡一镇百科全书的功能。两宋以降，一些经济文化发达或拥有专门人才的乡镇已有乡镇志问世，至明清时成绩更为显著，江浙一带已蔚然成风，乡镇志的编纂和流传促进了当地经济文化的繁荣，扩大了该地的知名度。传世的乡镇志保存了许多独特的、详细而确凿的史料，其中相当一部分已成为唯一来源，有的是传世史料中独一无二的类型，有的涉及以往从未涉及的方面，乡镇志的价值不言而喻。

编乡镇志的质量不佳提出了委婉的批评，并分析了主要原因。他说：
"即使是在经济文化相对发达的时代和地区，真正内容丰富，质量上
乘而又能传世的乡镇志还是少数。一方面，本乡镇的人才毕竟有限，
本乡镇的人才中愿意并能够踏踏实实为本地编志书的人更少。另一方
面，编成的志书未必能出版，也未必能引起外界的重视，能够流传至
今的只能是其中的一小部分……改革开放以来……并非所有的乡镇政
府都能重视，也并非所有的乡镇都能找到称职的主编和编纂人员，因
而新编乡镇志无论是数量还是质量都有待增加和提高。"①

　　关于志书的范本问题。在志书的序与评论中，我们经常可以看到
在评析志书的优点之后，给出此志"堪称典范"，可以作为"范本"
的评价，作为一种赞赏，也是一种期待。但也有人认为村志"永远不
会有什么'样板'或'范本'，没有情况相同的村，也决不会有具体
内容类似的村志"。② 后者的观点看似标新立异，实则二者并未针锋相
对，而是各有所指。前者鼓励志书努力提升志质量，达到一定的规范，
后者则鼓励志书努力提升特色，反对"千志一面"的照搬照抄。

　　2. 镇村志文本展现的主观建构与客观反映

　　有学者认为，各种地方文献既是地方历史的记录，又是地方历史
过程的重要组成部分。地方志固然是区域社会经济变动和地方势力升
降的客观反映，同时，它的内容、形式及其出台、流传的过程本身就
有主观建构与叙述的成分。③

　　体现主创思想。"文本化"的志书包含着作者个人的价值判断。
志书的主创（团队）各有其修志宗旨、编纂思想，在志书中以不同的

---

① 见笕桥镇志编纂委员会编《笕桥镇志》，中华书局，2016。
② 吴世春：《何麻车村志·序》，何麻车村志编纂委员会编印《何麻车村志》，1998。
③ 参见谢宏维《文本与权力：清至民国时期江西万载地方志分析》，《史学月刊》2008年第
　　9期。

篇目设置、内容安排来体现,渗透于志书的每一个角落。如镇村志对不同时期社会现象的记录,详略差距很大;叙述时所采用的语言方式,也有着明显差异。这与编纂者的亲身经历和沉重回忆密切相关,也与全社会对于历史反思的认识密切相关。对同一历史时期给予详略不同记述,是编纂者的主观建构在志书文本中的客观反映,也体现出不同编纂层级①对修志内容的掌控和影响。

即便如志书资料的来源这样的小细节,也有着不同的诠释方式。镇村志资料来源广泛,一般志书仅于凡例中简要说明,主要来源档案、史志、谱牒、口碑、调查等,但具体源于何处却不得而知。浙江乡镇志自《瓜沥镇志》(1986 年内部印刷)开始,有具体信息的参考资料列于志末,至 2018 年共有十余部采用此例,即《蒲岐镇志》(1993年)、《爵溪镇志》(中国古籍出版社,1997)、《枫桥史志》(方志出版社,1998)、《女埠镇志》(方志出版社,1998)、《安华镇志》(2009 年 6 月印刷)、《龙山志》(2009 年 9 月内部印刷)、《武康镇志》(中华诗词出版社,2009)、《杜桥志》(浙江人民出版社,2009)、《钟公庙街道志》(宁波出版社,2011)、《练市镇志》(方志出版社,2012)、《双林镇志》(方志出版社,2015)、《岭北镇志》(中国文史出版社,2017)、《溪口镇志》(宁波出版社,2017)、《箬横镇志》(中华书局,2017)、《双林镇志》(方志出版社,2018)。还有少量志书在内文中引用资料时直接注出来源,如《温州瓯海区南白象街道志》(现代出版社,2018)。村志也有不少,如《岩大房村(社区)志》(中国广播影视出版社,2016)。这些志书在出书时间、所属地域、出版形式等方面并无明显规律,因此大致可以知道,参考资料设

---

① 除了纯粹私修的志书以外,很多志书有着多层级的编纂组织。如编纂领导小组、编纂委员会、编纂单位、编纂室等等,它们对志书形式和内容有着不同程度掌控和影响。

置与否、注释到何种程度，主要是依据志书主编或编修团队对资料来源价值的判断。

引导修志观念。志书所具备的历史文本属性施加给人们的影响力是长远而深入的。以村志为例，改革开放以来，中国农村发生了深刻的变化，其中一个巨大的变化是村域经济得到了迅猛的发展。村域经济的发展，唤醒村民们的村域价值意识和文化意识。关注本土经验，重视乡土民生，弘扬村域文化，成为村干部和村民的共同追求。村志，作为村域文化重要、典型的载体，自然受到青睐和重视。于是村民们逐渐形成了这样的观念，一个村不但要有家谱和宗谱，以载述一家一族的历史，而且还要有村志，以载述一村的全史。[①] 一种观念在一个群体中仅用短短数十年就培育初成，是很不容易的，足见村志与社会发展、人们需求的高度契合。通过大量的修志活动、志书的传播和内容的引导，村志或许能作为一种集体记忆的表达方式，长久地伴随着村庄发展，根深蒂固于村民的思想之中。文本展示出强大而绵长力量，不容小觑。

---

① 钱永兴：《溪里方村志·序》，溪里方村志编纂委员编《溪里方村志》，自印本，2009。

下　编

考录提要

凡　例

一、本编分宋代、明代、清代、民国、中华人民共和国成立以来五个部分对浙江乡镇志书进行考录。宋代至民国的志书按成书时序排列。中华人民共和国成立以来的志书则先按行政区划依次排列（省级、杭州、宁波、温州、嘉兴、湖州、绍兴、金华、衢州、舟山、台州、丽水），再分别按成书时序排列。

二、宋代至清代乡镇志书的考录版块分为现存志书与亡佚志书两部分，分别按照成书年代先后次序，条列宋、明、清各代乡镇志书名目，未详成书年代者置于各部最末。未著录亡佚志书的版块，其志书名目径以成书年代先后比次。

三、宋代、明代、民国的乡镇志书考录以文献著录为主。文献著录包括志书名称、卷帙、编纂者、成书年代、主要版本诸项。

四、清代乡镇志书考录条目分为文献著录与编纂者考述两部分。文献著录包括志书名称、卷帙、编纂者、成书年代、主要版本诸项。其中对于乡镇志书版本的著录，本编以参考文献第六部分所列书目、提要、考录类著作为线索进行查考，并按照年代先后顺序，条列志书流传过程中的主要版本信息，以展现其文本演变流布之次第。编纂者考述则依据史料文献，对志书编纂者的生卒年份、社会背景、生平履历、学识专长、著述情况等内容进行考述。

五、中华人民共和国成立以来（截至 2018 年）的乡镇志书考录含乡志、镇志、街道志、公社志，村志因篇幅所限暂不做考录。考录条目以文献著录为主，包括志书名称、编纂单位、主要编纂者、出版单位、成书时间、版本印数、页码字数、志书概况、篇目设置、上下断限、收藏机构等诸项。志书名称前括注该志记录地域在志书断限前的行政归属。未详之内容（如页码、字数、定价等）不作标示。

六、为节约篇幅，一般只录纸本收藏情况，且不多于 5 处，并采用简称，如中国国家图书馆简称国图，浙江图书馆简称浙图，浙江省地方志办公室简称浙志办，浙江省档案馆简称浙江档，杭州市图书馆简称杭州图，中国社会科学院图书馆简称中社科图，南京大学图书馆简称南大图，以此类推。另有来新夏方志馆简称来新夏馆，张元济图书馆简称张元济图等。

七、有明确记载但未见版本流布的乡镇志书，仅作存目。

八、本编参考《浙江方志考》（浙江人民出版社，1984）、《宋朝方志考》（上海古籍出版社，2010）、《湖州方志提要》（中国文史出版社，2013）、《衢州方志提要》（方志出版社，2017）、《台州地方志提要》（中国文史出版社，2015）、《宁波古今方志录要》（宁波出版社，2011）、《温州地方文献联合目录》（国家图书馆出版社，2005）以及浙江乡镇志的相关研究成果。除个别情况外，不再详注。

宋　代

（一）现存志书

宝祐《澉水志》　八卷

罗叔韶修、常棠纂。宝祐四年（1256）刊印。

此为澉浦镇志。

《续通考》卷一七〇曰："常棠《澉水志》八卷。棠字召仲，号竹窗，海盐人。"《浙江通志》卷二五三曰："《澉水志》三卷。绍定三年（1230），监澉浦镇税罗叔韶仪甫属海盐常棠召仲撰。"其"三卷"一说有误。《海盐文献志》云常棠值宋季，闭关不仕，苦心笃学，善属文，绕庭植竹数十竿以厉操，自号曰竹窗"。

罗叔韶，字仪甫，四明人，"丁丑（1217）入胄子学，庚辰（嘉定十三年，1220）取太常第。至是再调焉。初受业于约斋李先生，盖东莱大愚之源委也"。（《澉水志》卷七《德政碑》）。据《澉水志》卷七《澉浦镇题名》，其于绍定三年二月以修职郎到任，六年（1233）四月去。又据《景定建康志》卷二四《节推题名》，其于端平二年（1235）六月任建康军节度推官。余不详。

是本志始撰于绍定三年（1230），至绍定六年完成初稿，后屡"订正尤详"，至书成后二十余年，宝祐四年（1256）方得以刊行。亦有说为"开庆元年（1259）或景定元年（1260）"。顾宏义《宋朝方志考》据《澉水志》卷七《澉浦镇题名》记："李兴宗：迪功郎咸淳六年（1270）八月二十到任。"因李兴宗名下书到任之日，而未书离任之时，推断此志至咸淳六年或稍后犹有补缀。

《澉水志》乃现存最早之镇志，八卷十五门：卷一总叙、地理门，卷二山门，卷三水门，卷四廨舍门、坊巷门、坊场门、军寨门、亭堂门、桥梁门，卷五学校门、寺庙门、古迹门，卷六物产门，卷七碑记门，卷八诗咏门。《四库总目提要》云："叙述简核，纲目该备，而八卷之书，为页止四十有四。明韩邦靖撰《朝邑县志》言约而事尽，世以为特绝之作，今观是编，乃知其源出于此。可谓体例精严，藻不妄抒者矣。"清周中孚跋云："（其书）叙述赅括，体例谨严，而文尤雅洁。盖为一镇作志，自不能多所搜采，故以精简出之。"宋刊本久佚，今传有明嘉靖三十六年（1557）刻本，明末《盐邑志林》二卷本，清道光十九年（1839）刊本、咸丰七年（1857）海昌陈氏双清草堂刻本，1937年《丛书集成初编》本等。①

编入上海书店出版社1992年版《中国地方志集成·乡镇志专辑》第二十册，浙江档案馆有台湾成文出版社1983年版《中国方志丛书·华中地方》第五一九号影印刻本之数字资源。

（二）亡佚志书

南宋《桃源志》

张即之纂。南宋后期撰。

宋桃源乡属明州鄞县，位于今鄞县西。

---

① 引用顾宏义《宋朝方志考》，上海古籍出版社，2010，第128~130页。

《宋元四明六志校勘记》卷九曰：张即之字温夫，号樗寮，鄞县人。中两浙转运司进士，历军器监丞、司农寺丞，知嘉兴府，未赴，丐祠，授直秘阁致仕。居鄞西林村，村属桃源乡。此其所作乡志也。张即之，《宋史》有传。《至正四明续志》卷二载吴潜于开庆八年（"八"当为"元"之误，1259）七月所撰《逸老堂记》，张即之书，署曰"中散大夫直秘阁致仕"。《成化宁波郡志》云张即之寿八十一卒。《书史会要》卷六称其历阳人，"以能书闻天下，特善大字，为世所重"。又元袁桷述师友渊源录云：张即之"善为颂，语乾道、淳熙事，月日先后，亡异史官，李心传尝质之。喜校书，经史皆手定善本。严州奉祠，日相过从。有絜疾。语言清整，待僮仆亦然"（《清容居士集》卷三三）。①

南宋《乌青志》

一名乌青记。

宋沈平纂。南宋末年成稿。

沈平，号东皋，宋末元初乌程人。两荐于朝辄以疾谢。

此志明嘉靖间尚存。明嘉靖《乌青志》陈观序云："志之所载，皆两镇事迹之沿革，民风土俗之繁华，缙绅冠盖之显要。"

此志又见清乾隆《乌青镇志》卷十二、民国《乌青镇志》卷三十八、清光绪《乌程县志》卷三十一、清乾隆《湖州府志》卷四十五、清同治《湖州府志》卷五十七、清雍正《浙江通志》卷二百五十四著录。

此志已佚。

南宋《乌青拾遗》

宋沈平纂。南宋末年撰。

---

① 顾宏义：《宋朝方志考》，上海古籍出版社，2010，第 158 页。

沈平，事迹详见"《乌青记》提要"。

清乾隆《乌青镇志》卷十二、民国《乌青镇志》卷三十八、清光绪《乌程县志》卷三十一著录。

此志已佚。

明　代

（一）现存志书

正德《仙潭志》　八卷

一名正德《新市镇志》。

陈霆纂。明正德十一年（1516）修。

陈霆，字声伯，号水南，德清新市镇人。明弘治十五年（1502）进士，为刑科给事中，抗直敢言，以忤逆刘瑾逮狱廷杖，谪判六安州，瑾诛复起，历迁山西提学佥事，以师道自任，士习不变，致政归。明嘉靖中屡荐不出。隐居渚山四十年，著书百余卷，明嘉靖《德清县志》即为其所纂。

仙潭即新市镇之别名，由东晋道士陆修静"修仙得道"于潭上的神话传说而来，属德清县。此志为新市镇第一部镇志。陈霆幼时"喜从乡先生、长老访求其故而观览其迹"，既壮而仕，仕而归，"昔焉见闻恒了然心目之间，而前所从受之人则故矣"。陈霆担心自己死后"将罔传也，爰辑而为之志"。

志首陈霆《仙潭志序》。志分 8 卷约 4 万余字。有地图、沿革、分野、镇名、四至八到、形胜、山川（井泉附）、风俗、物产、公署、街坊（关栅附）、桥梁、庙祀（祠堂附）、寺观（庵院附）、亭馆、园墓（仓堡附）、甲榜、科贡、名宦、禄仕、寓贵、恩遇、节义、隐逸、方术（道释附）、神异、墨迹、记载诏敕诰表记志书疏、题咏29目6附目。物产记蚕、桑叶、丝、绸、苎、夏布、米、苗猪、黄雀、珠10种土产及贸易情况，街坊记状元坊、旌贤坊等7坊、6街、3巷、4弄及东西南北4栅。桥梁记载存者44，埋废无迹者"姑存其名而迹则缺之"。

此志后人有"其旨正而严，其文质而雅"（陈尚古《仙潭志余·序》）之评价。

北京大学图书馆庋藏。上海图书馆有清钞本，书名题《仙潭志》。又有清嘉庆十七年（1812）重刻本（冠名《新市镇志》）。浙江图书馆、上海图书馆、南京图书馆收藏。故《新市镇志》和《仙潭志》为一志两名。

《中国地方志联合目录》和《浙江方志考》皆云：又有清嘉庆十六年（1811）重刻本，误。沈赤然嘉庆《新市镇续志·又识》云"原续两志……开雕于壬申季春迄秋藏事"。壬申年即清嘉庆十七年。《浙江方志考》将陈霆《新市镇志》和《仙潭志》误为两书，云《仙潭志》编于嘉靖初，并将其列入山水志范畴，实属大误。

1992年7月，上海书店据上海图书馆藏清抄本影印，冠名《新市镇志》编入《中国地方志集成·乡镇志专辑》第二十四册（扉页列名《新市镇志》，但内文仍称《仙潭志》）。2008年8月新市镇人民政府据虞氏家藏刻本原版重印，志名《新市镇志》。

嘉靖《续澉水志》　九卷

董穀纂修。

嘉靖三十六年（1557）续纂，刊本，四册，北图，北大、上图

（有配钞）均有收藏。地理所及上图有钞本。通行本为 1935 年铅印
《澉水志汇编》本，一册。

《四库总目提要》云："穀字硕甫，正德丙子举人，官安义、汉阳
知县。罢官后，自号碧里山樵，又曰汉阳归叟，居海盐之澉水镇。尝
得宋常棠澉水旧志，校而刊之。因采元、明事迹，续成此编。"刊本 1
册 9 卷，书前有董穀序及澉浦城图、秦驻山总图、水安湖图，书尾有
虞志高跋，《四库全书》存目。续编"小变棠之体例"，篇目为：卷
一，地理纪（沿革、风俗、疆域、山川、堰坝、桥梁、土产）；卷二，
职官纪（正千户、副千户、百户、镇抚、巡检、场大使、仓大使）；
卷三，公署纪（公馆、千户所、巡检司、鲍郎场、常积仓）；卷四，
贡赋纪（区图、丁产、税课局、盐课、滩荡、团盘、屯种、岁造）；
卷五，兵卫纪（城池、军伍、校场、寨堠、铺舍）；卷六，祀宇纪
（寺、庙、庵、观、院）；卷七，人品纪（宦绩、流寓、隐逸、仕籍、
上舍生、庠生、孝节、方技、仙释）；卷八，杂记（公移、古迹、祥
异）；卷九，艺文纪（诗、文）。

本志见《续通志》《续文献通考》《千顷堂书目》著录。雍正
《浙江通志》作《澉水志》十卷，万历间撰，时代及卷数均误。《四库
全书》据浙江巡抚采进本存目，书名作《澉浦续志》。编入上海书店
出版社 1992 年版《中国地方志集成·乡镇志专辑》第二十册。

嘉靖《观海卫志》　四卷

明周采等纂。嘉靖年间成书。

本志编于嘉靖四十一年（1562），北图、浙图有清钞本。上图有
张氏约园钞本一册，残存卷一至卷三上。

《明史》卷四十四地理志载：宁波府慈溪县西北有观海卫，洪武
十九年（1386）十一月置。

嘉靖《临山卫志》　四卷

朱冠、耿宗道纂。嘉靖年间成书。

原刊本未见，地理所有钞本。通行有 1914 年木活字本。

临山卫在余姚县西北，洪武二十年（1387）二月置。

浙江档案馆有台湾成文出版社 1983 年版《中国方志丛书·华中地方》第五六四号影印刻本之数字资源。

万历《重修乌青镇志》　五卷

一名《乌青镇志》。

明李乐修，唐守礼撰。明万历二十九年（1601）刻本。

李乐，字彦和，号临川，桐乡青镇人，寄籍乌程县。明隆庆二年（1568）进士，授新淦知县，升礼科给事中、旋改吏科，出为福建安察金事，转任江西、广西布政司参议。

唐守礼，字敬甫，号振山，明隆庆四年（1570）举人，授顺天房山学谕，升直隶望江县知县。

志在陈观《乌青志》基础上增辑而成。卷一下署名：宋元隐士沈平撰，明亳州学正陈观增辑，明万历辛丑（1601）广西左参议李乐、直隶望江知县唐守礼、归安庠生颜如愚同修。

志首明万历四年（1576）湖州府同知刘治叙，明嘉靖三年（1524）陈观序，明嘉靖二年（1523）前横州别驾王济序。卷一疆域沿革志、公署志（常平仓、社学、书院、兵赋附）、门坊街巷志、河渠水利志、第宅志（园亭附）、丘墓志、桥梁志；卷二祠庙寺观志、风俗志、祥异志、秩官志、进士表、乡举表、岁贡表、例贡表、吏仕表、武职表、封荫表；卷三人物志、节烈志、才伎志、侨寓志杂志；卷四艺文志（遗事附）；卷五艺文志。

志末为明万历二十九年（1601）李乐跋、唐守礼跋。

清光绪《乌程县志》卷三十一、清同治《湖州府志》卷五十九著录其为 6 卷，误。

上海书店出版社 1992 年 7 月据原刻本影印编入《中国地方志集成·乡镇志专辑》第二十三册。

万历《乌青镇志》 五卷

明桐乡李乐等纂。

乐字彦和，号临川，寄籍乌程。隆庆二年（1568）进士，历江西新淦知县，选礼科给事中，累官福建金事，迁江西参议，致仕。

本志编于万历二十九年（1601），同年刊本，二册，上图庋藏。

卢学民国《乌青镇志》自序略云："万历李《志》，仅我家藏有此书，几成海内孤本。"同治《湖州府志》卷五十九著录，误作六卷。

编入上海书店出版社 1992 年版《中国地方志集成·乡镇志专辑》第二十三册。

崇祯《石步志》 一卷

叶时标纂。崇祯三年（1630）撰。

《硖川志》 二卷

海宁潘廷章纂、王简可续纂。明代末年撰。

廷章字梅岩，自号海峡樵人。

《四库全书》据两淮马裕家藏本存目。北图有清初钞本部，上图有胶卷复制清初钞本。

《四库总目提要》云："其书志硖石一镇之事，颇有条理。然一村落之微，而首纪分野，未免太廓。科第皆列之人物，毫无行实，但载其由某经中式，某科第几名，亦未免太简。"

本志见《清朝通志》《清朝文献通考》著录。硖川镇即硖石镇，清代属海宁县。雍正《浙江通志》卷二百五十四误入山类。1949 年起,海宁县治即驻此镇。

编入上海书店出版社 1992 年版《中国地方志集成·乡镇志专辑》第二十册。

明代《临平记》　四卷

仁和沈谦撰。

谦字去矜,号东江,为西泠十子之一。

此记作于崇祯末,有顺治五年(1648)刊本,南图收藏。又有光绪间刊《武林掌故丛编》第十集本。浙图藏有旧钞本三卷,卷一、卷二为纪事,卷三为杂记。上图有清四勿斋钞本一册。

本志所辑凡一百余条,末附临平十咏。分年纪事,系乡镇志中之创例。

临平镇属杭州府仁和县,北宋时即为仁和四镇之一。在今余杭县东,为县改府所在地。

编入上海书店出版社 1992 年版《中国地方志集成·乡镇志专辑》第十八册。

(二)亡佚志书

永乐《濮川志略》

濮孟清纂。永乐年间撰。

此书已散佚,唯徐石麒、颜鼎受两序见岳昭垲《浪录》。岳氏自序略云:"《志略》道水从子龙锡上九增定……第《残志》辑于明季,仅存十余页;《志略》板亦漫漶不可卒读,今并不获一见矣。"

天顺《仙潭事迹》

胡嗣宗纂。卷数不详。

　　胡嗣宗，号拙纳先生，德清县新市镇人。为人性敦朴好古，家居授徒。明正德《新市镇志》卷四"隐逸·胡嗣宗"云，（胡嗣宗）"所著有《仙潭事迹》，今所采用亦多据其旧本。惜其文词鄙俚，本村学究之才识也"。

　　程之彭清康熙《仙潭文献·修志始末》云："明天顺间，胡子拙讷嗣宗采缀《仙潭事迹》，为之草创。"

　　此志清嘉庆《德清县续志》卷九据《新溪注》著录。

　　传本已佚。

弘治《蒲岐所志》

　　陈戴阳、朱声振纂于弘治年间。

　　此志已佚。

嘉靖《校正乌青志》

　　陈观纂。明嘉靖三年（1524）修。

　　陈观，字尚宾，号桂月，乌程乌镇人，明弘治五年（1492）举人，亳州学正致仕。

　　此志在沈平《乌青拾遗》基础上增辑而成。据明陈观嘉靖《乌青志》序云："旧志非定本，抄录多差讹且繁乱失次……乃于暇日校正之，仍增入国朝人物、土产、事迹及前所载之碑文暨两镇士夫一时之题咏类成一帙。"此志辑成后由王济（字伯雨，曾任横州通判）润色，并为之作序。

　　此志清乾隆《乌青镇志》卷十二、民国《乌青镇志》卷三十八、清光绪《乌程县志》卷三十一均著录为《校正乌青志》。清乾隆《湖州府志》卷四十五误作王济《乌青志》。张园真《乌青文献》卷首"编辑诸家姓氏"，将此志误作两书：王济《增辑乌青志》和陈观《校正乌青志》。

此志已佚。然此志陈观序和王济序存明万历《乌青镇志》、清乾隆《乌青镇志》、民国《乌青镇志》。

《乌青续录》

胡顺伯纂。卷数不详。

胡顺伯，余姚人。生平事迹未详。

此志张园真《乌青文献》卷首"编辑诸家姓氏"、清乾隆《乌青镇志》卷十二、民国《乌青镇志》卷三十八著录。

此志后人评价："失真甚矣。"（明万历《重修乌青志》李乐跋）

此志已佚。

嘉靖《增辑乌青志》

乌程陈观增辑。

嘉靖二年（1523）辑，已佚。

陈观自序及王涛序尚存，载乾隆《乌青镇志》卷末。

自序略云："旧志钞录多差误，且繁乱失次，余甚悯。乃于暇日校正之，仍增入国朝人物、土产、事迹及前所载之碑文，置两镇士夫一时之题咏，类成一帙，用志今日之盛，俾后之人有所考。"

嘉靖《四安镇志》

顾应祥纂修。卷数不详。约嘉靖中期。

此志清乾隆《长兴县志》卷十二、嘉庆《长兴县志》卷二十五、乾隆《湖州府志》卷四十五著录。清乾隆《长兴县志》、嘉庆《长兴县志》归与顾应祥著作，清乾隆《湖州府志》卷四十五未著录撰修者。

此志已佚。

隆庆《鄞西桃源志》 五卷

张桃溪、杜思泉合编。

本志编于隆庆二年（1568），原刊本未见，今有钞本流传。南图、上图均藏有传钞康熙二十七（1688）重刊本。

万历《琏市志》 二卷

杨稠、杨辇撰。

万历元年（1573）稿，未付梓。

杨稠，字汝载，归安县练市镇人，杨辇，字汝御，杨稠之弟。

琏市，练市之古称，在旧归安县，今南浔区。

此志初名《琏市琐言》，后定名曰《琏市志》，杨稠、杨辇兄弟历二十年时间纂成。志分39类，内容大致有科甲、乡荐、岁贡、吏员、奉冠带、生员、耆旧、忠臣、孝子、贞夫、烈妇、书院、社塾、宫阙、关梁、土产、贡赋、坟墓、古迹、寺观、祠庙、碑碣等。

稿本已佚。清道光《练溪文献》存杨稠、杨辇明万历元年（1573）两序。

万历《桃源乡志》 二卷

张沔、杜校纂。万历四年（1576）撰。

一名《桃源见闻录》。鄞县人张沔撰。卷数不详，未见传本，民国《鄞县通志》文献志著录，张沔，字南应，居桃源乡。

万历《增补桃源志》

鄞县人水静、杜复益纂。

万历二十三年（1595）撰。

卷数不详，未见传本，民国《鄞县通志》文献志著录。

万历《桃源志稿》

王养吾纂。万历四十年（1612）撰。

万历《双林笔记》

一名《双林志》。万历四十五年（1617）撰。

明陈所志纂。书成未刊。

陈所志，字士雅，号素怀，又号蓬元，本姓吴，东迁人，后徙双林镇。乌程县学生。

此志见民国《双林镇志》卷三十一著录，为双林镇首部志书。下限止于明万历四十五年（1617）。

万历《濮溪志草》

一名《濮川志草》。

周志学纂。万历年间撰。

此书已佚，仅见清岳昭增《濮录》自序。序云："仅见于《福溪纪略》等书所征引。"

万历《菱湖志》　一卷

庞太元纂。未成稿。

庞太元，一作太初，字尚古，归安人，明万历末居菱湖。

清同治《菱湖志》卷三"艺文"著录，云"此未成之书，太元亲笔缮写，楷笔，甚工。惜无踵而成之者"。清光绪《菱湖镇志》卷四十一、光绪《归安县志》卷二十一、乾隆《湖州府志》卷四十五、同治《湖州府志》卷五十九著录。

本志见同治《湖州府志》卷六十一著录。据同书卷七十五本传，太元于万历末居菱湖。志约作于此时，但未完成，今已散佚。

此志已佚。

崇祯《濮川残志》 七卷

濮孟清原纂，濮侣庄订补于崇祯年间。佚。

庄道水辑。

本志已佚，见清岳昭垲《濮录》自序。

崇祯《濮川志略》 七卷

濮孟清原纂，濮侣庄订补于崇祯年间。佚。

濮侣庄，崇德濮院（今桐乡）人。

崇祯《南浔镇志》

潘尔夔纂于崇祯年间。佚。

明代《乌青续录》

余姚胡顺伯纂。

此书见民国《乌青镇志》卷三十八著录，未见传本。

明代《仙潭续志》

明胡道传纂。卷数不详。正德至万历间撰。

胡道传，字幼学，号怀川，德清县新市镇人。著有《长春闲录》等。

沈戬穀《仙潭后志·隐逸·胡道传》载，（胡道传）"甘贫嗜学，老而不倦，著有《长春闲录》《仙潭续志》"。程之彭清康熙《仙潭文献·修志始末》云："胡子怀川道传续志，增补差滥，刘泗、沈元祥、陈学曾、程淮、沈标、金维、钱沛共梓。"

此志已佚。然此志十分之三内容赖沈戬穀清顺治《仙潭后志》得以保存。

明代《桃源广记》

何希濂订补旧桃源志而成。年代不详，卷数不详，未见传本，民国《鄞县通志》文献志著录。

明代《竹溪小志》

朱金芝纂。年代不详。佚。

明代《濮川小志》

撰于明代，作者已不可考。

清岳昭垲《浪录》自序云：“《小志》散佚已久。”

濮川即濮院镇，原属嘉兴县，与桐乡县错落。西南属桐乡，东北属嘉兴。在今桐乡县东北。

清　代

（一）现存志书

顺治《仙潭后志》　不分卷

胡道传续编、沈戬穀订补，清顺治四年（1647）成书。

胡道传，生卒年不详，字幼学，号怀川。"甘贫嗜学，老而不倦。著有《长春闲录》、（顺治）《仙潭续志》。"①

沈戬穀（1594～1662），字子禧，号器车、渚椒，明崇祯丁丑（1637）进士，授枣强县令。明末甲申（1644）之变后，"肆力群书，手自删辑，肘不离案。大略始自诗词而进及子史、经世，旁罗诸家集说，天文律吕、西儒历法音算之学靡不精核，晚年则专事六经理学矣。"② 著有诗文二卷、《襄苏私言》一卷、《偶涉草》一卷。嘉庆

①　（清）胡道传续编、沈戬穀订补顺治《仙潭后志·隐逸》，《中国地方志集成·乡镇志专辑》第二十四册影印浙江图书馆藏清光绪二年（1876）钞本，上海书店出版社，1992年版。按：德清县志编纂委员会编《德清县志》著录《仙潭续志》刊本不详，当据此补之，参见该书第731页，浙江人民出版社，1992。

②　（清）陈玉塈撰《渚（淑）［椒］公传》，（清）胡道传续编、沈戬穀订补顺治《仙潭后志》卷首，《中国地方志集成·乡镇志专辑》第二十四册影印浙江图书馆藏清光绪二年（1876）钞本，上海书店出版社，1992。

《新市镇续志》卷二有传。

主要流布版本有浙江图书馆藏清光绪二年（1876）周衡钞本、上海书店出版社 1992 年版《中国地方志集成·乡镇志专辑》第二十四册影印清光绪二年（1876）钞本、新市镇人民政府等 1995 年版《仙潭文献·仙潭后志合刊》陈景超点校本、新市镇人民政府 2010 年版影印钞本。

康熙《乍浦九山补志》　十二卷

王寅旭、李天植纂，清康熙十二年（1673）成书。

李天植（1591～1672）①，又名李确，字潜夫，又字因仲、潜初，乡人私谥介节先生。明崇祯癸酉（1633）举人。"自为诸生时，工诗歌、古文辞。……甲申闻变后，髡发入龙湫山中，自署龙湫山人。粮绝不给，好事者多载酒米以周之，非其人虽饥不受也。长吏守帅闻其名，车骑过之，逾垣避，终不见。每岁必赋三月十九日诗，读者高其风而哀其志也。"② 著有《蜃园文集》十卷、《九山游草》、《山房日录》四十卷等，编纂康熙《乍浦九山志》二卷，已佚。《清先正事

---

① 关于李天植的生卒年，魏禧于"辛亥九月"撰《与周青士书》后"壬子七月自记"，李天植于当年三月去世。按魏禧生卒年为 1624～1681 年，其所谓"辛亥九月"当在清康熙十年（1671），"壬子七月"当在清康熙十一年（1672）。是则李氏卒年为清康熙十一年（1672）。据（清）宋景关纂乾隆《乍浦志》卷五《隐逸》本传以及所引王涟所作墓志铭文，可知李天植享年八十二岁，由此推知其生年当为 1591 年。然中华书局胡守仁等校点本《魏叔子文集外篇》卷之六《与周青士书》云："潜夫名天植，崇祯癸酉登贤书，今年八十二矣。"则是以康熙十年时李天植已八十二岁，恐误。参见胡守仁等校点本《魏叔子文集》，中华书局，2003，第 280～282 页。检浙江省平湖市史志办公室 2009 年版《乍浦旧志三种》郭杰光整理本乾隆《乍浦志》所引《与周青士书》，原文即作"八十一岁"，良是。又据（清）宋景关纂乾隆《乍浦志续纂·小引》所录李天植《九山志后序》，云："康熙四年八月，龙湫山人李确潜初氏撰，时年七十有五。"可推知康熙十年辛亥时，李天植当为八十一岁。参见浙江省平湖市史志办公室 2009 年版《乍浦旧志三种》郭杰光整理本，第 75 页。

② （清）宋景关纂乾隆《乍浦志》卷五《隐逸》，浙江省平湖市史志办公室 2009 年版《乍浦旧志三种》郭杰光整理本，第 36 页。

略》、《明遗民录》卷三十一有传。

王寅旭，生卒年不详，系李天植门生，所编纂康熙《乍浦九山补志》，雍正《浙江通志》著录，《四库全书》存目。

有清康熙十二年（1673）初刻本。

康熙《栖里景物略》　十二卷

张之鼐辑，清康熙二十三年（1684）成书。

张之鼐，生卒年不详，字仲谋，斋曰半庵，诸生。"博览群书，长于诗文。隐居横潭别墅，诗文唱和，韵林中无不知有横潭张半庵也。喜著述，日居卧痴栖，拥万卷。手辑（康熙）《栖里景物略》十二卷、《神仙通纪》百卷、《横潭草堂诗》若干卷。"①

主要流布版本有清康熙二十三年（1684）钞稿本、浙江图书馆藏清嘉庆间传钞本、浙江省塘栖镇人民政府 2005 年版影印清康熙间钞本、浙江摄影出版社 2006 年版《文化塘栖丛书》点校本、西泠印社 2010 年《余杭历史文化研究丛书·历史文献》第六册影印本、浙江古籍出版社 2012 年版《余杭古籍再造丛书》影印本。

康熙《栖乘类编》

周逸民辑纂，卷数不详，约清康熙二十三年（1684）成书。

周逸民，即周兆谦，号逊庵，生卒年不详，清康熙时人。"善堪舆。取山水形势，撰《栖里图说》一卷，今已佚。暮年以来，取古人书以遣怀抱。取曹荔园（康熙）《栖水文乘》，条分类聚之，曰（康熙）《栖乘类编》。"②

---

① （清）王同纂光绪《唐栖志》卷十二《人物五》，《文化塘栖丛书》标点本，浙江摄影出版社，2006，第 225 页。
② （清）王同纂光绪《唐栖志》卷十二《人物五》，《文化塘栖丛书》标点本，浙江摄影出版社，2006，第 226 页。

主要流布版本有北京大学图书馆藏清乾隆间钞本、北京大学图书馆藏清乾隆三十年（1765）刻本。

康熙《乌青文献》　十卷

张园真纂，清康熙二十七年（1688）成书。

张园真，生卒年不详，初字岩徵，改字炎贞，湖州府学生。"感镇志残缺，取而编纂之。凡关风俗人心者纤悉不遗，至于往迹遗事，搜讨亦殆尽，三年而成。康熙间辑《书画谱》，御采其说，咸谓遭逢之幸云。其读书谈道，向老不衰，每于鸡鸣披衣起，篝灯挟册，岑岑向简端作蝇头批注数十页。最后裒有明文集百余家，欲论次成书，颜曰《明文大观》，竟不获卒业以殁，论者惜之。"① 著有《困庵刬记》《过春草堂集》。② 民国《乌青镇志》卷二十八有传。

主要流布版本有清康熙二十七年（1688）春草堂初刻本、台湾省藏旧钞本。

康熙《鄞西桃源志》　五卷

明代张桃溪、杜思泉原纂，清代佚名增订，清康熙二十七年（1688）成书。

上海图书馆有传钞清康熙二十七年（1688）重刊本。③

康熙《桃源乡志》　八卷

臧麟炳纂，清康熙二十八年（1689）成书。

臧麟炳，生卒年不详，康熙间里人。

① （清）董世宁纂乾隆《乌青镇志》卷之九《人物》，《中国地方志集成·乡镇志专辑》第二十三册影印 1918 年版铅印本，上海书店出版社，1992。
② （清）董世宁纂乾隆《乌青镇志》卷之十二《著述》，《中国地方志集成·乡镇志专辑》第二十三册影印 1918 年版铅印本，上海书店出版社，1992。
③ 此据龚烈沸编著《宁波古今方志录要》，宁波出版社，2001，第 61 页。

主要流布版本有浙江省宁波市天一阁博物馆藏 1924 年胡蕃钞本、浙江省宁波市天一阁博物馆藏清钞本及 1934 年油印本、上海图书馆藏残钞本、1959 年传钞本、上海书店出版社 1992 年版《中国地方志集成·乡镇志专辑》第二十四册影印清钞本、方志出版社 2006 年版龚烈沸点注本、中国档案出版社 2006 年版龚烈沸点校线装本。

康熙《仙潭文献》 四卷

程之彭纂，清康熙三十年（1691）成书。

主要流布版本有浙江省图书馆藏 1946 年知虚子周轸油印残钞本、浙江省新市镇人民政府 1950 年版影印钞本、浙江省新市镇人民政府等 1995 年版《仙潭文献·仙潭后志合刊》陈景超点校本。

康熙《皋部志》 不分卷

沈铨纂，清康熙三十八年（1699）成书。

有 1938 年《绍兴县志资料》第一辑铅印本。

康熙《前朱里纪略》 不分卷

盛爌纂，清康熙五十六年（1717）成书。

盛爌，生卒年不详。"字愚谷，康熙间恩贡生，官德清训导。性喜结纳，斋厨萧然而宾客辐辏。"著有《编蒲斋漫稿》《愚谷诗钞》等书。① 民国《乌青镇志》卷二十八有传。

主要流布版本有复旦大学图书馆藏清嘉庆二十四年（1819）涌春居士钞本、上海书店出版社 1992 年版《中国地方志集成·乡镇志专辑》第二十一册影印清嘉庆二十四年（1819）钞本、国家图书馆出版

---

① （清）严辰纂光绪《桐乡县志》卷十九《艺文志·子部》"《前珠里纪略》"条下注、《艺文志·集部》，《中国地方志集成·浙江府县志辑》第二十三册影印清光绪十三年（1887）刻本，上海书店出版社，1993。

社 2010 年版《复旦大学图书馆藏稀见方志丛刊》第十一册影印钞本。

康熙《金乡镇志》　不分卷

佚名纂，清康熙年间成书。

主要流布版本有温州市图书馆藏 1929 年夏绍俅钞本、上海书店出版社 1992 年版《中国地方志集成·乡镇志专辑》第二十五册影印钞本。

雍正《硖川志略》　一卷

蒋宏任纂，清雍正六年（1728）成书。

蒋宏任（1701~1742），字担斯，号东湖，监生。"为人坦荡，不立崖岸。尝即沈伯翰藩《硖川志略》手为校订付梓。"① 另纂雍正《硖川山水志》，《四库全书》存目。民国《海宁州志稿》卷二十九《人物·文苑》有传。

主要流布版本有道光十三年（1833）吴江沈氏《昭代丛书》刻本、清道光二十四年（1844）刻本、上海书店出版社 1992 年版《中国地方志集成·乡镇志专辑》第二十册影印道光十三年（1833）《昭代丛书》本。

乾隆《乍浦志》　六卷

宋景关纂，清乾隆二十二年（1757）成书。

宋景关（1724~1797），② 清代诗人，字今郿，号话桑，一号醒

---

① （清）王德浩纂、曹宗载重订嘉庆《硖川续志》卷七《耆旧》，《中国地方志集成·乡镇志专辑》第二十册影印清嘉庆十七年（1812）刻本，上海书店出版社，1992。

② 据（清）宋景关纂乾隆《乍浦志续纂·小引》落款："壬子夏五，宋景关跋，时年六十有九。"按乾隆年间干支属壬子者为 1792 年，由此推知宋景关生年为 1724 年。参见浙江省平湖市史志办公室 2009 年版郭杰光整理本，第 75 页。又据（清）许河纂修道光《乍浦续志》卷五《文苑》本传，云卒年七十四，则当卒于 1797 年。参见浙江省平湖市史志办公室 2009 年版郭杰光整理本，第 25 页。

轩。系乾隆《乍浦九山续补志》编纂者宋景濂之弟，乾隆四十三年（1778）岁贡生。[1]"以明经老，益肆力于诗古文辞，并有师承。著作等身，尤于枌榆耆旧有继往开来之功。"[2] 所著已刻者汇编为《乍川文献》五种，编纂乾隆《乍浦志》六卷、乾隆《乍浦志续纂》二卷。光绪《平湖县志》卷十七有传。

主要流布版本有清乾隆二十二年（1757）初刻本、清乾隆五十七年（1792）增刻本、清道光十九年（1839）校补重印本、上海书店出版社1992年版《中国地方志集成·乡镇志专辑》第二十册影印清乾隆五十七年（1792）增刻本、浙江省平湖市史志办公室2009年版《乍浦旧志三种》郭杰光整理本。

乾隆《南浔文献志》　二卷

张鸿寓纂，清乾隆二十三年（1758）成书。

张鸿寓，生卒年不详，字醴源，号芗泉。著有乾隆《南浔文献志》二册（卷），"一名（乾隆）《重增南浔志》"。[3]

有国家图书馆藏残钞本。

乾隆《乌青镇志》　十二卷

董世宁纂，清乾隆二十五年（1760）成书。

董世宁（1715~1771以后）[4]，字贻清，号心山，奉天正红旗人，

---

[1] （清）邹璟纂道光《乍浦备志》卷十九《科贡》，浙江省平湖市史志办公室2009年版郭杰光整理本，第166页。

[2] （清）许河纂修道光《乍浦续志》卷五《文苑》，浙江省平湖市史志办公室2009年版郭杰光整理本，第25页。

[3] （清）汪曰桢纂咸丰《南浔镇志》卷二十九《著述一》，《中国地方志集成·乡镇志专辑》第二十二册（下）影印清同治二年（1863）刻本，上海书店出版社，1992。

[4] 据清乾隆二十二年（1757）董世宁履历，云："汉军正红旗包衣，汉军赛东阿管领下。监生，年四十三岁……分签掣浙江湖州府同知缺。"可以推知董世宁生于1715年，卒年不详。参见秦国经主编《中国第一历史档案馆藏清代官员履历档案全编》第十七册，华东师范大学出版社，1997，第709~710页。

监生。乾隆二十二年（1757）任乌镇同知,① 乾隆三十六年（1771）任开化府知府。②

主要流布版本有清乾隆二十五年（1760）初刻本、上海图书馆藏严辰手校清乾隆二十五年（1760）刻本③、1918 年版铅印本、上海书店出版社 1992 年版《中国地方志集成·乡镇志专辑》第二十三册影印 1918 年版铅印本。

乾隆《石步志》　一卷

明代叶时标原纂,清代叶四聪订,叶维新重辑,清乾隆二十七年（1762）成书。

叶四聪（1682~?）,④ 字勿斋,清雍正元年（1723）举人,任两淮中正场盐课大使。

叶维新（1807~1835）,字莲庄、子怀。生平重然诺,有节概,热心里中公益事业。

主要流布版本有浙江省宁波市天一阁博物馆藏钞本、上海书店出版社 1992 年版《中国地方志集成·乡镇志专辑》第二十五册影印天一阁钞本。

乾隆《东西林汇考》　八卷

茅应奎纂,清乾隆三十一年（1766）成书。

---

① 卢学溥修、朱辛彝等纂民国《乌青镇志》卷二十五《职官》,《中国地方志集成·乡镇志专辑》第二十三册影印 1936 年版刻本,上海书店出版社,1992。
② 文山壮族苗族自治州地方志编纂委员会编纂《文山壮族苗族自治州志》（第六卷）,云南人民出版社,2002,第 276 页。
③ 按:严辰系清咸丰年间进士、翰林院庶吉士,卒于清光绪十九年（1893）,是则此校勘刻本成书年代当不晚于清光绪十八年（1892）,当在清同治、光绪年间。
④ 此据（清）叶四聪撰《乾隆石步志序》,（明）叶时标原纂,（清）叶四聪订、叶维新重辑《乾隆石步志》卷首,《中国地方志集成·乡镇志专辑》第二十五册影印宁波天一阁博物馆藏钞本,上海书店出版社,1992。

茅应奎（1675~1769），字淇湄，一字渠眉，号湘客、耄叟。康熙庚子（1720）副榜贡生，乾隆二十四年（1759）任杭州府昌化县学教谕。"生平好学博洽，远游燕楚，登岱颠、泛洞庭，著诗万余首，与沈宗伯归愚、诸宫赞草庐最契合。所著有《五湖（诗）集》（八卷）行世。年九十余，视听不衰。"① 著有《远游稿》《萧放窝琐录》等书。② 民国《双林镇志》卷二十有详传。

主要流布版本有上海图书馆藏清乾隆三十一年（1766）稿本、上海书店出版社 1992 年版《中国地方志集成·乡镇志专辑》第二十二册（上）影印稿本、国家图书馆出版社 2011 年版《上海图书馆藏稀见方志丛刊》第八十九册影印稿本。

乾隆《濮川风土记》　二卷

杨树本纂，清乾隆三十二年（1767）成书。

杨树本（1731~1816），③ 字大立，号荫轩。"乾隆癸酉、戊子［奉天、顺天两科］副榜，国子监教习。由考职第一授州同衔，任江西宁州州同。卓异，推升湖北鹤峰州知州。"乾隆五十五年（1790）授阶奉直大夫。④ 著有《春秋事几终始》《纪元备考》《杨氏宗支考》《文房备览》《荫轩诗钞》《荫轩文钞》⑤，编纂乾隆《濮川风土记》二卷（稿本）、乾隆《濮院琐志》八卷、嘉庆《濮院琐志》八卷。嘉庆

① （清）茅应奎纂乾隆《东西林汇考》卷五《征献志·科贡》，《中国地方志集成·乡镇志专辑》第二十二册（上）影印上海图书馆藏凝霞阁稿本，上海书店出版社，1992。

② 蔡蒙续纂民国《双林镇志》卷三十《艺文》，《中国地方志集成·乡镇志专辑》第二十二册（下）影印上海商务印书馆 1917 年版铅印本，上海书店出版社，1992。

③ 据（清）杨树本纂嘉庆《濮院琐志》卷首嘉庆十三年（1808）《自序》知其当年七十八岁，推知杨树本生年当为 1731 年。又据夏辛铭纂民国《濮院志》卷十九本传，知其享年八十六岁，则杨树本卒年当在 1816 年。

④ （清）杨树本纂嘉庆《濮院琐志》卷二《选举》，《中国地方志集成·乡镇志专辑》第二十一册影印浙江省图书馆藏传钞本，上海书店出版社，1992。

⑤ （清）严辰纂光绪《桐乡县志》卷十九《艺文志》，《中国地方志集成·浙江府县志辑》第二十三册影印清光绪十三年（1887）刻本，上海书店出版社，1993。

《濮川所闻记》卷三、光绪《嘉兴府志》卷六十一、民国《濮院志》卷十九有传。

有清乾隆三十二年（1767）稿本流传。

乾隆《唐栖志略》　二卷

何琪纂，清乾隆三十四年（1769）成书。

何琪，生卒年不详，号春渚，又号枯树湾人，钱塘布衣。"书法似董文敏，尤工八分，以为世鲜识者，故不轻作。""性和蔼，品尤高洁"，"生平慕石守道、唐子方之为人（即北宋人石介、唐介），又号二介居士"。乾隆己丑（三十四年，1769），"取周逸民（康熙）《栖乘类编》点窜删改，存十之一，厘为二卷，曰（乾隆）《唐栖志略》。虽地志之别乘，风雅之外编，而宗郦元之简，致柳州之洁。"①

主要流布版本有清乾隆五十四年（1789）初刻本、清嘉庆七年（1802）增补刻本、上海图书馆藏清钱塘罗氏恬养斋钞本、② 南京图书馆藏清同治十一年（1872）朱文藻钞本、清光绪七年（1881）《武林掌故丛编·第二集》刻本、上海书店出版社1992年版《中国地方志集成·乡镇志专辑》第十八册影印清光绪七年（1881）《武林掌故丛编》本、上海书店出版社1994年版《丛书集成续编》第五十二册影印《武林掌故丛编》本、浙江摄影出版社2006年版《文化塘栖丛书》标点本、西泠印社2010年版《余杭历史文化研究丛书·历史文献》第六册影印本、《余杭史志网》刊登点校本。

乾隆《濮院琐志》　八卷

杨树本纂，清乾隆三十九年（1774）成书。

---

① （清）王同纂光绪《唐栖志》卷十二《人物五》，《文化塘栖丛书》标点本，浙江摄影出版社，2006，第268~269页。

② 按：恬养斋即清人罗以智的藏书楼名号，罗氏卒于1860年，则此恬养斋钞本当不晚于清咸丰末年。

杨树本生平已见"乾隆《濮川风土记》"条考录。

有清乾隆三十九年（1774）稿本流传。

乾隆《濮镇记闻》　四卷

胡琢纂修，清乾隆五十二年（1787）成书。

胡琢，生卒年不详，字其章，号珠船，又号玉崖，濮院人。"乾隆甲午（1774）举人，官平阳训导。诗述称其谙习掌故，酒绿灯红，言之娓娓云。"① 著有《赘翁笔记》《法眼观》。② 嘉庆《濮川所闻记》卷三、民国《濮院志》卷十九有传。

有中国国家图书馆藏钞本、上海书店出版社1992年版《中国地方志集成·乡镇志专辑》第二十一册影印钞本。

乾隆《乍浦志续纂》　二卷

宋景关续纂，清乾隆五十六年（1791）成书。

宋景关生平已见"乾隆《乍浦志》"条考录。

主要流布版本有清乾隆五十七年（1792）初刻本、清道光十九年（1839）校补重印本、上海书店出版社1992年版《中国地方志集成·乡镇志专辑》第二十册影印清乾隆五十七年（1792）增刻本、浙江省平湖市史志办公室2009年版《乍浦旧志三种》郭杰光整理本。

乾隆《花溪志补遗》　一卷

许良谟纂，清乾隆六十年（1795）成书。

---

① 参见（清）严辰纂光绪《桐乡县志》卷十九《艺文志·史部》"《濮镇记闻》六卷"条下注，《中国地方志集成·浙江府县志辑》第二十三册影印清光绪十三年（1887）刻本，上海书店出版社，1993；（清）杨树本纂嘉庆《濮院琐志》卷二《选举》，《中国地方志集成·乡镇志专辑》第二十一册影印浙江省图书馆藏传钞本，上海书店出版社，1992。

② （清）严辰纂光绪《桐乡县志》卷十九《艺文志·子部》，《中国地方志集成·浙江府县志辑》第二十三册影印清光绪十三年（1887）刻本，上海书店出版社，1993。

许良谟，生卒年不详。初名文敷，字雯品，号梦橡，又号许田外史，诸生。"学问渊博，于乡邦文献尤所留意。"① 著有《四书谈艺》一卷、乾隆《花溪志》十八卷（稿本毁于火，已佚）、《汲修斋丛书》等。②

主要流布版本有浙江图书馆藏清乾隆六十年（1795）稿本、浙江图书馆藏清光绪三十四年（1908）张氏小清仪阁钞本、浙江省嘉兴市图书馆藏钞本、上海书店出版社1992年版《中国地方志集成·乡镇志专辑》第二十册影印小清仪阁钞本。

乾隆《五大夫里志》　　不分卷

潘思汉纂，清乾隆年间成书。

潘思汉，里人，生卒年不详。

有国家文物局文物保护科学技术研究所资料组藏钞本、浙江省上虞市图书馆藏扫描本。

嘉庆《宝前两溪志略》　　十二卷

吴玉树纂，清嘉庆十二年（1807）成书。

吴玉树，生卒年不详，字临夫，又号蕉散人，太学生。所纂嘉庆《宝前两溪志略》，"纂言纪事，约而能该，详而不滥，地志之善者"。③ 著有《叱灵集》、《三李斋效颦草》、《圣经翼》二卷、《前邱志》一卷、《辑谱稿余》二卷等书。④

---

① （清）李圭原修、许传沛原纂，刘蔚仁续修、朱锡恩续纂民国《海宁州志稿》卷二十九《人物·文苑》，《中国地方志集成·浙江府县志辑》第二十二册影印1922年版续修铅印本，上海书店出版社，1993。

② （清）李圭原修、许传沛原纂，刘蔚仁续修、朱锡恩续纂民国《海宁州志稿》卷十四《艺文志·典籍十四》，《中国地方志集成·浙江府县志辑》第二十二册影印1922年版续修铅印本，上海书店出版社，1993。

③ 刘承幹撰《宝前两溪志略跋》，（清）吴玉树纂嘉庆《宝前两溪志略》卷末，《丛书集成续编》第四十九册影印《吴兴丛书》本，上海书店出版社，1994。

④ （清）吴玉树纂嘉庆《宝前两溪志略》卷十二《著述》，《丛书集成续编》第四十九册影印《吴兴丛书》本，上海书店出版社，1994。

主要流布版本有清嘉庆十二年（1807）初刻本、1922 年《吴兴丛书》刻本、上海书店出版社 1994 年版《丛书集成续编》第四十九册影印《吴兴丛书》本。

嘉庆《濮院琐志》　八卷

杨树本纂，清嘉庆十三年（1808）成书。

杨树本生平已见"乾隆《濮川风土记》"条考录。

有浙江省图书馆藏钞本、上海书店出版社 1992 年版《中国地方志集成·乡镇志专辑》第二十一册影印钞本。

嘉庆《硖川续志》　二十卷

王德浩纂、曹宗载重订，清嘉庆十七年（1812）成书。

王德浩，生卒年不详，字尔贻，号松岑，廪生。著有《艳雪亭杂纂》《松岑遗稿》。①"诵述清芬，早负文誉……以硖川旧志虽有数本，皆略而未详，乃荟萃诸家，益以时事"，编纂为嘉庆《硖川续志》。②民国《海宁州志稿》卷二十九有传。

曹宗载（1753～1824），③字问渠，号桐石，道光元年（1821）贡生。性至孝。"里居教授，敦行为先，后生浮薄非礼之言，不敢以

---

① 参见（清）王德浩纂、曹宗载重订嘉庆《硖川续志》卷十四《著书目》，《中国地方志集成·乡镇志专辑》第二十册影清嘉庆十七年（1812）刻本，上海书店出版社，1992；（清）李圭原修、许传沛原纂，刘蔚仁续修、朱锡恩续纂民国《海宁州志稿》卷十四《艺文志·典籍十四》，《中国地方志集成·浙江府县志辑》第二十二册影印 1922 年版续修铅印本，上海书店出版社，1993。

② （清）李圭原修、许传沛原纂，刘蔚仁续修、朱锡恩续纂民国《海宁州志稿》卷二十九《人物·文苑》，《中国地方志集成·浙江府县志辑》第二十二册影印 1922 年版续修铅印本，上海书店出版社，1993。

③ 据民国《海宁州志稿》卷十五《艺文志·典籍十五》曹宗载本传，其卒年（清道光四年）七十二岁，则其生年当为 1753 年是。江庆柏编著《清代人物生卒年表》误作 1754 年（参见该书第 712 页，人民文学出版社，2005），而柯愈春著《清人诗文集总目提要》误作 1742 年（参见该书上册第 816 页，北京古籍出版社，2001），皆当改正。

闻……其自为诗则春容大雅，凡事关忠孝节义、有裨世道人心者，必长言感叹，使读者有所观感。"① "（道光元年），当事者以孝廉方正征，力辞不就。" 著有《黛云馆赘语》三卷、《东山楼诗集》八卷并续集八卷、《紫峡文献录》二卷等书，协助王德浩重订嘉庆《硖川续志》。②

主要流布版本有清嘉庆十七年（1812）初刻本、上海辞书出版社图书馆藏清光绪八年（1882）诚朴堂钞本、山东大学图书馆藏旧残钞本、台湾成文出版社1983年版《中国方志丛书·华中地方》第五九三号清嘉庆十七年（1812）刊本、上海书店出版社1992年版《中国地方志集成·乡镇志专辑》第二十册影印清嘉庆十七年（1812）刻本。

嘉庆《新市镇续志》 八卷

沈赤然纂，清嘉庆十七年（1812）成书。

沈赤然，字韫山，号梅村，乾隆戊子（1768）举人。"历任南宫、丰润、大城等县（令），著有《五砚斋诗古文集》三十二卷、《读书随笔》二十二卷、《公羊穀梁异同合评》四卷、《两汉语偶》一卷、《寒夜丛谈》三卷（等书）。"③

主要流布版本有清嘉庆十七年（1812）初刻本、湖州市德清县史志办藏影印清嘉庆十七年（1812）刻本、上海书店出版社1992年版《中国地方志集成·乡镇志专辑》第二十四册影印清嘉庆十七年（1812）刻本。

---

① （清）李圭原修、许传沛原纂，刘蔚仁续修、朱锡恩续纂民国《海宁州志稿》卷二十九《人物·文苑》，《中国地方志集成·浙江府县志辑》第二十二册影印1922年版续修铅印本，上海书店出版社，1993。

② （清）李圭原修、许传沛原纂，刘蔚仁续修、朱锡恩续纂民国《海宁州志稿》卷十五《艺文志·典籍十五》，《中国地方志集成·浙江府县志辑》第二十二册影印1922年版续修铅印本，上海书店出版社，1993。

③ （清）沈赤然纂嘉庆《新市镇续志》卷一《科贡》、同书卷二《知县》，《中国地方志集成·乡镇志专辑》第二十四册影印上海图书馆藏清嘉庆十七年（1812）钞本，上海书店出版社，1992。

嘉庆《濮川所闻记》　六卷

金淮纂，濮镶、岳洙传、濮承钧续纂，清嘉庆十八年（1813）成书。

金淮，生卒年不详，字晓澜、渔艇，桐乡县廪监生，濮院人。"精医"，"熟悉掌故"。①

濮镶，生卒年不详，字雍宣，号秋槎，濮院人。乾隆戊申（1788）副榜（贡生），云和县教谕，著有《经学述》。②"精舆地掌故之学，家居授徒二十余年，以经术文章提倡后进。"③"濮川风土，前人撰志者略有数家，镶虑久而散佚，就平日所参闻之旧志"，与金淮、濮承钧、岳洙传共辑嘉庆《濮川所闻记》六卷（续编二卷）。④嘉庆《濮川所闻记》卷三、光绪《嘉兴府志》卷六十一、民国《濮院志》卷十九有传。

岳洙传，生卒年不详，字古香、鲁源，濮院人。道光壬午（1822）岁贡，新城县训导。撰有《石刻考》四卷并《汉碑读字》《金石学录》《濮录》三种，辑《濮川诗续钞》二十二卷。⑤

---

①　参见（清）严辰纂光绪《桐乡县志》卷十九《艺文志·史部》"《濮川所闻记》六卷续编二卷"条下注，《中国地方志集成·浙江府县志辑》第二十三册影印清光绪十三年（1887）刻本，上海书店出版社，1993；夏辛铭纂民国《濮院志》卷十九《人物二》金铉传附，《中国地方志集成·乡镇志专辑》第二十一册影印1927年版刻本，上海书店出版社，1992。

②　参见（清）严辰纂光绪《桐乡县志》卷十九《艺文志·经部》，《中国地方志集成·浙江府县志辑》第二十三册影印清光绪十三年（1887）刻本，上海书店出版社，1993；（清）杨树本纂嘉庆《濮院琐志》卷二《选举》，《中国地方志集成·乡镇志专辑》第二十一册影印浙江省图书馆藏传钞本，上海书店出版社，1992。

③　夏辛铭纂民国《濮院志》卷十九《人物二》，《中国地方志集成·乡镇志专辑》第二十一册影印1927年版刻本，上海书店出版社，1992。

④　（清）严辰纂光绪《桐乡县志》卷十九《艺文志·史部》"《濮川所闻记》六卷续编二卷"条下注，《中国地方志集成·浙江府县志辑》第二十三册影印清光绪十三年（1887）刻本，上海书店出版社，1993。

⑤　参见夏辛铭纂民国《濮院志》卷二十四《艺文·书目》，《中国地方志集成·乡镇志专辑》第二十一册影印1927年版刻本，上海书店出版社，1992。

濮承钧，生卒年不详，字政衡，号湘船，国学生。"能诗工文，广交好客。"①

主要流布版本有清嘉庆二十五年（1820）初刻本、华东师范大学图书馆藏清钞本、上海书店出版社1992年版《中国地方志集成·乡镇志专辑》第二十一册影印清嘉庆二十五年（1820）刻本。

嘉庆《孝感里志》 十二卷

张廉纂，清嘉庆二十四年（1819）成书。

张廉，生卒年不详，字通源，道光甲申（1824）岁贡生。"刻志经史，著有《士习论》……晚岁究心姚江之学，著有《道学论》……性孝友。以父病，翻阅医书，著《麻疹阐注》。又著有（嘉庆）《孝感里志》（十二卷）。以同邑章陶《季汉书》有遗义，著有《季汉书辨疑》。"②又有《春秋论》《列代史论》等书。

主要流布版本有清嘉庆二十四年（1819）初刊活字本、上海书店出版社1992年版《中国地方志集成·乡镇志专辑》第十八册影印清嘉庆二十四年（1819）活字本。

嘉庆《梅里志》 十六卷

杨谦原纂，李富孙补辑，清嘉庆二十五年（1820）成书。

杨谦，字子让，号未孩，嘉兴廪生。乾隆三十年（1765）南巡召试。③"恂恂儒行，好读陆清献、张杨园之书。工诗文，擅隶书。

---

① 夏辛铭纂民国《濮院志》卷十九《人物二》，《中国地方志集成·乡镇志专辑》第二十一册影印1927年版刻本，上海书店出版社，1992。

② （清）陈通声修、蒋鸿藻纂光绪《诸暨县志》卷三十本传，《中国地方志集成·浙江府县志辑》第四十一册影印清宣统二年（1910）刻本，上海书店出版社，1993。

③ （清）杨谦原纂、李富孙补辑、余懋续补光绪《梅里志》卷八《荐辟》，《中国地方志集成·乡镇志专辑》第十九册影印清光绪三年（1877）仁济堂刻本，上海书店出版社，1992。

又于朱检讨为同里后辈，知其事最悉，为撰年谱。注《曝书亭诗》行世。"①"读书不屑章句，慕程巽隐、张杨园之文章理学（即明人程本立、张履祥）"，博览群书。②宣统《梅里备志》卷四有传。

李富孙（1764~1844），③清代著名学者。字既汸，号芗沚，又号校经叟。嘉庆六年（1802）拔贡生。④"精研经学，以汉唐为宗。尝为《学规论》以课穷经、课经济，著有《愿学斋文钞》。富孙学有原本，与伯兄超孙、从弟遇孙有'后三李'之目。长游四方，就正于卢文弨、钱大昕、王昶、孙星衍，饫闻绪论。阮元抚浙，肄业诂经精舍，遂湛深经术。尤好读《易》，著《易解賸义》（三卷）……又著《七经异文释》，就经、史、传、注、诸子百氏所引，以及汉、唐、宋石经，宋、元椠本，校其异同……为《说文辨字正俗》八卷，同里钱泰吉谓其书大旨折衷段注，而亦有段所未及者，读《说文》之津梁

---

① （清）杨谦原纂、李富孙补辑、余慤续补光绪《梅里志》卷十《文苑》，《中国地方志集成·乡镇志专辑》第十九册影印清光绪三年（1877）仁济堂刻本，上海书店出版社，1992。

② 余霖纂宣统《梅里备志》卷四《文苑》，《中国地方志集成·乡镇志专辑》第十九册影印1922年版阅沧楼刻本，上海书店出版社，1992。

③ 关于清代学者李富孙的生年，江庆柏编著《清代人物生卒年表》著录作1784年。而〔美〕恒慕义主编《清代名人传略》中册本传作1764年，中国人民大学清史研究所《清代名人传略》编译组译，青海人民出版社，1992，第432页。此外王德毅编中国《历代名人年谱总目》、黄惠贤主编《二十五史人名大辞典》等皆以其生年为1764年。检李富孙自撰《校经叟自订年谱》，云："乾隆二十九年（1764）甲申八月初九日辰时生。"是则可知李富孙生年确为1764年，江著误。参见四川大学古籍整理研究所编《儒藏·史部·儒林年谱》第四十三册影印清道光二十四年（1844）刻本，四川大学出版社，2007。至于李富孙卒年的考定，按自撰年谱下限为道光二十三年十一月，则一般文献记载中以为李富孙卒于公历1843年的说法当属不确。据（清）张廷济撰《桂馨堂集·感逝诗》云："李兄芗沚同门，名富孙……道光二十三年癸卯除夕卒，年八十。"可知李富孙卒年当在公历1844年2月17日。《清代诗文集汇编》第四百九十册影印清道光二十八年（1848）刻本，上海古籍出版社，2010。

④ （清）杨谦原纂、李富孙补辑、余慤续补光绪《梅里志》卷八《明经》，《中国地方志集成·乡镇志专辑》第十九册影印清光绪三年（1877）仁济堂刻本，上海书店出版社，1992。

也。"① 尚著有《汉魏六朝墓铭纂例》四卷、《鹤徵录》八卷、《后录》十二卷、《曝书亭词注》七卷、《校经颐文稿》十八卷等书。光绪《梅里志》卷十、宣统《梅里备志》卷四、《清史稿》卷四百八十二有传。

有清嘉庆二十五年（1820）增补初刻本、清道光三年（1823）校经颐重刻嘉庆增补本。

嘉庆《濮川所闻记续编》　二卷

金淮纂，清嘉庆二十五年（1820）成书。

金淮生平已见"嘉庆《濮川所闻记》"条考录。

有清嘉庆二十五年（1820）初刻本流传。

道光《浒山志》　八卷

高杲、沈煜纂，清道光五年（1825）成书。

沈煜（？～约1830），② 字星辉，号鹿园，嘉庆庚申（1800）举人，任杭州府余杭县教谕。"慷慨有其气，遇不平事直言不隐。宗党告缓急，若取诸寄，出不计偿……余杭岁歉，与邑侯董君劝殷绅输谷，

---

① 赵尔巽等撰《清史稿》卷四百八十二《儒林三》本传，中华书局点校本第四十三册，第13259～13261页。

② （清）高杲、沈煜所纂道光《浒山志》初刻于道光十一年（1831）。据该志卷四高杲所说："今春开雕，竹坡、鹿园并归道山，因补次其崖略。"（参见《慈溪文献集成》（第一辑）王清毅等点校本，杭州出版社，2004，第44页。）按竹坡即里人胡梯青，道光《浒山志》卷首有清道光六年胡序，落款作"时年七十四岁"，又据卷四本传，知其享寿七十六岁（参见王清毅等点校本第43页），由此可知胡梯青卒于清道光八年（1828）。检道光《浒山志》卷首清道光十一年（1831）高杲序文："数年来胡丈竹坡、沈子鹿园先后归道山矣。"结合其在同书卷四中所说的情况，可以推知沈煜当卒于清道光九年（1829）至清道光十年（1830）之间，故暂定沈煜卒年为1830年。然而浙江省中日关系史学会中日地方志比较研究课题组所刊布的研究成果《慈溪历代修志人物录》，对于沈煜生卒年情况则考定为1768～1824年，参见其官方网站"方志人物"栏目。童银舫所撰《姚北宗谱考录》一文亦同此结论，参见沈迪云主编《地方文献论文集——萧山·地方文献国际学术研讨会》，三晋出版社，2010，第386页。笔者虽未审其确定沈氏生年有何依据，然而根据史料可以确定的是，沈煜卒年当在清道光八年（1828）以后，故而将其卒年定在1824年是错误的。

民得无饥。"① 与里人高杲共同编纂道光《浒山志》八卷。

主要流布版本有清道光十一年（1831）初刊活字本、余姚梅川胡惇裕堂 1925 年版重刷本、上海书店出版社 1992 年版《中国地方志集成·乡镇志专辑》第二十五册影印清道光十一年（1831）活字本、杭州出版社 2004 年版《慈溪文献集成》（第一辑）王清毅等点校本、国家图书馆出版社 2010 年版《复旦大学图书馆藏稀见方志丛刊》第十一、第十二册影印清道光十一年（1831）活字本。

道光《乍浦备志》　　三十六卷

邹璟纂，清道光六年（1826）成书。

邹璟，生卒年不详，字元培，号芷珊、南园老人，诸生，援例授职州同。② "性颖敏，善读书，作诗文搦管辄就。为人浑厚而精明，于世事无所不通晓。天人之感应，理数之乘除，昭昭若黑白分也。一切名教纲常之义、人情风俗之关，以及余庆余殃之验，与人言辄娓娓不倦。所著诗古文词并《南园杂识》若干卷，知言者率一望而可以略得其人之大凡。"③ 编纂《乍浦竹枝词》。

主要流布版本有中国科学院图书馆藏清道光八年（1828）初刻残本、清道光二十三年（1843）补刻本、浙江省平湖市图书馆藏钞本、上海书店出版社 1992 年版《中国地方志集成·乡镇志专辑》第二十册影印清道光二十三年（1843）补刻本、浙江省平湖市史志办公室

①　（清）高杲、沈煜纂道光《浒山志》卷四《仕宦》，《慈溪文献集成》（第一辑）王清毅等点校本，杭州出版社，2004，第 43~44 页。

②　（清）彭润章等修、叶廉锷等纂光绪《平湖县志》卷十七《人物》，《中国地方志集成·浙江府县志辑》第二十册影印清光绪十二年（1886）刻本，上海书店出版社，1993。

③　参见（清）邹璟纂道光《乍浦备志》卷首陈璞《序》，浙江省平湖市史志办公室 2009 年版郭杰光整理本；（清）彭润章等修、叶廉锷等纂光绪《平湖县志》卷十七《人物》本传，《中国地方志集成·浙江府县志辑》第二十册影印清光绪十二年（1886）刻本，上海书店出版社，1993。

2009 年版《乍浦旧志三种》郭杰光整理本。

道光《渔闲小志》 不分卷

吴展成纂，清道光十一年（1831）成书。

吴展成（1745~1831 以后），[1] 清代嘉庆、道光间人。字庆成，号螟巢、二瓢，暮年自号磨兜老人。"七岁能吟，十岁作《荆川纪事诗》有云：封土百年开战伐，将军六月鼓貔貅。老宿见而异之。十六补博士弟子员，旋食饩，有声庠序间。顾性澹泊，不亟亟于功名，中年即弃举子业，惟以笔墨自娱。终岁授徒，不出里社，肆力于诗古文辞……生平著作甚富，手录精楷，晚年自定其稿为《春在草堂全集》（二十卷）。"[2] 尚著有《兰言萃腋》十四卷、《螟巢杂志》三卷、《读书得间录》八卷、《啖蔗词》八卷、《海天缘》四卷等书。[3] 光绪《嘉兴县志》卷二十五有传。

主要流布版本有北京师范大学图书馆藏清道光十一年（1831）稿本、浙江省嘉兴市俞国林等 2000 年钞本、嘉兴南湖区余新镇人民政府等 2008 年版《渔闲小志》吴上德、杨耀祖等校点注释本、学苑出版社 2009 年版《北京师范大学图书馆藏稀见方志丛刊续编》第四册影印清道光稿本。

---

① 关于清人吴展成的生年，笔者采用了谭新红著《清词话考述》的考订结论，参见该书第 284 页，武汉大学出版社，2009。又见吴宏一主编《清代诗话知见录》，台湾"中央研究院"中国文哲研究所，2002，第 762 页。马兴荣、吴熊和等主编《中国词学大辞典》著录吴展成卒年或约为 1800 年，参见该书第 224 页，浙江教育出版社，1996。而道光《渔闲小志》于清道光十一年（1831）定稿之时，吴氏尚在人世，由此可知所谓 1800 年之说不确，其卒年或在清道光中期左右。

② （清）吴展成纂道光《渔闲小志·人物》，吴上德、杨耀祖等点校本，浙江省嘉兴市南湖区余新镇人民政府，2008，第 42~43 页。

③ （清）吴展成纂道光《渔闲小志·著述》，吴上德、杨耀祖等点校本，浙江省嘉兴市南湖区余新镇人民政府，2008，第 59~60 页。

道光《菱湖志》　不分卷

沈云飞纂，清道光十五年（1835）成书。

沈云飞，生卒年不详，嘉庆十七年（1812）岁贡生。[①] 著有《古秀溪所闻》《秀溪表徵录》等书。[②]

有南京图书馆藏清道光十五年（1835）钞稿本、浙江省湖州图书馆藏影印清道光十五年（1835）钞稿本。

道光《乍浦续志》　六卷

许河纂修，清道光十六年（1836）成书。

许河，生卒年不详，字右清，号德水，嘉庆戊午（1798）附贡生。[③]"性和易，敦孝友。笃好汉儒之学，自许郑以下靡不探讨，手自钞录者不下三四十种。"[④] 著有《袁文后案》。

主要流布版本有清道光二十三年（1843）初刻本、上海图书馆藏钞本、上海书店出版社1992年版《中国地方志集成·乡镇志专辑》第二十册影印清道光二十三年（1843）刻本、浙江省平湖市史志办公室2009年版《乍浦旧志三种》郭杰光整理本、国家图书馆出版社2011年版《上海图书馆藏稀见方志丛刊》影印清道光二十三年（1843）刻本。

道光《南浔镇志》　十卷

范来庚纂，清道光二十年（1840）成书。

---

① （清）孙志熊纂光绪《菱湖镇志》卷二十一《贡生》，《中国地方志集成·乡镇志专辑》第二十四册影印清光绪十九年（1893）临安孙氏刻本，上海书店出版社，1992。

② （清）孙志熊纂光绪《菱湖镇志》卷四十一《艺文》，《中国地方志集成·乡镇志专辑》第二十四册影印清光绪十九年（1893）临安孙氏刻本，上海书店出版社，1992。

③ （清）许河纂修道光《乍浦续志》卷五《科目》，浙江省平湖市史志办公室2009年版郭杰光整理本，第26页。

④ （清）彭润章等修、叶廉锷等纂光绪《平湖县志》卷十七《人物》，《中国地方志集成·浙江府县志辑》第二十册影印清光绪十二年（1886）刻本，上海书店出版社，1993。

范来庚，生卒年不详，字小庭，号耿臣。系范锴之侄，秀水县学生。著有《南浔文征》《绿云山房诗编》《绿云山房文编》等书。①

主要流布版本有清道光二十一年（1841）初刻本、上海图书馆藏清光绪三十一年（1905）钞本、1936 年版《南林丛刊》铅印本、上海书店出版社 1992 年版《中国地方志集成·乡镇志专辑》第二十二册（上）影印《南林丛刊》铅印本。

道光《安昌志》　不分卷

高骧云辑、韩启鸿补辑，清道光二十年（1840）成书。

高骧云（1796～1861），②名钰山，字逸凡，清咸丰举人，历任河北密云、蓟州、良乡、房山等七州县长官，吏治清廉，政绩卓著。③

有 1938 年《绍兴县志资料》第一辑铅印本。

道光《练溪文献》　十四卷

朱闻纂，清道光二十八年（1848）成书。

有浙江省湖州市博物馆藏清同治间岱云书室钞本、浙江省湖州市地方志办公室藏影印清同治间岱云书室钞本。

道光《溦水新志》　十二卷

方溶纂修、万亚兰补遗，清道光三十年（1850）成书。

---

① 参见（清）汪曰桢纂咸丰《南浔镇志》卷十三《人物二》范锴本传附、同书卷三十《著述二》，《中国地方志集成·乡镇志专辑》第二十二册（下）影印清同治二年（1863）刻本，上海书店出版社，1992。

② 据（清）宗稷辰撰《高逸凡寄葬房山墓记》："咸丰十一年（1861）八月十三日，逸凡以微疾卒于都下梓潼庙，年仅六十有六。"可推知高骧云生年为 1796 年。收入氏著《躬耻斋文钞》，越岘山馆印本。

③ 关于高骧云的具体生平事迹，可参见赵润东撰《一代清官高骧云》，载中国人民政治协商会议北京市房山区委员会文史工作委员会编《房山文史资料》（第十六辑），2003，第 158～165 页；倪守箴撰《编〈安昌志〉的廉吏高骧云》，《柯桥日报》2010 年 6 月 6 日。

方溶（1764～1853），^①嘉庆庚辰（1820）岁恩贡生，选於潜县训导。^②"少精举业，屡试不售，遂潜心经学，熟悉舆图。所著《禹贡分笺》一书，考据精确，疏解简明，当世推为善本。又著有（道光）《澉水新志》十二卷，积四十年心力裒辑成书，颇为详备。"^③光绪《海盐县志》卷十七有传。

万亚兰，生卒年不详，系方溶学友万诚之（万钱青）先生之孙。"不忘世好，屡蒙过访，与余（指方溶）谈经论史，考据详明。"^④方溶将所成（道光）《澉水新志》稿本托付万亚兰辑补遗事，因以成书。

主要流布版本有清道光三十年（1850）初刻本、浙江图书馆藏钞本、《澉水志汇编》1936年版铅印本、上海书店出版社1992年版《中国地方志集成·乡镇志专辑》第二十册影印《澉水志汇编》本、西泠印社2012年版《澉水志四种》影印本。

咸丰《南浔镇志》　四十卷

汪曰桢纂，清咸丰八年（1858）成书。

---

① 据（清）方溶撰《澉水新志序》落款，可知清道光三十年（1850）时方氏已八十七岁，则其生年当为1764年。关于其卒年，据袁增培撰《〈澉水新志〉的作者——方溶》一文的说法，以为方氏享年九十岁，据此则其卒年当在1853年。参见政协海盐县文史资料工作委员会编《海盐文史资料》第二十二辑，1992，第22页。该文作者以方溶"约生于乾隆中叶"，未能考得具体生年，当是查检未细之故。

② （清）方溶纂修、万亚兰补遗道光《澉水新志》卷八《选举》，《中国地方志集成·乡镇志专辑》第二十册影印1936年版《澉水志汇编》铅印本，上海书店出版社，1992。按：（清）王彬修、徐用仪纂光绪《海盐县志》卷三《选举表》著录为戊寅年，恐误。参见《中国地方志集成·浙江府县志辑》第二十一册影印清光绪三年（1877）蔚文书院刻本，上海书店出版社，1993。

③ （清）王彬修、徐用仪纂光绪《海盐县志》卷十七《人物传·文苑》，《中国地方志集成·浙江府县志辑》第二十一册影印清光绪三年（1877）蔚文书院刻本，上海书店出版社，1993。参见程熙元纂《澉志补录·人物》，《中国地方志集成·乡镇志专辑》第二十册影印1936年版《澉水志汇编》铅印本，上海书店出版社，1992。

④ （清）方溶纂修、万亚兰补遗道光《澉水新志》卷首方溶撰《澉水新志序》，《中国地方志集成·乡镇志专辑》第二十册影印1936年版《澉水志汇编》铅印本，上海书店出版社，1992。

汪曰桢（1812~1881），① 字仲维、刚木，号谢城、薪甫，清咸丰二年（1852）举人。② 著有《二十四史月日考》《南浔碑刻志》四卷等书。

主要流布版本有清咸丰九年（1859）初刻本、清同治二年（1863）乌程汪氏《荔墙丛刻》本、南京图书馆藏民国刻本、上海书店出版社 1992 年版《中国地方志集成·乡镇志专辑》第二十二册（下）影印清同治二年（1863）刻本。

同治《竹里述略》　十二卷

徐士燕辑纂，清同治三年（1864）成书。

徐士燕（1819~?），③ 字毅孙，廪生。编纂《从古堂款识学》一卷、《性禾善米轩印谱》、道光《竹里述略稿》一卷（已佚）等书。

主要流布版本有浙江图书馆藏清同治三年（1864）稿本、南京大学图书馆藏钞本、上海书店出版社 1992 年版《中国地方志集成·乡镇志专辑》第十九册影印南京大学图书馆藏钞本。

同治《修川小志》　二卷

邹存淦纂，清同治三年（1864）成书。

---

① 据汪曰桢清咸丰二年履历，云："嘉庆壬申年四月十三日申时生。"则可知其生年为 1812 年。参见顾廷龙主编《清代朱卷集成》第二百四十五册所载清咸丰二年汪曰桢履历，台湾成文出版社，1992，第 413 页。按：王克文、余方德主编《湖州人物志》著录汪曰桢生于 1813 年，咸丰四年（1854）举人，两说皆误。参见该书第 204 页，上海社会科学院出版社，1990。

② （清）汪曰桢纂咸丰《南浔镇志》卷十七《选举·举人》，《中国地方志集成·乡镇志专辑》第二十二册（下）影印清同治二年（1863）刻本，上海书店出版社，1992。

③ 关于徐士燕的生年，据徐氏为其父徐同柏所编《岁贡士寿臧府君年谱》所载："［嘉庆］二十四年（1819）己卯，四十五岁。六月十七日，子士燕生，字毅孙。"是则可知其生年为 1819 年。参见北京图书馆编《北京图书馆藏珍本年谱丛刊》第一百三十五册影印《嘉业堂丛书》本，北京图书馆出版社，1999。

邹存淦（1829~1903?）[1]，医学家、藏书家。字俪笙，号师竹庐主人。系光绪进士邹寿祺之父、锺兆彬友人。"国学生，候选布政司理问，府同知衔，加诰封朝议大夫。"[2] 因太平天国战乱，"避地越郡，在颠沛流离，而垂念桑梓"，编纂同治《修川小志》二卷。[3] 著有《五代史记钞》、《田家占候集览》十卷、《外治寿世方初编》四卷并《二编》、《三编》，《己丑曝书记》稿本四卷等书。[4]

主要流布版本有上海图书馆藏清同治三年（1864）稿本、台湾省藏清同治三年（1864）邹氏手定底稿本、清同治十三年（1874）重订本、中国国家图书馆藏清光绪五年（1879）邹氏师竹友兰室钞本、浙江图书馆藏清光绪三十二年（1906）海宁张氏小清仪阁钞本、上海图书馆藏小清仪阁黑格钞本、浙江图书馆藏民国钞本、上海书店出版社1992年版《中国地方志集成·乡镇志专辑》第二十册影印上海图书馆藏小清仪阁传钞本。

同治《新塍琐志》　十四卷

郑凤锵纂，清同治五年（1866）成书。

①　按：李玉安、黄正雨编著《中国藏书家通典》著录邹存淦生年为1849年，而《修川小志》成书于同治三年（1864），则当时邹氏年仅十六岁，窥诸（清）邹存淦撰同治《修川小志·自序》文意及用词、语气，此说恐不确。参见该书第708页，中国国际文化出版社，2005。又《海宁三大文化丛书·邑人辞典》著录邹存淦生卒年情况为"1819~约1903年左右"，未审何据，参见该书第55页，上海辞书出版社，2002。检国家图书馆藏（清）邹存淦撰《师竹庐主人记年编》稿本，可知其生年当为清道光九年（1829）。又据国家图书馆藏（清）毛奇龄撰《兼本杂录》清康熙间刻本后所附清光绪戊戌年（1898）邹存淦题跋，云其年七十，推知其生年亦为1829年，此可为佐证。由此可知上举两说皆误。然而《记年编》下限至清光绪二十九年（1903），故不知邹存淦确切卒年。
②　顾廷龙主编《清代朱卷集成》第二百八十二册光绪辛卯科邹寿祺履历附邹存淦小传，台湾成文出版社，1992，第242页。
③　（清）锺兆彬纂辑光绪《修川志余·序》，《中国地方志集成·乡镇志专辑》第二十册影印南京大学图书馆藏钞本，上海书店出版社，1992。
④　（清）李圭原修、许传沛原纂，刘蔚仁续修、朱锡恩续纂民国《海宁州志稿》卷十六《艺文志·典籍十八》，《中国地方志集成·浙江府县志辑》第二十二册影印1922年版续修铅印本，上海书店出版社，1993。

郑凤锵（1802~1863），字拙言，又字鸣玉，道光十四年（1834）举人，道光二十四年（1844）任浙江开化县训导。① "志功名，喜经济"，"言论慨慷，声情激越，思得所藉手，一展其经纶学问为快。乃一膺乡荐，春官屡试辄斥。以大挑得教职，选开化县教谕。俸满考验，上宪争相引重，以知县保荐送部引见。又值时势艰难，复自隐退，不就征，以是终于开化学任。暮年适丁浩劫，奔走流离，家具尽弃，百无一存，继以身殉难。"② "秉性刚毅，与人交不轻许可。课徒亦严而有法，远近争来执贽。经其指授者，辄掇科第以去……训士先器识而后文艺，崖岸自立，亲炙者皆肃然。"③ 光绪《嘉兴府志》卷六十一、民国《乌青镇志》卷二十八有传。

有复旦大学图书馆藏清同治五年（1866）稿本、上海书店出版社1992年版《中国地方志集成·乡镇志专辑》第十八册影印稿本。

同治《晟舍镇志》 八卷

闵宝樑纂，清同治八年（1869）成书。

闵宝樑，生卒年不详，字六榆，号小圃，归安附贡生。"援例指分河南县丞，保升知县，赏戴蓝翎。改发江苏同知，署常州府总捕、水利通判。"④

主要流布版本有浙江大学图书馆藏清同治八年（1869）稿本、浙

---

① 参见（清）严辰纂光绪《桐乡县志》卷十一《选举表》、卷十五《人物下·文苑》本传，《中国地方志集成·浙江府县志辑》第二十三册影印清光绪十三年（1887）刻本，上海书店出版社，1993；（清）郑凤锵纂同治《新塍琐志》卷六《科第》，《中国地方志集成·乡镇志专辑》第十八册影印嘉兴市图书馆藏清光绪间稿本，上海书店出版社，1992。
② （清）郑凤锵纂同治《新塍琐志》卷首同治五年孔宪采《序》，《中国地方志集成·乡镇志专辑》第十八册影印嘉兴市图书馆藏清光绪间稿本，上海书店出版社，1992。
③ （清）严辰纂光绪《桐乡县志》卷十五《人物下·文苑》，《中国地方志集成·浙江府县志辑》第二十三册影印清光绪十三年（1887）刻本，上海书店出版社，1993。
④ （清）闵宝樑纂同治《晟舍镇志》卷三《历仕》，《中国地方志集成·乡镇志专辑》第二十四册影印浙江省图书馆藏钞本，上海书店出版社，1992。

江省图书馆藏钞本、上海书店出版社1992年版《中国地方志集成·乡镇志专辑》第二十四册影印浙江省图书馆藏钞本。

同治《双林记增纂》 十二卷

蔡蓉升原纂、佚名增删，清同治九年（1870）成书。

蔡蓉升，生卒年不详，字斐成，号雪樵，廪贡生。任训导，历署武义、桐庐等县学教谕。[①] "家贫，让产于兄，甘处陋室。敦品力学，以授徒为生。秋闱十三试，七荐不售。主讲席五十年，其门下多显者……与门下士创蓉湖书院……生平尝自道无一事不可对人，无一言不可告人，而乡人亦无闲言。"[②] 著有《庚癸杂志》二卷、《梅花山馆诗文集》十四卷等书。民国《双林镇志新补》有传。

有中国人民大学图书馆藏钞本、国家图书馆出版社2011年版《中国人民大学图书馆藏稀见方志丛刊》第十八、第十九册影印钞本。

同治《濮录》 不分卷

岳昭垲纂，清同治十二年（1873）成书。

岳昭垲，生卒年不详，字容春，号蓉村。同治元年（1862）嘉兴岁贡生，国子监算学生。[③] "博学多闻，著述宏富。征文考献，每以表彰先德为志道。道光间，金坛于相公修府志（即于尚龄等纂修道光《嘉兴府志》），随其从祖香雨、从伯古香两先生司采访，分校《人物志》……又以乡里文献日就散佚，（嘉庆）《濮川所闻记》版本亦毁于

---

① 蔡蒙绩纂民国《双林镇志》卷二十七《仕宦》，《中国地方志集成·乡镇志专辑》第二十二册（下）影印上海商务印书馆1917年版铅印本，上海书店出版社，1992。

② 蔡蒙绩纂民国《双林镇志》卷二十《人物》，《中国地方志集成·乡镇志专辑》第二十二册（下）影印上海商务印书馆1917年版铅印本，上海书店出版社，1992。

③ 夏辛铭纂民国《濮院志》卷十七《选举》，《中国地方志集成·乡镇志专辑》第二十一册影印1927年版刻本，上海书店出版社，1992。

兵燹，毅然以增订自任，成（同治）《濮录》。"① 著有《织云楼诗钞》《织云楼别集》《金陀述志录》等书。②

有南京图书馆藏清同治十二年（1873）稿本、上海书店出版社1992年版《中国地方志集成·乡镇志专辑》第二十一册影印稿本。

同治《菱湖志》　三卷

姚彦渠纂，清同治末年成书。

姚彦渠，生卒年不详，清代学者、史学家。字溉若，号巽园，诸生。"潜心力学，不得志于有司，退而著书，于经学罔弗贯串。尝病《禹贡》一书，前人论者数十家，无以诠明经旨，因穷流溯源，作《禹贡正诠》（四卷）。如驳徐氏《会笺》（即徐文靖撰《禹贡会笺》）漳不入河之非，《正义》（按：此即曹尔成撰《禹贡正义》）从漯入济、自济入河之误，皆独具卓见，非随声附和比也。其弟丙吉为付梓于松江，俞樾为之序。"③ 尚著有《春秋三传汇要》四卷（即《春秋会要》）等书。④

主要流布版本有北京师范大学图书馆藏清同治末年稿本、上海书店出版社1992年版《中国地方志集成·乡镇志专辑》第二十四册影印稿本、学苑出版社2009年版《北京师范大学图书馆藏稀见方志丛刊续编》第四册影印稿本。

---

① 夏辛铭纂民国《濮院志》卷十九《人物二》，《中国地方志集成·乡镇志专辑》第二十一册影印1927年版刻本，上海书店出版社，1992。
② 夏辛铭纂民国《濮院志》卷二十四《艺文·书目》，《中国地方志集成·乡镇志专辑》第二十一册影印1927年版刻本，上海书店出版社，1992；又见《桐乡县志·旧志艺文志著作存目》，第1419页。
③ （清）孙志熊纂光绪《菱湖镇志》卷二十八《文苑》，《中国地方志集成·乡镇志专辑》第二十四册影印清光绪十九年（1893）临安孙氏刻本，上海书店出版社，1992。
④ （清）孙志熊纂光绪《菱湖镇志》卷四十一《艺文》，《中国地方志集成·乡镇志专辑》第二十四册影印清光绪十九年（1893）临安孙氏刻本，上海书店出版社，1992。

光绪《菱湖志略》　六卷

王宸褒纂，清光绪初年成书。

王宸褒，生卒年不详，清代菱湖镇乡绅，编纂光绪《菱湖志略》稿本。①

此志现存清光绪初年稿本。

光绪《三江所志》　不分卷

陈宗洛原纂、傅月樵补纂、何留学增订，清光绪元年（1875）成书。

陈宗洛（1753～1844 以后），② 即陈和，号息斋，诸生。秉性慈善，热心里中慈善公益事业。③ 编纂《三江所志》稿本，已佚。

傅月樵、何留学皆为里人。

有 1938 年《绍兴县志资料》第一辑铅印本、上海书店出版社 1992 年版《中国地方志集成·乡镇志专辑》第二十五册影印《绍兴县志资料》第一辑铅印本。

光绪《梅里志》　十八卷

杨谦原纂、李富孙补辑、余懋续补，清光绪二年（1876）成书。

杨谦、李富孙生平并见"嘉庆《梅里志》"条考录。

余懋（1836～1894），字啸松，系清同治翰林余弼之弟，擅长医术。于镇上募设仁济堂，多任义举。"里中文献多所留意，尝取杨谦

---

① 按：此志当成书于清光绪初年，沈慧编著《湖州方志提要》卷十著录此志未详，据以补之。参见该书第 117 页，中国文史出版社，2013。

② 据（清）梁恭辰撰《北东园笔录续编》卷六《陈宗洛传》云："前年［陈宗洛］九十寿诞，子孙富贵双全。"而是书撰于清道光二十四年（1844），就此推知，即 1842 年陈宗洛年九十，由此可知其生年为 1753 年，卒年或为道光末年（咸丰初年）。

③ 参见（清）梁恭辰撰《北东园笔录续编》卷六《陈宗洛传》，《笔记小说大观一编》第八册，台湾新兴书局有限公司影印本，1978。

（乾隆）《梅里志》［稿本］续而辑之。……喜吟诗，余事工篆刻，旁究堪舆家言，各有著录，能抉其要。盖无日不以济人为心者。"① 著有《白岳盦杂缀》十二种、《白岳盦诗话》二卷、《负暄新语》一卷等书。②

有清光绪三年（1877）仁济堂初刻本、上海书店出版社 1992 年版《中国地方志集成·乡镇志专辑》第十九册影印清光绪三年（1877）刻本。

光绪《定乡小识》 十六卷

张道纂，清光绪八年（1882）成书。

有清光绪八年（1882）武林丁氏初刻本、清光绪九年（1883）《武林掌故丛编·第八集》刻本。

光绪《临平记补遗》 四卷

张大昌纂，清光绪十年（1884）成书。

张大昌，字小云，举人出身，清光绪间曾助丁丙补钞文澜阁《四库全书》。

有清光绪十一年（1885）《武林掌故丛编·第十集》刻本、《余杭史志网》刊登点校本。

光绪《修川志余》 二卷

锺兆彬纂辑，清光绪十四年（1888）成书。

锺兆彬，生卒年不详，字啸荪，系同治《修川小志》编纂者邹存淦之友人。因邹存淦所编纂同治《修川小志》，成书于战乱流离之际，

① 余霖纂宣统《梅里备志》卷四《文苑》，《中国地方志集成·乡镇志专辑》第十九册影印 1922 年版阅沧楼刻本，上海书店出版社，1992。
② 余霖纂宣统《梅里备志》卷六《著述》，《中国地方志集成·乡镇志专辑》第十九册影印 1922 年版阅沧楼刻本，上海书店出版社，1992。

舛误遗漏在所难免，因加以补正，成光绪《修川志余》二卷。

主要流布版本有中国科学院南京地理与湖泊研究所图书馆藏清光绪三十二年（1906）张氏小清仪阁钞稿本、浙江图书馆藏钞本、南京大学图书馆藏钞本、上海书店出版社1992年版《中国地方志集成·乡镇志专辑》第二十册影印南京大学图书馆藏钞本。

光绪《唐栖志》 二十卷

王同纂，清光绪十五年（1889）成书。

王同（1839～1903），字肖兰、同伯，号吕庐，清光绪三年（1877）进士，官刑部主事。[①] "历主梅青、龟山、塘栖、慈湖诸书院。光绪十九年，任紫阳［书院］山长，至二十八年书院停办，凡历十年。辑有（光绪）《唐栖志》［十二卷］、《武林志异》、《武林岁时记》、《杭州三书院记略》等书。"[②] 光绪八年至光绪十四年（1882～1888），曾协助丁丙补钞《文澜阁四库全书》，出力较多。文澜阁重建后，任董事。[③]

主要流布版本有清光绪十五年（1889）稿本、清光绪十六年（1890）初刻本、台湾文海出版社1974年版《清代稿本百种汇刊》第三十八种影印清光绪十五年（1889）稿本、上海书店出版社1992年版《中国地方志集成·乡镇志专辑》第十八册影印清光绪十六年（1890）刻本、浙江摄影出版社2006年版《文化塘栖丛书》标点本、《余杭历史文化研究丛书·历史文献》第六册影印本、国家图书馆出

---

① 屈映光续修、陆懋勋续纂，齐耀珊重修、吴庆坻重纂民国《杭州府志》卷一百十一《选举五·进士》，《中国地方志集成·浙江府县志辑》第二册影印1912年版铅印本，上海书店出版社，1993。

② 孙延钊撰《浙江紫阳书院掌故征存录》三《人物考略·山长》，王国平主编《西湖文献集成》第二十册《书院·文澜阁·西泠印社专辑》，杭州出版社，2004，第749页。

③ 参见顾志兴著《杭州藏书史》，中国社会科学出版社，2011，第135～136页。

版社 2011 年版《中国人民大学图书馆藏稀见方志丛刊》影印清光绪十六年（1890）刻本、浙江古籍出版社 2012 年版《余杭古籍再造丛书》（第二批）影印清光绪十六年（1890）刻本。

光绪《小溪志》 八卷

柴望纂，清光绪十七年（1891）成书。①

有清光绪十七年（1891）刊本、民国间钞本、宁波出版社 2009 年版影印民国钞本。

光绪《菱湖镇志》 四十四卷

孙志熊纂，清光绪十八年（1892）成书。

孙志熊（1868~1892），字诵芬，号翰卿，归安县增学生。十三岁时，听本生父孙莲士先生说"菱湖历唐宋至今千余年无志书，思辑一编垂永久而未遑也"，"自是勤搜群籍，博访故事，孜孜不倦，积十年成书四十四卷（即光绪《菱湖镇志》）。同郡俞先生樾、陆先生心源，今之魁硕也，皆诧为不刊之作，趣付梓，其精审可知矣……有生之年，大氐手未尝释卷也。"② 著有《经义纂要》《知新录》《陶诗笺注》《诵清芬馆杂纂》《菱湖纪事诗再续刻》等十余种。③

有清光绪十九年（1893）临安孙氏初刻本、上海书店出版社 1992 年版《中国地方志集成·乡镇志专辑》第二十四册影印清光绪十九年（1893）刻本。

---

① 按：龚烈沸编著《宁波古今方志录要》误作清光绪二十七年（1901）刊本，据以改之。参见该书第 63 页，宁波出版社，2001。

② （清）杨岘撰《孙君墓志铭》，《迟鸿轩文弃续》，清光绪十九年（1893）刻本。又见（清）孙志熊纂光绪《菱湖镇志》卷首，《中国地方志集成·乡镇志专辑》第二十四册影印清光绪十九年（1893）临安孙氏刻本，上海书店出版社，1992。

③ 参见（清）孙志熊纂光绪《菱湖镇志》卷四十一《艺文》，《中国地方志集成·乡镇志专辑》第二十四册影印清光绪十九年（1893）临安孙氏刻本，上海书店出版社，1992。

光绪《四安镇志》

朱镇纂，卷数不详，清光绪中叶成书。

朱镇（1846~1916），字生白，附贡生，擅长地理与考据之学。

有清光绪中叶稿本流传。

光绪《临平记再续》　三卷

陈棠、姚景瀛纂，清光绪二十一年（1895）成书。

姚景瀛（1867~1961），即姚瀛，字虞琴，清末民初杭州藏书家、画家。

陈棠，字荫轩，里人，系姚景瀛表亲。

有浙江图书馆藏清光绪间钞稿本、《余杭史志网》刊登点校本。

光绪《湖墅小志》四卷

高鹏年纂，清光绪二十二年（1896）成书。

高鹏年，生卒年不详，诸生，工诗文。

有清光绪二十二年（1896）仁和黄氏石印本。

光绪《忠义乡志》　二十卷

吴文江纂，清光绪二十三年（1897）成书。

吴文江（1857~1897），① 号可舟。"由增贡生遵筹饷例用，遇缺（先）［选］训导。识见卓越，慨然以远大自任……性喜聚书，庋置九

---

① 据吴文江于清光绪二十三年（1897）夏五月口授之光绪《忠义乡志例言》云："奈草创甫成，尚需厘订，心力交瘁，二竖遘灾，正不自知其沈疴之能起否，因嘱儿子崇峤将全稿奉刘丈雨棠（即刘绍琮），并将采访条例朗诵数过，凡为登稿时所更定者，口授词句，一一增录，成例言十有六则，大致略备于此。"可知吴氏此时已经身染重病。检同书卷十二本传："稿初脱，病危，执其友刘绍琮手，谆谆以志事相托，语不及私，年四十一卒，远近惜之。"又据清光绪二十七年（1901）刘绍琮跋："［光绪《忠义乡志》］经始于癸巳孟春，讫丁酉再易稿，而可舟以积劳致疾，竟于是秋卒已。"是则吴文江卒于清光绪二十三年丁酉（1897），推其生年当在 1857 年。

千余卷,独坐一楼(即瓿醄楼),昕夕批阅无厌倦。留心掌故,遇有系于一邑者,录为《枌社备稽》。尝借钞钱塘丁氏书,积成卷帙。县志故多错讹,文江一一校勘,寻以议修未果,仿古《桃源志》《三茅志》体例而增损之,搜逸辑匿,不遗余力。而各族谱乘及采访有未详者,则又博考古书征引所出,分类排录,为图二、卷二十。"① 热心乡里公益事业,勇于担当。"慨邑乘废坠,惧文献之无征,毅然以乡志为亟",② 编纂光绪《忠义乡志》二十卷。著有《瓿醄楼诗稿》《县志校勘记》。

主要流布版本有吉林大学图书馆藏清光绪二十三年(1897)瓿醄楼稿本、清光绪二十七年(1901)初刻本、1937年版重印本、台湾成文出版社1983年版《中国方志丛书·华中地方》第六百号影印刻本、上海书店出版社1992年版《中国地方志集成·乡镇志专辑》第二十四册影印刻本、国家图书馆出版社2013年版《吉林大学图书馆藏稀见方志丛刊》第十六、第十七册影印稿本。

光绪《清湖小志》八卷

张宗禄原纂、张统镐续纂,清光绪二十七年(1901)成书。

张宗禄,生卒年不详,字南园,光绪戊子(1888)附贡生。③ "性好隐而淡于功名,每肆志山水,间一得佳景,即赋诗以纪之,甚且乐

① (清)吴文江纂光绪《忠义乡志》卷十二《人物传三》,《中国地方志集成·乡镇志专辑》第二十四册影印上海图书馆藏清光绪二十七年(1901)刻本,上海书店出版社,1992。
② (清)李前洋撰《忠义乡志序》,(清)吴文江纂光绪《忠义乡志》卷首,《中国地方志集成·乡镇志专辑》第二十四册影印上海图书馆藏清光绪二十七年(1901)刻本,上海书店出版社,1992。
③ (清)张宗禄原纂、张统镐续纂光绪《清湖小志》卷三《科名·贡生》,《中国地方志集成·乡镇志专辑》第二十五册影印复旦大学图书馆藏稿本,上海书店出版社,1992。

而忘返。"①

　　主要流布版本有复旦大学图书馆藏清光绪二十七年（1901）稿本、上海书店出版社 1992 年版《中国地方志集成·乡镇志专辑》第二十五册影印稿本、国家图书馆出版社 2010 年版《复旦大学图书馆藏稀见方志丛刊》第十一册影印稿本。

光绪《新市镇再续志》　四卷

　　费梧纂，清光绪二十八年（1902）成书。

　　费梧（1828~1902 以后），② 字兰舫，诸生。

　　有日本东京大学东洋文化研究所藏清光绪二十八年（1902）钞稿本、浙江省湖州市新市镇人民政府 2008 年版影印钞稿本。

光绪《剡源乡志》　二十四卷

　　赵霈涛纂，清光绪二十八年（1902）成书。

　　赵霈涛（1842~1908），③ 字武烈，号醉仙。"承累代家学，储书二万卷以教子弟，又以丹山赤水古神仙之所居，采药炼丹时以救世，乐剡源山水之明秀也，搜辑古今载籍、名贤著述，芟芜录粹，考核精详，为（光绪）《剡源乡志》二十四卷，刊印行世。"④ 编纂《剡源石刻志》，著有《陈本堂先生年谱》一卷附《续校录》一卷、《剡源先

---

①　（清）张宗禄原纂、张统镐续纂光绪《清湖小志》卷首序，《中国地方志集成·乡镇志专辑》第二十五册影印复旦大学图书馆藏稿本，上海书店出版社，1992。并参见《复旦大学图书馆藏稀见方志丛刊》第十一册影印稿本，国家图书馆出版社，2010。

②　此据陈桥驿撰《〈新市镇志〉考录——兼介流落海外的光绪钞本〈新市镇再续志〉》，收入氏著《陈桥驿方志论集》，杭州大学出版社，1997，第 231 页。

③　此据《奉化教育志》编纂委员会编：《奉化教育志》，浙江人民出版社，2003，第 330 页。

④　（清）铁甲山樵蒋□（按：原文不清）所撰《书赵醉仙先生剡源乡志后》，（清）赵霈涛纂光绪《剡源乡志》卷首，《中国地方志集成·乡镇志专辑》第二十四册影印 1916 年版剡溪草堂铅印本，上海书店出版社，1992。

正祠全录》二卷、《剡曲草堂稿》五卷等书。①

主要流布版本有清光绪二十八年（1902）奉化赵氏剡曲草堂初刊活字本、1916 年版铅印本、上海书店出版社 1992 年版《中国地方志集成·乡镇志专辑》第二十四册影印 1916 年版铅印本、国家图书馆方志资源库图像扫描本。

光绪《蒲岐所志》　二卷

倪启辰纂，清光绪三十一年（1905）成书。

倪启辰，生卒年不详，字子昌，诸生。

主要流布版本有浙江省温州市图书馆藏 1936 年钞本、南京大学图书馆藏钞本、上海书店出版社 1992 年版《中国地方志集成·乡镇志专辑》第二十五册影印南京大学图书馆藏钞本。

光绪《重增濮川志略》　十四卷

明代濮孟清原纂，清代濮侣庄订补、濮龙锡增订、濮润淞等后人重增，清光绪三十二年（1906）成书。

濮侣庄，生卒年不详，字道水，国子生，系濮龙锡叔父。"仪表伟秀，卓荦多才。及补博士弟子，好为古文辞。力缵前修，辑《谱略》《垂镇古迹》等书，表扬先代。其有功于我宗者，不可殚述。……教授生徒，罔非名隽，门下有登进士者。"② 编纂康熙《增订濮川志略》七卷，已佚。

濮龙锡（？～1691），字九上，号懒云，系濮侣庄之侄，庠生。

---

① （清）赵霈涛纂光绪《剡源乡志》卷十六《艺文下》，《中国地方志集成·乡镇志专辑》第二十四册影印 1916 年版剡溪草堂铅印本，上海书店出版社，1992。
② （清）濮孟清原纂、侣庄订补、濮龙锡增订、濮润淞等后人重增光绪《重增濮川志略》卷之四《卓概》，《中国地方志集成·乡镇志专辑》第二十一册影印浙江省图书馆藏清钞本，上海书店出版社，1992。

"（受）［授］徒讲学，绝口不谈当世事，足不蹑公府门……凡族戚交游间操履端方者，往来无间；其凉德佻达者，拒之不欲一面也。""恒好读《左氏春秋》，至老不倦。肆力古文诗词，或胜客晴窗，游情翰墨，寸楮尺缣，识者竞宝之。公素醇谨，无妄语，表里一致。洁清自持，恭己幽烛，有隐德，乡邦共推重。"① 增订康熙《增订濮川志略》。嘉庆《濮川所闻记》卷三、光绪《嘉兴府志》卷六十一有传。

濮润淞（1751~?），② 国学生。"字银台，号桐园。世业医，著有医书八种。"③ 编纂乾隆《重增濮川志略》十四卷，已佚。

有浙江省图书馆藏清钞本、上海书店出版社 1992 年版《中国地方志集成·乡镇志专辑》第二十一册影印清钞本。

宣统《梅里备志》　八卷

余霖纂，清宣统三年（1911）成书。

余霖（1873~1941），字楫江，号了翁，又号无阂居士。系光绪《梅里志》编纂者余懋之子，光绪二十八年（1902）举人。④ 协助沈曾植续修《浙江通志》，并协助金甸丞编纂《秀水县志》。⑤ 1929 年开始，任职上海佛学书局，主编《佛学半月刊》十余年。著有《歇庵诗

---

① （清）濮孟清原纂、濮侣庄订补、濮龙锡增订、濮润淞等后人重增光绪《重增濮川志略》卷之四《卓概》，《中国地方志集成·乡镇志专辑》第二十一册影印浙江省图书馆藏清钞本，上海书店出版社，1992。

② （清）濮孟清原纂、濮侣庄订补、濮龙锡增订、濮润淞等后人重增光绪《重增濮川志略》卷之五《谱略》，《中国地方志集成·乡镇志专辑》第二十一册影印浙江省图书馆藏清钞本，上海书店出版社，1992。

③ （清）金淮等纂、濮镶等续纂嘉庆《濮川所闻记》卷三《艺事》，《中国地方志集成·乡镇志专辑》第二十一册影印清嘉庆二十五年（1820）刻本，上海书店出版社，1992。

④ 余霖纂宣统《梅里备志》卷四《文苑》余懋本传附，《中国地方志集成·乡镇志专辑》第十九册影印 1922 年版阅沧楼刻本，上海书店出版社，1992。

⑤ 参见《浙江省出版志》编纂委员会编《浙江省出版志》第十编《人物》，浙江人民出版社，2007，第 922 页。

存》，编纂宣统《梅里备志》八卷。[1]

有1922年阅沧楼刻本、上海书店出版社1992年版《中国地方志集成·乡镇志专辑》第十九册影印民国阅沧楼刻本。

宣统《闻湖志稿》　二十卷

唐佩金纂，清宣统三年（1911）成书。

唐佩金（1858~1929），清末民初书画家，字暎荪，号印生（亦作印僧），邑庠生。以县佐出任金闱。工诗，善书画。著有《闻川缀旧诗献曝亭賸稿》。[2] 该志中国科学院南京地理研究所图书馆藏有稿本，所流通之清宣统三年（1911）铅印本现仅存四卷。[3]

主要流布版本有中国科学院南京地理与湖泊研究所图书馆藏清宣统三年（1911）稿本、清宣统三年（1911）铅印本、南京大学图书馆藏民国时期高可安钞本、上海书店出版社1992年版《中国地方志集成·乡镇志专辑》第十九册影印清宣统三年（1911）初印本。

清末《沥海所志稿》

杨肇春编，卷数不详，清代末年成书。

杨肇春，字越川，"清优附贡生，浙江法政学堂毕业，曾官广东，盐运司经历"[4]。

有1938年《绍兴县志资料》第一辑铅印本。

清代《光溪志》

陈延恩纂，卷数以及成书年代皆不详。

① 参见《嘉兴市志》编纂委员会编《嘉兴市志》下册第四十八篇《人物传记》，中国书籍出版社，1997，第2252页。
② 参见倪禹功著《嘉秀近代画人搜铨》（手写影印本），上海书店出版社，1998。
③ 按：浙江省嘉兴市图书馆藏有该志清宣统三年（1911）铅印本之足本。
④ （清）杨肇春编《沥海所志稿》卷首，《绍兴县志资料》1938年第一辑铅印本。

（二）亡佚志书

清初《濮川小志》

佚名纂，卷数不详。清代初年成书，已佚。

此据濮龙锡撰《镇图说》所述著录。[①]

顺治《仙潭志略》

潘榖纂，卷数不详。清顺治初年成书，已佚。

潘榖，生卒年不详，字是嘉，号拙居，康熙间岁贡生，著有《开卷益》《字学类辨》。[②]

此据嘉庆《新市镇续志》卷二本传著录。[③]

顺治《浔溪文献》　四卷

潘尔夔纂，清顺治元年（1644）成书，已佚。

潘尔夔，生卒年不详，字友龙，明末诸生。喜好南浔风土，"崇祯癸未，遂寓居于浔。习稔旧闻，因成［顺治］《浔溪文献》四卷。尔夔忼慨有风致，能文工书，庄允城（即庄廷鑨之父）慕之，列其名于《明书》简端。偶与允城有财帛交以致诉，削其名，得不罹祸。镇之有志自尔夔始，是后夏光远、陈可升、庄学德、张鸿寯、方熊、方焘、董肇铿屡次增订，汇为一编，尔夔原本遂不复可识别矣。又著《涉江草》"[④]。

此据道光《南浔镇志·凡例》所述著录。[⑤]

---

① 参见夏辛铭纂民国《濮院志》卷二十七《集文二》，《中国地方志集成·乡镇志专辑》第二十一册影印 1927 年版刻本，上海书店出版社，1992。

② （清）沈赤然纂嘉庆《新市镇续志》卷二《拔贡》，《中国地方志集成·乡镇志专辑》第二十四册影印上海图书馆藏清嘉庆十七年（1812）钞本，上海书店出版社，1992。

③ 参见沈慧编著《湖州方志提要》，中国文史出版社，2013，第 127 页。

④ （清）汪曰桢纂咸丰《南浔镇志》卷十四《寓贤》，《中国地方志集成·乡镇志专辑》第二十二册（下）影印清同治二年（1863）刻本，上海书店出版社，1992。

⑤ 参见沈慧编著《湖州方志提要》，中国文史出版社，2013，第 88 页。

顺治《临平续记》

潘夏珠纂，卷数不详。清顺治年间成书，已佚。

潘夏珠，名云赤。[1] 出沈谦门下，有"东江八子"之称，著有《桐鱼新扣词》。[2]

此据民国《杭州府志》卷八十七所述著录。[3]

康熙《重修乌青镇志》

沈嗣骏纂，卷数不详。清康熙初年成书，已佚。

沈嗣骏（？~1675），[4] 字逸之，号芷庵，庠生。"屡试不遇，北游京洛，所过山川阨塞，无不指画形势。秦抚蔡正庵、督师孙白谷雅重公，延至幕府，运筹决胜，赞助为多。已而倦游归里，键户著述。尤留心梓里，凡祠庙、桥梁、胜迹泯没不传者，一一取而表章之。著诗集《牡丹续谱》行世。"[5] 民国《乌青镇志》卷二十八有传。

此据光绪《乌程县志》卷三十一所述著录。[6]

康熙《乍浦九山志》　二卷

李确纂，清康熙四年（1665）成书，已佚。

李确即明末清初遗老李天植，生平已见"康熙《乍浦九山补

---

① 按：洪焕椿编著《浙江方志考》以潘夏珠字云赤，不确。参见该书第458页，浙江人民出版社，1984。

② 参见（清）洪昇著、刘辉校笺《洪昇集》，浙江古籍出版社，1992，第67页。

③ 参见洪焕椿编著《浙江方志考》，浙江人民出版社，1984，第458页。

④ 关于沈嗣骏的生卒年，据（清）杨雍建编《抚黔奏疏》卷之一所载康熙十九年（1680）十二月初二日奏本《题为报父丁忧事》："查〔铜仁府署知府沈鈗生之父〕沈嗣骏于康熙十四年（1675）十月二十二日在籍病故。"是则可知沈嗣骏卒于1675年。参见沈云龙主编《近代中国史料丛刊续编》第三十三辑（第三百二十三号），台湾文海出版社有限公司，1976，第175~176页。

⑤ （清）董世宁纂乾隆《乌青镇志》卷之九《人物》，《中国地方志集成·乡镇志专辑》第二十三册影印1918年版铅印本，上海书店出版社，1992。

⑥ 按：张园真纂《乌青文献》著录此志为康熙《重修乌青志》。参见沈慧编著《湖州方志提要》，中国文史出版社，2013，第105页。

志》"条考录。

此据乾隆《乍浦志》卷五《隐逸》本传所述著录。①

康熙《双林志》 六卷

吴若金纂,清康熙十二年(1673)成书,已佚。

吴若金,即吴锜,生卒年不详,字匡东,号鬻山,县学生。"与凌一飞、顾起云有咏双林八景、十二景诗,为一时所传诵。尝辑(康熙)《双林志》〔六卷〕,于陈所志本多所增补。"②

此据同治《湖州府志》卷六十所述著录。③

康熙《双林补志》 十六卷

吴若金原纂、吴世英补纂,清康熙十二年(1673)成书,已佚。

吴若金生平已见"康熙《双林志》"条考录。

此据民国《双林镇志》卷二十所述著录。

康熙《乍浦九山续志》

李蔗村纂,卷数不详。清康熙十二年(1673)成书,已佚。

李蔗村,生卒年不详,名为光,字宛星,系康熙《乍浦九山补志》编纂者李天植侄子,增广生。"山人(按:即李天植,号龙湫山人)既殁,嗣子燿相继殂谢,遗稿往往散佚,赖为光搜辑成编,得不废坠。性喜吟咏,兼善骈体。"④

---

① (清)宋景关纂乾隆《乍浦志》卷五《隐逸》,浙江省平湖市史志办公室 2009 年版《乍浦旧志三种》郭杰光整理本,第 36 页。

② 蔡蒙续纂民国《双林镇志》卷二十《人物》,《中国地方志集成·乡镇志专辑》第二十二册(下)影印上海商务印书馆 1917 年版铅印本,上海书店出版社,1992。

③ 参见沈慧编著《湖州方志提要》,中国文史出版社,2013,第 109 页。

④ (清)宋景关纂乾隆《乍浦志》卷五《隐逸·李天植传》宋景关按语,浙江省平湖市史志办公室 2009 年版《乍浦旧志三种》郭杰光整理本,第 37~38 页。参见(清)邹璟纂道光《乍浦备志》卷二十五《隐逸》李天植本传附,浙江省平湖市史志办公室 2009 年版郭杰光整理本,第 227 页。

此据道光《乍浦备志》卷二十五《隐逸》所述著录。

康熙《仙潭志补》

胡尔嘉纂，卷数不详。约清康熙十三年（1674）成书，已佚。

胡尔嘉，字仲纶，系顺治《仙潭后志》编纂者胡道传之孙，里人。

此据康熙《仙潭文献·修志始末》所述著录。①

康熙《仙潭志余》

陈尚古纂，卷数不详。清康熙十三年（1674）成书，已佚。

陈尚古，生卒年不详，明末清初人，字云瞻、彦朴，清康熙二十六年（1687）举人。② 编纂康熙《新溪注》八卷，著有《簪云楼杂说》一卷。

此据光绪《新市镇再续志》所载该志序文著录。③

康熙《新溪注》　八卷

陈尚古纂，清康熙十三年（1674）成书，已佚。

陈尚古生平已见"康熙《仙潭志余》"条考录。

此据同治《湖州府志》卷六十所述著录。④

康熙《增订濮川志略》　七卷

明代濮孟清原纂，清代濮侣庄订补、濮龙锡增订，清康熙十四（1675）年成书，已佚。

濮侣庄、濮龙锡生平并见"光绪《重增濮川志略》"条考录。

---

① 参见沈慧编著《湖州方志提要》，中国文史出版社，2013，第128页。
② 参见来新夏著《清人笔记随录》，中华书局，2008年第2版，第106页。
③ 据沈慧编著《湖州方志提要》，第128页。
④ 参见沈慧编著《湖州方志提要》，第128页。

此据光绪《重增濮川志略》卷之四所载濮氏诸传著录。①

康熙《栖水文乘》

曹菽园辑，卷数不详。清康熙二十三年（1684）成书，已佚。

曹菽园，即曹屺，生卒年不详，字圣谟，诸生。"沉静淡泊，键户读书。工诗文，喜（传）［撰］述。所辑（康熙）《栖水文乘》一书，遍采古今，手自录纪，数万余言。蝇头细楷，一笔不苟。又著《蒿芦诗歌》、《爨余词》若干卷。"②

此据光绪《唐栖志》卷十二本传所述著录。

康熙《东双林志》　十六卷

倪汝进纂，清康熙三十九年（1700）成书，已佚。

倪汝进，生卒年不详，字天持，号瑶池。"博学多闻，编（康熙）《东双林志》十六卷，补陈士雅、吴若金两志所未备。慨族谱之毁于明之倭乱也，乃将世系重创，悉心搜访，以次续增……又精研地理，所居为松庐，闭户著书，老而不倦。"③

此据民国《双林镇志》卷三十一所述著录。④

康熙《同辑双林志》　十卷

谈嗣升、凌维远纂，清康熙四十一年（1702）成书，已佚。

谈嗣升，生卒年不详，字仲超，号文登，县学生。"沈潜笃学，

① （清）濮孟清原纂、濮侣庄订补、濮龙锡增订、濮润淞等后人重增光绪《重增濮川志略》卷之四《卓概》，《中国地方志集成·乡镇志专辑》第二十一册影印浙江省图书馆藏清钞本，上海书店出版社，1992。

② （清）王同纂光绪《唐栖志》卷十二《人物五》，《文化塘栖丛书》标点本，浙江摄影出版社，2006，第226页。

③ 蔡蒙续纂民国《双林镇志》卷二十《人物》，《中国地方志集成·乡镇志专辑》第二十二册（下）影印上海商务印书馆1917年版铅印本，上海书店出版社，1992。

④ 参见沈慧编著《湖州方志提要》，中国文史出版社，2013，第109页。

慷慨好施，尝与凌桂萼（凌维远）同纂康熙《［同辑］双林志》［十卷］。"①

凌维远，生卒年不详，字黼猷，号桂萼，县学生。"博闻强识，专研古文，［与谈嗣升］著康熙《［同辑］双林志》［十卷］，郑芷畦元庆尝于《湖录》中称之。"②

此据民国《双林镇志》卷三十一所述著录。③

康熙《濮川纪略》　二卷

张其是纂，清康熙前中期成书，已佚。

张其是，生卒年不详，字文韩，号菊岑。"诗风骨遒上，为沈山曜、曹名竹所赏。"④ 著有《碧草轩诗钞》一卷。⑤ 嘉庆《濮川所闻记》卷三、光绪《嘉兴府志》卷六十一、民国《濮院志》卷十九有传。

此据光绪《嘉兴府志》卷八十八所述著录。⑥

康熙《双林纪略》

范硕纂，卷数不详。清康熙五十一年（1712）成书，已佚。

范硕，生卒年不详，字且俨，号西怀，县学生。"少有大志，读

---

① 蔡蒙续纂民国《双林镇志》卷二十《人物》，《中国地方志集成·乡镇志专辑》第二十二册（下）影印上海商务印书馆1917年版铅印本，上海书店出版社，1992。
② 蔡蒙续纂民国《双林镇志》卷二十《人物》，《中国地方志集成·乡镇志专辑》第二十二册（下）影印上海商务印书馆1917年版铅印本，上海书店出版社，1992。
③ 参见沈慧编著《湖州方志提要》，中国文史出版社，2013，第109~110页。
④ （清）严辰纂光绪《桐乡县志》卷十九《艺文志·集部》，《中国地方志集成·浙江府县志辑》第二十三册影印清光绪十三年（1887）刻本，上海书店出版社，1993。
⑤ 按（清）杨树本纂嘉庆《濮院琐志》卷三《文苑》著录《碧草轩诗集》三卷，同书卷三《著述》又著录张其是《碧草轩诗钞》，未详卷数，是则显为两书。光绪《桐乡县志》卷十九《艺文志·集部》著录此书钞本为一卷，则嘉庆《志》所著录者当为足本。参见《中国地方志集成·乡镇志专辑》第二十一册影印浙江省图书馆藏传钞本，上海书店出版社，1992。
⑥ 参见洪焕椿编著《浙江方志考》，浙江人民出版社，1984，第470页。

书娴经济，所著《水利管见》刊入县志。"① 著有《诗录拾遗》等书。②

此据民国《双林镇志》卷三十一所述著录。③

康熙《浔溪文献》

夏光远纂，卷数不详。清康熙五十五年（1716）成书，已佚。

夏光远，生卒年不详，字永宾，号乐岩、乐清，系雍正甲辰（1724）进士夏封泰之父。康熙丙申（1716）安吉岁贡生，任浙江永嘉县训导。"瓯俗武健好胜，诸生有以讼牒来者，必告以情恕理遣，士风为之丕变，邑之绅士即学旁创生祠绘像焉。"④ 著有《五经纂要》《图书考》等书，均已佚。⑤

此据道光《南浔镇志·凡例》所述著录。⑥

康熙《再续溇水志》　十二卷

吴为龙纂，清康熙年间成书，已佚。

吴为龙（1636~1698），字汝纳，又字思云。⑦ 清代诗人。清康熙间曾以布衣荐为博学鸿词科，力辞不赴。长于骈文，文辞优雅，著有《树萱轩赋稿》。⑧

① 蔡蒙绩纂民国《双林镇志》卷二十《人物》，《中国地方志集成·乡镇志专辑》第二十二册（下）影印上海商务印书馆 1917 年版铅印本，上海书店出版社，1992。
② 蔡蒙绩纂民国《双林镇志》卷三十《艺文》，《中国地方志集成·乡镇志专辑》第二十二册（下）影印上海商务印书馆 1917 年版铅印本，上海书店出版社，1992。
③ 参见沈慧编著《湖州方志提要》，中国文史出版社，2013，第 110 页。
④ （清）汪曰桢纂咸丰《南浔镇志》卷十三《人物二》夏封泰本传附，《中国地方志集成·乡镇志专辑》第二十二册（下）影印清同治二年（1863）刻本，上海书店出版社，1992。
⑤ （清）汪曰桢纂咸丰《南浔镇志》卷二十九《著述一》，《中国地方志集成·乡镇志专辑》第二十二册（下）影印清同治二年（1863）刻本，上海书店出版社，1992。
⑥ 参见沈慧编著《湖州方志提要》，中国文史出版社，2013，第 88 页。
⑦ 参见洪焕椿编著《浙江方志考》，浙江人民出版社，1984，第 477 页。
⑧ 参见何宝民主编《中国诗词曲赋辞典》，大象出版社，1997，第 161 页。

此据光绪《嘉兴府志》卷八十八所述著录。①

雍正《栖里续补志略》

韩应潮原辑、佚名增补，卷数不详。清康熙、雍正年间（约雍正初年）成书，已佚。

韩应潮，生卒年不详，字生江，晚号琴溪渔隐，布衣。"工诗，风雅绝俗。补辑［周逸民纂（康熙）］《栖乘类编》，乾隆以后事迹，颇借以传，自署曰《唐栖志略续补》。兵后缺帙不全，可惜也。"②

此据光绪《唐栖志》卷十二本传所述著录。

雍正《梅里志》 四卷

韩存礼纂，清雍正二年（1724）成书，已佚。

乾隆《乍浦九山续补志》

宋景濂纂，卷数不详。清乾隆二年（1737）成书，已佚。

宋景濂，生卒年不详，③ 字双颖，廪膳生。系乾隆《乍浦志》编纂者宋景关之兄。"学诗于陆检讨奎勋，学骈体于刘秀才锡勇，古文则私淑周宏起，妥帖排奡，自成一家言。性卞急，中年与黄正色游，薰陶涵养，渐归和平。踵李孝廉天植《九山志》，网罗散佚，作（乾隆）《乍浦九山续补志》，未成而目疾作，遂辍业。"④ 光绪《平湖县志》卷十七有传。

---

① 参见洪焕椿编著《浙江方志考》，浙江人民出版社，1984，第 477 页。

② （清）王同纂光绪《唐栖志》卷十二《人物五》，《文化塘栖丛书》标点本，浙江摄影出版社，2006，第 240～241 页。据传记资料可知，《唐栖志略续补》纪事下限或在咸丰末年。

③ 按：宋景濂系宋景关之兄，据道光《乍浦备志》卷二十四《文苑》本传，其卒年六十，由已知宋景关之生卒年情况，可大致推断宋景濂当卒于乾隆末期，惟具体年代不详。

④ （清）邹璟纂道光《乍浦备志》卷二十四《文苑》，浙江省平湖市史志办公室 2009 年版郭杰光整理本，第 222 页。

此据道光《乍浦备志》卷二十四本传所述著录。

乾隆《南浔续志》 一卷

陈可升纂，清乾隆五年（1740）成书，已佚。

陈可升，生卒年不详，字日如，号补亭。著有乾隆《浔溪文献》一册，"一名《浔南掌故》，又名［乾隆］《南浔续志》。"① 又有《饕轩集》二卷、《旭峰诗草》。

此据咸丰《南浔镇志》卷二十九所述著录。

乾隆《双林支乘》

姚葭客纂，卷数不详。清乾隆九年（1744）成书，已佚。

姚葭客，生卒年不详，字圣郊，监生。

此据同治《湖州府志》卷六十一所述著录。②

乾隆《南浔文献志稿》 二卷

张鸿寯纂，清乾隆二十三年（1758）成书，已佚。

张鸿寯生平已见"乾隆《南浔文献志》"条考录。

此据咸丰《南浔镇志》卷二十九所述著录。

乾隆《南浔文献志》 不分卷

方熊纂，清乾隆二十六年（1761）成书，已佚。

方熊生平已见"清代《梅林小志》"条考录。

此据民国《南浔志》卷四十一所述著录。③

---

① （清）汪曰桢纂咸丰《南浔镇志》卷二十九《著述一》，《中国地方志集成·乡镇志专辑》第二十二册（下）影印清同治二年（1863）刻本，上海书店出版社，1992。

② 参见沈慧编著《湖州方志提要》，中国文史出版社，2013，第110页。

③ 按：咸丰《南浔镇志》著录为未见志书，今已佚。参见沈慧编著《湖州方志提要》，中国文史出版社，2013，第90页。

乾隆《梅里志》十六卷

杨谦纂，清乾隆三十八年（1773）成书，已佚。

杨谦生平已见"嘉庆《梅里志》"条考录。

此据宣统《梅里备志》卷四所述著录。

乾隆《琏市志》

嵇璜纂，卷数不详。清乾隆四十七年（1782）成书，已佚。

嵇璜（1715~1782以后），[1] 字宝琛，荫生出身，刑部员外郎。清乾隆二十一年（1756）分掣得南安知府，乾隆二十七年（1762）任云南普洱知府。[2]

此据道光《练溪文献》所载嵇璜序文著录。[3]

乾隆《重修南浔镇志》 十二卷

方焘纂，清乾隆五十年（1785）成书，已佚。

方焘（约1729~1798以后），[4] 清乾嘉时诗人，字笥岩，号淞洋、裘庄村农。系乾隆《南浔文献志》编纂者方熊之弟，嘉兴府学生。"诗冲澹夷尤，不缔章绘句，而天机流衍，自谐律吕……又善画，集中

---

[1] 据嵇璜清乾隆二十九年（1764）履历，云是年五十岁，则其生年当在1715年。参见秦国经主编《中国第一历史档案馆藏清代官员履历档案全编》第二册，华东师范大学出版社，1997，第66页。

[2] 秦国经主编《中国第一历史档案馆藏清代官员履历档案全编》第二册，华东师范大学出版社，1997，第66页。

[3] 参见沈慧编著《湖州方志提要》，中国文史出版社，2013，第121页。

[4] 据刘承幹撰《山子诗钞自跋》："《浔溪诗征》言先生《诗钞》十一卷，编年自戊寅讫丁巳，不著年号，计其时当在乾嘉间……卷末有《戊午除夕》四诗，定位戊午一岁作，丁巳之后，意先生不日归道山……"方焘当是清乾嘉时人无疑，此"戊午岁"，即指清嘉庆三年（1798），又据方焘所撰《山子诗钞》卷十一《戊午除夕四首》诗第一首："抱憾未完身内事，问年已届古稀辰"，则此年方焘约七十岁，则其生年约当在1729年。至于其卒年，据刘承幹所说可能在1798年或此后不久，然未能证实。参见（清）方焘撰《山子诗钞》，《丛书集成续编》第一百三十册影印《吴兴丛书》本，上海书店出版社，1994。

有自题画卷。"① 所纂乾隆《重修南浔镇志》，"与董肇铠（乾隆）《［南浔镇］志》大同小异"。② 著有《山子诗钞》十一卷。

此据咸丰《南浔镇志》卷三十所述著录。

乾隆《南浔镇志》　十二卷

董肇铠纂，清乾隆五十一年（1786）成书，已佚。

董肇铠，生卒年不详，字金奏，号梅圃。系董熜侄孙，南浔县学生。著有《梅圃小草》、《客窗偶存》一卷、《录存编》二册。③

此据同治《湖州府志》卷六十一所述著录。④

乾隆《重增濮川志略》　十四卷

明代濮孟清原纂，清代濮侣庄订补、濮龙锡增订、濮润淞重增，清乾隆五十四年（1789）成书，已佚。

濮侣庄、濮龙锡、濮润淞诸人生平并见"光绪《重增濮川志略》"条考录。

此据嘉庆《濮川所闻记》卷三所述著录。

乾隆《花溪志》　十八卷

许良谟纂，清乾隆五十八年（1793）成书，已佚。

许良谟生平已见"乾隆《花溪志补遗》"条考录。

————————————

① （清）方焘著、刘承幹撰《山子诗钞·自跋》，《丛书集成续编》第一百三十册影印《吴兴丛书》本，上海书店出版社，1994。

② （清）汪曰桢纂咸丰《南浔镇志》卷三十《著述二》按语，《中国地方志集成·乡镇志专辑》第二十二册（下）影印清同治二年（1863）刻本，上海书店出版社，1992。

③ 参见（清）汪曰桢纂咸丰《南浔镇志》卷十三《人物二》董熜本传附、同书卷三十《著述二》，《中国地方志集成·乡镇志专辑》第二十二册（下）影印清同治二年（1863）刻本，上海书店出版社，1992。

④ 参见洪焕椿编著《浙江方志考》，浙江人民出版社，1984，第481~482页。

此据民国《海宁州志稿》卷十四所述著录。[①]

乾隆《菱湖小志》　十卷

孙霖纂，清乾隆前期成书，已佚。

孙霖，生卒年不详，字武水，诸生。"弱冠工诗，壮游历名山川，登步眺听，开拓心胸。或参佐幕府，骈词分韵，淬励切劘，故其诗日益遒上。"[②] 著有《羡门山人诗钞》十一卷、《芝松丛话》、《三游武夷日记》等书。[③] 编纂乾隆《菱湖小志》十卷，已佚。[④]

此据沈宝青所撰《菱湖镇志序》所述著录。[⑤]

乾隆《乌青杂识》

夏骃纂，卷数不详。清乾隆年间成书，已佚。

夏骃，生卒年不详。"由廪生入贡太学。性好游，南历楚粤，北走卢龙，所至征歌命酒，怀古赋诗，远近传写……文章尤工骈体，清壮顿挫，不作靡靡缛乡。晚节诗亦豪宕悲壮，负才不遇，读者为之太息。"[⑥] 著有

① （清）李圭原修、许传沛原纂，刘蔚仁续修、朱锡恩续纂民国《海宁州志稿》卷十四《艺文志·典籍十四》，《中国地方志集成·浙江府县志辑》第二十二册影印 1922 年版续修铅印本，上海书店出版社，1993。

② （清）孙志熊纂光绪《菱湖镇志》卷二十八《文苑》，《中国地方志集成·乡镇志专辑》第二十四册影印清光绪十九年（1893）临安孙氏刻本，上海书店出版社，1992。

③ （清）孙志熊纂光绪《菱湖镇志》卷四十一《艺文》，《中国地方志集成·乡镇志专辑》第二十四册影印清光绪十九年（1893）临安孙氏刻本，上海书店出版社，1992。

④ 据（清）沈宝青撰《菱湖镇志序》，（清）孙志熊纂光绪《菱湖镇志》卷首，《中国地方志集成·乡镇志专辑》第二十四册影印清光绪十九年（1893）临安孙氏刻本，上海书店出版社，1992。按：沈慧编著《湖州方志提要》卷十仅著录此志为清代稿本而未能断年，且不详其卷数，据以补之。参见该书第 116 页，中国文史出版社，2013。

⑤ （清）孙志熊纂光绪《菱湖镇志》卷首，《中国地方志集成·乡镇志专辑》第二十四册影印清光绪十九年（1893）临安孙氏刻本，上海书店出版社，1992。

⑥ （清）董世宁纂乾隆《乌青镇志》卷之九《人物》，《中国地方志集成·乡镇志专辑》第二十三册影印 1918 年版铅印本，上海书店出版社，1992。

《交山平寇本末》三卷、《上谷纪游》、《千叠波余》等书。① 民国《乌青镇志》卷二十八有传。

此据民国《乌青镇志》卷三十八所述著录。②

乾隆《浔溪文献》

庄学德纂，卷数不详。清乾隆年间成书，已佚。③

此据民国《南浔志》卷四十著录。④

乾隆《濮院志》

屠本仁纂，卷数不详。清乾隆年间成书，已佚。

屠本仁，生卒年不详，字任之、莼渚，号道甫。乾隆己酉（1789）举人，嘉庆中任丽水县教谕。"其学工于考证，雪钞露纂，至老不辍。诸生请业者勖以经史，使不囿俗学。好金石，时手拓而疏证之……性严介而廉肃，士不堪附，既去乃见思焉。"⑤ 在任期间促成李遇孙编撰《括苍金石志》，又曾辑嘉庆《丽水县志》，然仅成《沿革表》。纂修嘉庆《嘉兴县志》，颇得称誉。著有《碧玉壶吟稿》。

此据光绪《嘉兴府志》卷八十八所述著录。⑥

乾隆《北溪志》

戈温如纂，卷数不详。清乾隆前中期成书，已佚。

---

① （清）董世宁纂乾隆《乌青镇志》卷之十二《著述》，《中国地方志集成·乡镇志专辑》第二十三册影印 1918 年版铅印本，上海书店出版社，1992。

② 参见沈慧编著《湖州方志提要》，中国文史出版社，2013，第 105 页。

③ 咸丰《南浔镇志》卷二十九著录此志。

④ 按：咸丰《南浔镇志》卷二十九著录此志为佚，参见沈慧编著《湖州方志提要》，中国文史出版社，2013，第 89 页。

⑤ 夏辛铭纂民国《濮院志》卷十九《人物二》，《中国地方志集成·乡镇志专辑》第二十一册影印 1927 年版刻本，上海书店出版社，1992。

⑥ 参见洪焕椿编著《浙江方志考》，浙江人民出版社，1984，第 470 页。

戈温如，生卒年不详，字星溪，号天机，清乾隆间诸生，著有《适吾庐诗钞》三卷、《星溪诗存》四卷等书。[1]

此据乾隆《平湖县志》所载著录。[2]

乾隆《湖墅志》

魏标纂，卷数不详。清乾隆末年成书，已佚。

魏标（1755~1825），字书青，号古愚，清乾隆间诸生、诗人。[3]

此据民国《杭州府志》卷八十七所述著录。[4]

乾隆《硖川新志》 二卷

沈元镇辑，清乾隆末年成书，已佚。

此据陈鳣撰嘉庆《硖川续志叙》所述著录。[5]

乾隆《三江志略》

陈和编纂，卷数不详。清乾隆末年成书，已佚。

陈和，即陈宗洛，生平已见"光绪《三江所志》"条考录。

此据梁恭辰撰《北东园笔录续编》卷六本传所述著录。

嘉庆《双林续记》 十三卷

沈荣晋纂，清嘉庆二十四年（1819）成书，已佚。

沈荣晋（1760？~1820以后），原名沈元勋，字开之，号怡亭。

① 平湖县志编纂委员会编《平湖县志》第三十三编《文献书目》，上海人民出版社，1993，第837页。
② 又见平湖县志编纂委员会编《平湖县志》著录，第821页。
③ 参见洪焕椿编著《浙江方志考》，浙江人民出版社，1984，第461页。
④ 并见洪焕椿编著《浙江方志考》，第461页。
⑤ （清）王德浩纂、曹宗载重订嘉庆《硖川续志》卷七《耆旧》，《中国地方志集成·乡镇志专辑》第二十册影印清嘉庆十七年（1812）刻本，上海书店出版社，1992。

"嗜学，工制艺，尤肆力于诗古文。静穆端方，动必以正。"① 嘉庆十八年（1813）岁贡生。② 著有《豫游草》等书。③ 民国《双林镇志》卷二十有详传。卒年六十余。

此据民国《双林镇志》卷三十一所述著录。④

嘉庆《增修双林续记》

沈荣晋原纂、郑昌祺增修，卷数不详。清嘉庆二十四（1819）年成书，已佚。

沈荣晋生平已见"嘉庆《双林续记》"条考录。

郑昌祺，即郑士枚，生卒年不详，字金科，号诗城。"英姿卓荦，所为文倜傥不群。嘉庆丙子乡试卷落，邑令陈三立房力荐再三，终以试帖微疵见遗，人咸惜之。当沈怡亭（按：即沈荣晋）纂（嘉庆）《双林［志］续记》［十三卷］未成也，别撰（道光）《双林志》，取前人各本详加采访，成若干卷，论者谓较之《续记》尤详简得当，惜稿佚。"⑤ 民国《双林镇志新补》有传。

此据民国《双林镇志》卷二十本传所述著录。⑥

嘉庆《上柏志》　四卷

徐熊飞纂，清嘉庆末年成书，已佚。⑦

---

① 蔡蒙续纂民国《双林镇志》卷二十《人物》，《中国地方志集成·乡镇志专辑》第二十二册（下）影印上海商务印书馆1917年版铅印本，上海书店出版社，1992。
② 蔡蒙续纂民国《双林镇志》卷三十《贡举》，《中国地方志集成·乡镇志专辑》第二十二册（下）影印上海商务印书馆1917年版铅印本，上海书店出版社，1992。
③ 蔡蒙续纂民国《双林镇志》卷三十《艺文》，《中国地方志集成·乡镇志专辑》第二十二册（下）影印上海商务印书馆1917年版铅印本，上海书店出版社，1992。
④ 参见沈慧编著《湖州方志提要》，中国文史出版社，2013，第111~112页。
⑤ 蔡蒙续纂民国《双林镇志》卷二十《人物》，《中国地方志集成·乡镇志专辑》第二十二册（下）影印上海商务印书馆1917年版铅印本，上海书店出版社，1992。
⑥ 参见沈慧编著《湖州方志提要》，中国文史出版社，2013，第111~112页。
⑦ 同治《湖州府志》卷六十一著录此志。

徐熊飞（1762～1835），字子宣、渭扬，号雪庐，文学家、诗人。清嘉庆九年（1804）举人，特赏翰林院典籍衔。学问渊博，曾被阮元聘为诂经精舍讲席，又工诗文，著有《白鹄山房诗初集》三卷、《前溪碑碣》二卷、《武康伽蓝记》二卷等书。[1]

此据同治《湖州府志》卷六十一所述著录。[2]

道光《琏市志》　四卷

沈焯纂，清道光七年（1827）成书，已佚。

沈焯，字平远，号鹿坪，乾隆六十年（1795）乙卯进士。"有显官私人通款于焯，谓词林可得，焯力却之，竟以知县归班。改就教谕，补台州府［学］教授。嘉庆己卯（二十四年）引疾归，馆于青镇严氏者十年，邑之人士竞来请业焉。"[3]

此据同治《湖州府志》卷六十一所述著录。[4]

道光《双林志》

郑士枚纂，卷数不详。清道光中期成书，已佚。

郑士枚，即郑昌祺，生平已见"嘉庆《增修双林续记》"条考录。

此据民国《双林镇志》卷三十一所述著录。[5]

道光《竹里述略稿》　一卷

徐士燕辑纂，清道光二十九年（1839）成书，已佚。

① 参见《清史列传》卷七十三《文苑传四》本传，王锺翰点校本第十九册，中华书局，1987，第 6006 页；香港徐氏宗亲会编《徐氏历代名人录》，1971，第 126 页。
② 参见沈慧编著《湖州方志提要》，中国文史出版社，2013，第 132 页。
③ 卢学溥修、朱辛彝等纂民国《乌青镇志》卷三十《寓贤》，《中国地方志集成·乡镇志专辑》第二十三册影印 1936 年版刻本，上海书店出版社，1992。
④ 参见沈慧编著《湖州方志提要》，中国文史出版社，2013，第 121 页。
⑤ 参见沈慧编著《湖州方志提要》，中国文史出版社，2013，第 112 页。

徐士燕生平已见"同治《竹里述略》"条考录。

此据徐士燕撰同治《竹里述略自序》所述著录。①

道光《南浔志稿》　二卷

董恂纂，清道光年间成书，已佚。

董恂（约1780～1850），字谦甫，号壶山，湖州府学生。"工诗词，能医，亦通经学。尝疏《夏小正》（即《夏小正传注集证》四卷），并重修（道光）《南浔镇志》［稿本二卷］。"②

此据咸丰《南浔镇志》卷十三本传所述著录。

道光《南浔备志》　四卷

沈登赢纂，清道光年间成书，已佚。

沈登赢（1794～1842），字金坡，号柳桥，嘉兴府学生。热心乡里公益事业，曾董理赈灾以及修筑河塘事务。"性醇厚，外和内介"，"急人之急，虽当匮乏，必黾勉应之，屡被市侩所欺，不暇顾，卒以是耗其家赀。善读书，喜考史传异同，尤留心于乡邦文献。谓府志讹舛，因历引史籍以识其误，复搜采南浔事实，作（道光）《南浔备志》［四册］，皆未卒业"。③著有《湖州府志记疑》四册、《湖州历朝地志汇钞》二册、《南浔著述总录》三卷等十二种。④

此据咸丰《南浔镇志》卷十三本传所述著录。

①　（清）徐士燕纂同治《竹里述略》，上海书店出版社1992年版《中国地方志集成·乡镇志专辑》第19册影印南京大学图书馆藏钞本。
②　（清）汪曰桢纂咸丰《南浔镇志》卷十三《人物二》董熜本传附，《中国地方志集成·乡镇志专辑》第二十二册（下）影印清同治二年（1863）刻本，上海书店出版社，1992。
③　（清）汪曰桢纂咸丰《南浔镇志》卷十三《人物二》，《中国地方志集成·乡镇志专辑》第二十二册（下）影印清同治二年（1863）刻本，上海书店出版社，1992。
④　（清）汪曰桢纂咸丰《南浔镇志》卷三十《著述二》，《中国地方志集成·乡镇志专辑》第二十二册（下）影印清同治二年（1863）刻本，上海书店出版社，1992。

咸丰《双林镇志》

戴梅檐纂,卷数不详。清咸丰十一年(1861)成书,已佚。

戴梅檐(? ~1861),即戴铨,里人,诸生。"咸丰丙辰,郑芸史训常、徐少青震耀等延郡人戴梅檐铨取前人所纂者修辑之,事未竣而粤寇乱起。辛酉秋,梅檐卒,稿尽遗亡。"①

此据蔡蓉升撰《增纂双林镇志叙》所述著录。②

同治《菱湖志》 二十四卷

卞乃谳纂,清同治末年成书,已佚。

卞乃谳(? ~1860),字小雅。"少豪纵,不拘小节。以诸生从军,积劳至知县,需次江苏[娄县]。咸丰九年秋,署娄县[知县]……久[在]军中,娴战守,慷慨敢任事。"③ 咸丰三年(1853),入江南提督邓绍良军幕,襄办文案。著有《从军纪事》一卷,其所作诗由孙志熊编辑为《劫余吟》。编纂同治《菱湖志》二十四卷,已佚。④ 光绪《归安县志》卷四十有传。

此据光绪《菱湖镇志》卷四十一所述著录。⑤

同治《菱湖志稿》 三卷

姚彦渠纂,清同治末年成书,已佚。

姚彦渠生平已见"同治《菱湖志》"条考录。

---

① (清)蔡蓉升撰《增纂双林镇志叙》,蔡蒙续纂民国《双林镇志》卷首,《中国地方志集成·乡镇志专辑》第二十二册(下)影印上海商务印书馆1917年版铅印本,上海书店出版社,1992。

② 参见沈慧编著《湖州方志提要》,中国文史出版社,2013,第112页。

③ (清)孙志熊纂光绪《菱湖镇志》卷三十《殉难》,《中国地方志集成·乡镇志专辑》第二十四册影印清光绪十九年(1893)临安孙氏刻本,上海书店出版社,1992。

④ 按:沈慧编著《湖州方志提要》卷十仅著录此志为清代稿本,未能断年,据以补之。又误著录纂者为"卞乃绳"。参见该书第117页,中国文史出版社,2013。

⑤ 参见沈慧编著《湖州方志提要》,中国文史出版社,2013,第117页。

此据光绪《菱湖镇志》卷四十一所述著录。①

光绪《清湖小志稿》　八卷

张宗禄纂，清光绪八年（1882）成书，已佚。

张宗禄生平已见"光绪《清湖小志》"条考录。

此据光绪《清湖小志》卷首序所述著录。②

光绪《双林志续纂新辑》

蔡汝锽纂，卷数不详。清光绪十二年（1886）成书，已佚。

蔡汝锽（1845～1886），③ 字元襄，光绪二年丙子举人。"外和而中刚，未尝立崖岸，至其所不可，必有执持。兵法吏治，皆所究心，能用古说合时变。〔其师施补华先生〕弟子数十人，独君体用咸有，冀有树立于世。"④ "有文名，工楷法……生平急公好义，有豪气，尝随其叔父雪樵先生（即同治《双林记增纂》的编纂者蔡蓉升）创办蓉湖书院及崇善堂，颇著勋劳，蓉湖书院列其名焉。碑记列其名，至今镇人犹称颂不置。"⑤ 著有《求是居释经》、光绪《双林志续纂新辑》（按：此志二卷，未成）。⑥ 民国《双林镇志》卷二十、民国《双林镇

① （清）孙志熊纂光绪《菱湖镇志》卷四十一《艺文》，《中国地方志集成·乡镇志专辑》第二十四册影印清光绪十九年（1893）临安孙氏刻本，上海书店出版社，1992。

② （清）张宗禄原纂、张统镐续纂光绪《清湖小志》卷首序，《中国地方志集成·乡镇志专辑》第二十五册影印复旦大学图书馆藏稿本，上海书店出版社，1992。并参见《复旦大学图书馆藏稀见方志丛刊》第十一册影印稿本，国家图书馆出版社，2010。

③ 据（清）施补华撰《泽雅堂文集》卷八《蔡元襄哀辞》："光绪丙子举于乡……〔光绪〕丙戌十月，竟以疾卒于家，年四十二。"是则蔡汝锽生于1845年，病逝于清光绪十二年（1886）。参见《清代诗文集汇编》第七百三十一册影印清光绪十九年（1893）陆心源刻本，上海古籍出版社，2010。

④ （清）施补华撰《泽雅堂文集》卷八《蔡元襄哀辞》，《清代诗文集汇编》第七百三十一册影印清光绪十九年（1893）陆心源刻本，上海古籍出版社，2010。

⑤ 蔡松辑纂民国《双林镇志新补》，《中国地方志集成·乡镇志专辑》第二十二册（下）影印嘉兴市图书馆藏1915年稿本，上海书店出版社，1992。

⑥ 蔡蒙续纂民国《双林镇志》卷三十《艺文》，《中国地方志集成·乡镇志专辑》第二十二册（下）影印上海商务印书馆1917年版铅印本，上海书店出版社，1992。

志新补》皆有传。

　　此据民国《双林镇志》卷三十一所述著录。[1]

清代《硖川志稿》

　　吴志云纂，卷数以及成书年代皆不详，已佚。

　　此据民国《海宁州志稿》卷十六所述著录。[2]

───────────

① 参见沈慧编著《湖州方志提要》，中国文史出版社，2013，第 113 页。
② 参见洪焕椿编著《浙江方志考》，浙江人民出版社，1984，第 464 页。

民　国

《双林镇志新补》

蔡松纂。1915年稿本。

蔡松，字旬宣，吴兴县双林镇人，清光绪十五年（1889）举人，萧山县教谕。

志首无图、无目录、无凡例，记事止于1915年冬（教堂·商立国民学校）。全志115页，分疆域、公所、学堂、教堂、义庄、义冢地、人物、人物表（殉难、列女孝节、进士、举人、贡生、历仕）、金石略碑碣、艺文等门。与民国《双林镇志》比，限内之事多有缺略。此志署名蔡松旬宣氏辑。

洪焕椿《浙江方志考》云："未著编者名氏，手抄本。现藏嘉兴图书馆。"概是未见原本。

原本藏嘉兴市图书馆。上海书店出版社1992年7月据嘉兴市图书馆稿本影印编入《中国地方志集成·乡镇志专辑》第二十二册（下）。

《路桥志略》　二卷

黄岩杨晨编，徐兆章参校。路桥镇在今黄岩县东南。

1915 年石印本，2 册。又有 1935 年黄岩杨氏铅印《崇雅堂丛书》本，附杨绍翰《补遗》一卷。

杨晨（1845～1922），字容初，号定孚，路桥河西人。清光绪三年（1877）进士，官至刑科掌印给事中。著《三国会要》等。1913 年开始编写《路桥志略》历时两年而成，分二卷六门，门类简约，叙述详略得当。徐兆章跋云："吾师杨定夫先生……创立此书。读其叙地、叙事二篇，则知于考古之中，兼寓劝惩之意。如篇中关于地方之利弊，治绩之隆污，黜华务实，诏兹来许，每斤斤三致意焉。至其叙山、叙水，力求沿革详确，利害所在。叙人则必其品行德业、事功文章，一长足录者，然后列入。虽曰表彰前哲，亦所以垂劝将来也。叙文一卷择有专集者少收，失传者宽载。而他邑诗文之关涉吾镇者，亦以罗入，不复分编。考献征文，具有微指。"

浙图藏 1915 年石印本 2 册（2 卷）、1935 年杨氏崇雅堂铅印本 2 册（6 卷），编入国家图书馆出版社 2017 年 12 月《天一阁藏历代方志汇刊》第四九五册。线装书局 2009 年 10 月据民国 24 年（1935）增订本点校出版《路桥志略》（杨晨编撰，杨绍翰增订，杨景成校字，管彦达、陈志超点校）。浙江档案馆有民国 24 年（1935）本的数字资源。

《新塍镇志》 二十六卷首一卷

嘉兴朱士楷编。

本志创始于光绪末年，至 1916 年成书，1920 年平湖缔春阁铅印本，四册，传本颇多。此志系据郑凤锵《新塍琐志》旧稿续辑。

新塍（今属嘉兴），古称新城。相传，春秋时吴王夫差在此筑新城备越。至唐代建镇，仍称新城。"会昌元年（841），尝垒土为城，谓之新城"（《大清一统志》）。宋代，有时也称新塍，"塍"即

"堤"，因当地苦于大水，筑塍（堤）御之。清末，为与其他称新城之地名区别，定名新塍迄今。

编入上海书店出版社 1992 年 7 月《中国地方志集成·乡镇志专辑》第十八册。

《双林镇志》　三十二卷首一卷

蔡蓉升原纂，蔡蒙、蔡松、张福瑆续纂。

1917 年上海商务印书馆铅印本。

蔡蓉升，字斐成，号雪樵，吴兴县双林镇人。廪贡生，历署武义、桐庐等县学教谕。

蔡蒙，字原青，号字行，吴兴县双林镇人。清光绪十五年（1889）恩科举人，江西大挑知县。

蔡松，字旬宣，吴兴县双林镇人。清光绪十五年（1889）举人，萧山县教谕。

张福瑆，字桐孙，吴兴县双林镇人。

此志在蔡蓉升原纂稿的基础上，由蔡蒙主持，蔡松采访补录、张福瑆再补录，又增补清同治九年（1870）后四十余年史事。1917 年此志在双林自治办事处自治员沈善同主持下刊印。

卷首 1917 年吴兴县双林镇地图（附顺治十六年释道元双林镇舆地图说）、1917 年沈善同《双林镇志》初刻引言、清同治九年（1870）蔡蓉升《增纂双林镇志原叙》、凡例（附沈氏续记凡例，附编次人仍例释言及酌时增改说）、1917 年蔡蒙《编次双林志原稿及补录后叙》、目录、1917 年徐珂附言。

志成于 1917 年，记事止于同年，镇界以"四周乡村各十里为限"，采用无纲多目体例，分方域、水道（井泉附）、山墩（塌埠附）、街市、桥梁、村落、学堂、公所、庙寺（教堂附）、祠墓、坊表、古迹、名胜（名胜题咏附）、碑碣、农事、蚕事（田家占验附）、风俗、物产、商业、户口、田赋、保甲、灾异、人物、艺术、寓贤、方外、贞烈、节孝、贤淑（闺秀附）、仕宦、封荫、殉难、荐举、旌义、贡举、艺文、文存（条议附）、纪略、杂记 40 门。

与蔡蓉升原纂稿比较"学堂、商业两门，原目所无，为今新立"。洪焕椿《浙江方志考》云："虽属镇志，所保存之史料颇为丰富。如卷三十二载有蔡蓉升所撰《兵受记》一文，记载咸丰十一年至同治二年（1861~1863）太平军在当地活动情况及政治、军事设施颇详。"

国图、浙图、湖州档案馆存藏。国图有数字资源。上海书店出版社 1992 年 7 月据此版本影印编入《中国地方志集成·乡镇志专辑》第二十二册（下）。

《竹林八圩志》　十二卷首一卷

嘉兴祝廷锡编。

本志编于 1920 年，稿本三册，不全，藏于嘉兴图书馆。又有 1932 年石印本，四册。竹林庙市原属嘉兴县，今嘉兴市东南。

祝廷锡，字心梅，号小雅，晚号俟庐老人。出生海宁，居嘉兴竹林 30 年。早年受敖嘉熊影响，参与创办竹林启蒙书塾、学稼公社，并在嘉兴加入竞争体育会，鼓吹宣传抵制美货。辛亥革命后，以读书自娱，筑有知非楼，藏书 3 万卷，后被日寇焚毁。竹林在嘉兴县东南古履浮乡之东周里，光绪中里人联合八圩守望相助，东西六里，南北五里，隐然自成区域。此志即记此域，详其圩名，并都庄辖地四至，为其志范。卷首有序、叙例、图、分图、正文 12 卷，分界域、里名沿革、山川桥梁、坛庙祠宇、冢墓、第宅、物产、设置、金石、选举、人物、艺文、文征内篇、文征外篇、诗征内编、诗征外编、丛谈诸门。

嘉兴陶葆廉（1914 年浙江通志局成立，被聘为分纂，著有《辛卯侍行记》等）校阅此志并为之作序跋。原稿已缺，存卷保存于嘉兴图书馆。编入上海书店出版社 1992 年 7 月《中国地方志集成·乡镇志专辑》第十九册。

《螭阳志》　四卷

张拯滋辑。

张拯滋，字若霞，漓渚人，与父兄皆为漓渚镇天元堂中医，辑有《螭阳百咏》，以韵语写本地风光。

书前有钱若滨、章曾培、王师曾三序。序称《螭阳志》于其地山水、文物、古迹、风光等，博搜萃籍，证诸实迹，考核精详，下以为乡乘先导，上以为邑志考镜。

螭阳乡原属山阴县，即今绍兴市。

有 1920 年铅印本，浙图、上海图收藏。收入中华书局 2006 年 1 月《绍兴丛书》（第一辑）《地方志丛编》第十册，编入上海书店出版社 1992 年 7 月《中国地方志集成·乡镇志专辑》第二十五册。

《余姚六仓志》　四十四卷首一卷末一卷

杨积芳等纂。

六仓跨有余姚县七乡，东临慈溪县，西靠上虞县，北尽于海。1917 年春，仓下士人张午炎发起编造"六仓志乘"，经六仓自治会公议，多数赞同。次年 2 月，设局于云柯学校旧址。初稿于 1919 年冬完成，1920 年夏五月定稿，冬十月在上海付印。

卷首有陈赞唐序，凡例 21 则，卷目，传目。正文 44 卷，分图说、山川、乡镇、桥梁、海塘、水利、课税、盐法、丁册、职官、选举、仕宦、学校、义举、物产、风俗、灾异、金石、艺文等 33 目。卷尾列股款始末记，记录编志经费由六仓股款开支之事；列编志人姓名、跋。

此志地图绘制精致，运用当时先进的实地测勘手段，数据较为精确。图中注明县界、仓界外，标明自治乡界，且山、海、河、盐地、溜地、沙涂、塘闸、堰桥等，都予以标明。各卷冠以小序，阐述六仓特点，阐释和定义卷名，阐述见解。

此志有 1920 年铅印线装本，8 册。编入上海书店出版社 1992 年 7 月《中国地方志集成（乡镇志专辑）》第二十五册。2004 年 11 月，王清毅、岑华潮标点本入《慈溪文献集成》（第一辑），由杭州出版社出版。

《南浔志》　六十卷首一卷

周庆云纂。1922 年刻本。

周庆云，字湘龄，号梦坡，吴兴县南浔镇巨富。清光绪七年（1881）秀才，后以附贡授永康教谕，例授直隶知州，均未就任。一生著作众多，方志著作有《西湖灵峰寺志》《莫干山志》《西溪秋雪庵志》等。民国初里人议修镇志，周庆云主其事。历三年初稿成，经周庆云"删其繁芜，补其缺略，将各稿本类次而排比"，"稿垂成，且刻且纂，又阅四年而杀青"。1920 年 8 月开雕，1922 年 10 月刊竣。

卷首 1922 年刘锦藻序，周庆云序，凡例 5 则，目录，南浔镇舆图。正文 60 卷，分疆域、公署、学校、河渠、衢巷、村庄、桥梁、古迹、宅第、园林、寺庙、祠墓、坊表、人物、寓贤、方外、列女、职官、选举、荐辟、历仕、封赠、荫袭、恤赠、商勋、灾祥、农桑、物产、风俗、义举、碑刻、著述、大事记、集文、集诗、志余 35 类，附见有五，沿革附疆域，会馆、公所附公署，水利附河渠，诗话附志余。志末秀水陶葆廉跋。

"体例唯依《汪》志"，限至宣统三年（1911）。与《汪》志相比较，《汪》志以镇为限，志名为《南浔镇志》，此志以南浔乡所属 12

庄为限，志名为《南浔志》，由于不以镇为限，故"不能为《汪》志之续，乃采辑镇以外及《汪》志以后掌故，益以《汪》志所有者而成此志"；《汪》志"略漏者补之，舛误者正之"；《汪》志"公署"包涵"学校""义举"，此志将"学校""义举"从"公署"中析出单独设门；《汪》志无"村庄"，而以西庄村觡里村附入镇区，此志加入乡区则"村庄"自为一门；《汪》志"古迹、园林"为一门，此志考虑"园林"有近人建筑者，似不可并入，"古迹""园第"又不相联贯，故分"古迹""宅第""园林"为 3 类；《汪》志"集文""集诗"不分邑人与邑外人，此志邑人与邑外人各分两卷；《汪》志南浔拐案等列"志余"记载，此志从"志余"中折出"大事记"，将南浔拐案、太平军、枪匪等归于此。《汪》志"荐辟""历仕""封赠""荫袭"附于"选举"，此志各自为类；此外此志改"节烈"为"列女"，新增"恤赠""商勋"等类。

此志时人有云："取材多而体例严，端赜而文词简，与旧志相得益彰，堪备史乘采摘"（秀水陶葆廉跋）；"取材富赡，隶事也均有分别……成此巨著，海内无第二乡志能与抗衡"（宁海章梫题词）；"甄采宏博、体例明备，不惟掌故征文，抑且史家余裔"（南通张謇题词）等评价。

国图、浙图有藏本。此志又有 1928 年补刻本，与 1922 年刻本比，凡例后增题词三篇（宁海章梫题词、兴化李详题词、南通张謇题词），志末附《南浔撷秀录》一卷。上海书店 1992 年 7 月据 1922 年刻本影印，编入《中国地方志集成·乡镇志专辑》第二十二册（上）。国图有此两种版本的数字资源。

《南浔备志》　三册

清刘锦藻纂。

刘锦藻，原名安江，字澄如，吴兴县南浔镇人。清光绪十四年（1888）举人，清光绪二十年（1894）进士。另著有《续皇朝文献通考》400 卷、《坚匏庵诗文钞》4 卷、《杂著》2 卷，《律赋》1 卷，《楹联》1 卷等。

此志见周子美《南浔镇志稿》卷三"著述"，云"写本存"。

《乌青镇志》　四十四卷首一卷

卢学溥续纂。1936 年刻本。

卢学溥，字彦博，号涧泉，桐乡青镇人，光绪二十八年（1902）举人。

1933 年设局编纂，1935 年 1 月开雕，1936 年 6 月告成。嘉兴朱辛彝，武进张维骧应邀参与商定体例，决定大纲，里人沈雁冰参与测绘地图。

此志为董世宁乾隆《乌青镇志》之续志。卷首署名清乌镇同知董世宁原修，里人卢学溥续修。董《志》原文概不删节，唯间有移动处，如"祥异""旧闻"二门有数条改入"大事记"；新增"工商""赋役""任恤""教育""两庑先儒""才媛""大事记"7 门，又"选举"门上卷末增"学校毕业生"，下卷末增"议员""历仕"。"有增益者均注明新纂"，遗漏处"此次考得者，则按其时代补列"；董《志》各门标题"国朝"字，此志改为"清"；地图用新法测绘，并增乡区图及各种风景摄影；志中所叙日月，1912 年后用阳历。此志下限 1934 年 9 月，续有见闻均入补遗。卷首镇图、乡区图、风景摄影；卷一至卷四十四为星土、祥异、沿革、疆域、形势、水利、农桑、建置、廨宇、古迹、名胜、坊巷、桥梁、乡村、祠庙、寺观、园第、墓域、风俗、土产、工商、赋役、任恤、教育、职官、选举上、选举下、人物上、人物下、两庑先儒/耆德/艺术/寓贤、贤母、节烈上、节烈下、才媛、释老、艺文（诗）、艺文（文）、著述上（书目）、著述下（碑版翰墨）、大事记、旧闻上、旧闻下、存疑、旧序。

此志流传颇多。国图有数字资源。上海书店出版社 1992 年 7 月据原刻本影印编入《中国地方志集成·乡镇志专辑》第二十三册。

《濮院志》　三十卷

嘉兴夏辛铭辑。

卷首有夏辛铭自序，例言 13 则，目录。正文分 26 门（疆域、衢巷、村庄、河渠、古迹、风俗、公署、教育、任恤、桥梁、寺观、园第、祠墓、农工商、物产、职官、选举、人物、列女、寓贤、方外、艺文、大事记、集文、集诗、志余）30 卷。

夏辛铭序称，濮院掌故记载不下十余种，当时仅存《东畬杂记》《濮川所闻记》《濮录》三种孤本，夏氏据以为蓝本，参考他书，"有所增损于其间，益以近五十年之事实"，迄于民国 15 年（1926）为止。此志纂修有不同于前志之处，如濮院地连数县，旧图既不精密易滋舛误，"此志于地域之可考者必详其县界，而于四栅内之市街则依据测绘"；"旧时方志但列农桑不及工商，今时会所趋，农工商并重，就采访所及增补之，俾我乡人知所注意"。同时注重材料确凿，如"此志所采各书必注明所出，新纂者亦必凭确访注明新纂"，等等。

有 1927 年刊本，六册。

1992 年影印 1927 年版刻本收入上海书店《中国地方志集成·乡镇志专辑》第二十一册。

《岱山镇志》　二十卷首一卷

定海汤濬编。

汤濬（瀋）采《宋元四明六志》及光绪《定海厅志》之记述，

增以近三四十年来之见闻，有关掌故及于地方有益之人、事、条分缕析，尽采并揽，成《岱山镇志》20 卷。卷首有岱山岛屿图，自序，志十七（总志、山、水、盐、渔、户口、田赋、学校、廨舍、社庙、人物、风俗、物产），列表二（职官、选举），余录（古迹、艺文、题咏），卷末有跋。下限民国 7 年（实际止于民国 15 年付梓前夕）。此书体例悉合，叙事简要，于岱山之情形几无所不包。

　　汤浚 55 岁时着手进行《岱山镇志》的编修。自民国 7 年（1918）开始，至次年三月脱稿，后又经数年修葺，至民国 16 年（1927 年）九月付印，十年始修成，付梓成书 150 部。此志出自一人之手，颇为难得。此志亦成于众手，为编成《岱山镇志》，汤浚发动了兄弟、子侄、儿婿乃至门人（学生）、学友、族人一起修志。其胞弟汤铭策、汤铭篆为参校，其子汤浩负责校字，女婿沈立恭绘制地图。

　　此外，民国 9 年（1920），汤浚受定海县继任知事冯秉章重修《定海县志》之邀，任修志局主编。在定海，他与同仁钱崇琦、王昌科等先后修成《定海厅志续补》《定海县新志》等四部志书。他还应聘担任《普陀洛伽山志》（始编于 1923 年）的参校之责。

　　1928 年定海汤氏一梅轩木活字本，四册，传本尚多。舟山网上方志馆有数字资源可下载。2019 年 1 月岱山县档案局（史志办）出版陶沙、陶和平、毛久燕点注《岱山镇志点注本》。

　　岱山镇属定海县，在县东北海中，即舟山岛东北。1953 年，以定海县岱山岛东沙角镇为中心，成立岱山县。1958 年撤销岱山县，1962 年又重新恢复，县治驻高亭镇。

　　《松夏志》　十二卷
　　连光枢编，何鸣宣参订。
　　志首有连光枢序 1 篇，松夏志略例 13 则，松夏志采集书目 177 种

（根据 54 种，引用 112 种，参考 11 种），总目、列传目录，图 1 幅。设舆地（境图、区域、镇市、村里、土田、山川、塘霪、津梁）、祠祀、人物（名宦、乡贤、寓贤）、列女（姓氏录附）、选举（征辟、科目、仕籍、封赠荫袭附）、祥异、建置（乡校、义产、路亭）、古迹（城镇、台铺、亭塔、书院、坊表、宫室、茔墓、寺庵、器物）、土产（盐法附）、经籍（经史子集）、金石、艺文（内外编）等 12 卷。

松夏镇原属上虞县。

有 1931 年沈湖楼铅印本。上虞图书馆有数字资源。

《曹娥乡志稿》

徐绳宗编。

系采访稿，分疆界、山脉、河流、海塘、坝砩闸堰、湖荡港池、桥梁、渡、溪涧泉、井、园亭、义冢、旧书院义学、茶亭路亭、牌坊碑亭、祠庙坛、寺院庵观、消防、旧山会两邑职官、科贡仕进、氏族、农作物 23 个部分。约 2700 字。

本稿编于 1937 年，有 1938 年铅印《绍兴县志资料》第一辑本。又有 1947 年抱经堂油印本，系朱遂翔增补，题《曹娥乡土志》。

曹娥乡原属山阴县，在今上虞县百官镇西。

1992 年 7 月编入上海书店《中国地方志集成·乡镇志专辑》第二十五册。

《天乐志》

汤叙辑。

本志辑于 1935 年，约 44 千字。卷首有汤叙自序，称受中心小学暨民众教育馆之托，稽诸残编断简，采诸街谈巷语，数月而成。例言 14 则。设沿革考、区域、乡镇、人口、山脉、水道、泉池、闸桥、塘圩、寺院、坟墓、机关、教育、交通、祥灾、货殖、风俗、岁时、人物、艺文和待考，21目次。山脉、水道等章先作概论，采录注有出处，引用原文均节录，资料来源于通志、府志和县志等。葛陛纶、蔡东藩、徐汉平、祝蕃和汤寿窋等为此志校雠。

天乐乡原属山阴县，即今绍兴市西南，1950年10月划归萧山。

此志收入1938年铅印《绍兴县志资料》第一辑本。上海书店出版社1992年7月编入《中国地方志集成·乡镇志专辑》第二十五册。

《天乐乡富家墩村志》

陈得明编。

陈得明，富墩村人，富墩陈氏第22世。"自幼禀质赢弱"，又未入科举之门，但他刻苦读书，"案头列经史文房"，又乐山乐水成癖。在教学、行医之余，"造青人极顶，窥龙湫石匮之灵异，搜阅青化书屋之玄诠"。晚年，"回忆五十载经历"，于1935年编成《天乐乡富墩村志》。

此志首列前言，后分志陆和志水两部。志陆内列18项附3项，记载村境内山、岭、路、坂、宫、寺、院、庵、庙、祠、亭、潭、井等；志水内列5项，记载村境内池、桥、塘、洲、霅等。附村外流域。约5000字。

此志收入1938年铅印《绍兴县志资料》第一辑本。

《增订路桥志略》　六卷

杨绍翰据杨晨2卷本增订，铅印本。

杨绍翰（1886～1925），杨晨孙。1922年杨晨去世后，杨绍翰充实《路桥志略》的内容，收集大量诗文，扩充内容，更名为《增订路桥志略》，编入杨晨《崇雅堂丛书》中。1935年由杨景成（杨晨曾孙）到上海出版。

此志 2 册 6 卷，约 15 万字。上册 5 卷，分为叙地、叙山、叙水、叙人、叙事；下册 1 卷叙文。叙地包括村图、官署、公所、祠庙、学校（书院附见）、寺观、古迹、第宅、坟墓、坊表；叙山包括形势、名胜；叙水包括泉池、桥梁、闸坝；叙人包括人物、烈女；叙事包括物产、风土、寇乱、赋税。叙文分外编、内编，内编录本地人诗文，外编录外地人相关之作。此志较详细地记载境内资本主义萌芽情况、太平军入境情况、反教会斗争、辛亥革命入境过程。

路桥区档案馆藏，系由月河诗钟社阮孔棠捐赠。2009 年 10 月管彦达、陈志超点校本由线装书局出版，2013 年数字化扫描本在路桥区档案馆网站发布。

《海门镇志》 十二卷

项士元著。成稿于 1936 年，纪事至 1949 年止。全书近 30 万字，12 卷，33 门。卷一（疆域、形势、山水、岛屿附沙礁、潮汐、气象、风浪、胜迹附名人墓宅），卷二（街巷、关市、田地、桥梁津渡、寺观、祠庙、坊表），卷三（机关团体），卷四（书院和学校），卷五（军备、军事、盐务），卷六（船舶、渔业、物产），卷七（岁时、婚嫁、丧葬、迷信、生活附物价），卷八（秩官、名宦、侨寓、人物、列女），卷九（杂事），卷十（艺文一文内编、艺文二文外编附敕命），卷十一（艺文三诗内编），卷十二（艺文四诗外编附诗余），末有作者小传。

项士元（1887~1959），临海县城人。参加杭州新闻史编纂筹备委员会，负责起草编纂大纲，后独立编成《浙江新闻史》；主编《临海县志稿》；著述有《台州经籍志》《临海要览》《中国簿录考》《浙江方言考》《两浙艺文志》等约 130 种。

此志手稿今存临海市博物馆。刊本有 1988 年 5 月临海市博物馆打印本、1993 年椒江市地方志办公室编印本。

《新宁区志》　三十卷首一卷

干人俊纂。稿本配油印本。

干人俊（1901~1982），字庭芝，号梅园，宁海下何人。著述涵盖经、史、子、集，工于诗词，尤长史志，著有《盘溪诗草》《天台游草》《金陵杂志》《括苍游草》等诗作多卷。

干人俊一生修志不辍，数量庞大，据他所纂之《宁海县续志稿》记载，共纂总志类、小志类、外省志书约 70 种。其中乡镇志有 9 种，即《新宁区志》（30 卷，首 1 卷，有自序）、《缑城镇志》（12 卷）、《宁海海游镇志》（8 卷）、《宁海回浦乡志》（8 卷）、《宁海久安乡志》（8 卷）、《奉化大桥镇志》（6 卷）、《奉化里连区志》（18 卷，有自序）、《仙居横溪镇志》（12 卷）、《缙云壶镇志》（12 卷），但多有散佚，仅《新宁区志》与《缑城镇志》残本见于《宁海丛书》（2016年）。曾论编纂宗旨曰："盖余数纂乡志，意在扬先徽，诏后进，庶几学者闻风兴起，敬恭桑梓，发挥而光大之。"资料多注明来源，多为实际调查所得，颇有价值。

新宁区宋明时为新宁乡、宣统时为新宁镇，1941 年始称新宁区。1925 年，干人俊仿《剡源乡志》纂《新宁乡志》10 余卷，1937 年又撰《梅林区志》20 余卷，因战乱无法定稿。1943 年区长俞中原督请，方成此志，名曰《新宁区志》。

此志卷首为《宁海新宁区志自序》、凡例、目录。卷一至四为方舆记，卷五、六为建置记，卷七、八为博物记，卷九、十为食货记，卷十一至十三为选举表，卷十四为礼俗考，卷十五为方言考，卷十六为艺文考，卷十七为金石考，卷十八为古迹考，卷十九为名胜考，卷二十至二十二为先贤传，卷二十三为寓贤传，卷二十四、二十五为列女传，卷二十六为方外传，卷二十七为杂记，卷二十八、二十九为文征，卷三十为地图。

今存残本，存八卷及卷首，卷首中的凡例、卷四中的气候及卷五、卷七至卷十五、卷十七、卷二十至卷三十全脱。所存卷帙中，卷十六为油印稿，其他为写本。

后有修订本，系稿本与油印本配合而成。此本于目录中删除已不存在的凡例、气候两目；调整前稿本目次，修订本改卷二十一为类传之宦业、师儒、学术、文苑，卷二十二为类传之才孝友、义烈、特行、耆德，卷二十三为类传之隐逸、方技、流寓，卷二十四为贤母、寿母，卷二十五为孝妇、烈妇、节妇、才媛；还做了内容校正、脱漏补订等。[①]

此两版本均于干人俊《方正学年谱》中著录，并于 2016 年收入《宁海丛书》第 108 册，由上海古籍出版社出版。

《新丰镇志略初稿》

梅元鼎编。

有 1945 年新丰镇公所洲印本，浙图收藏。新镇原属嘉兴县，在今嘉兴市东。

梅元鼎，嘉兴新丰镇人。1930 年前后在新丰小学任教，1936 年始着手编写新丰镇志。1939 年接任镇长，工作繁忙，组织民众抗日，编写镇志工作时断时续，前后历时 9 年，到 1945 年才完成初稿，定名为《新丰镇志略》。

此志约 20 万字，前有序言，共分 19 章，即镇境沿革、地理、户

---

① 部分内容参录《宁海丛书提要》（上海古籍出版社，2016）陈开勇所撰该志提要。

口、田赋、交通、党务、教育、警务、特产、乡贤、寺院、古迹、农谚、风俗、婚嫁、丧葬、生育、疾病、杂谈，并附有从唐文宗太和七年（833）到 1945 年的简要新丰镇大事记。

上海书店出版社 1992 年 7 月编入《中国地方志集成·乡镇志专辑》第十九册。

《新塍新志初稿》 三卷

严一萍编辑。

1948 年铅印本。

严一萍，1912 年生于新塍东栅，原名城，又名志鹏，字大钧，以号行，室名萍庐。本志原拟编 27 卷，初稿仅成卷首一卷及卷一至卷二，共三卷，余皆未成稿。亦有一说称，"大事年表""建置沿革"二卷付印，然包括"人物艺文"卷等初稿，"文革"期间被家人焚毁。

此志传世较少，南大有嘉兴高可安钞本，三卷。上海、嘉兴图书馆藏存二卷。1992 年 7 月编入上海书店《中国地方志集成·乡镇志专辑》第十八册。2011 年收入上海图书馆编《上海图书馆藏稀见方志丛刊》。

《缑城镇志》 十二卷

干人俊纂。稿本。

据《宁海经籍略》《民国宁海县续志稿》记载，此志纂述时间为民国 38 年，即 1949 年，卷数为 12 卷。现存 5 卷，即卷二至卷五、卷十一，内容皆为有关缑城历史人物诗文之选录，其中卷二录华大琰、陈大瑜等 23 人之诗，卷三录吴大雅、吴彩蟾等 21 人之诗，卷四录华平、潘俊等 21 人之诗，卷五录华观、徐必履谦等 16 人之诗，卷十一录周弁、杨杰等 15 人之诗。

此志尚未定稿，修改痕迹明显，且多从他作移接而成。特别是卷三至卷五乃利用旧稿《缑城集》《宁海经籍志》改头换面而成，故其卷题亦作"缑城镇志 缑城集卷二"、"缑城镇志 缑城集卷三"、"缑城镇志 缑城集卷四"。其中董煜、黄文焕等 13 人为《宁海经籍志》卷四《经部五》之内容，吴应鳌、章志巨等 6 人为《宁海经籍志》卷七《经部九》之内容，作者将《宁海经籍志》卷四《经部五》、卷七《经部九》卷题抹去而留下原内容，作为《缑城镇志》卷二之内容。又将《缑城集》卷二内容裂为二部分，前部分作为《缑城镇志》卷三，后半部分作为《缑城镇志》卷四，原《缑城集》卷四则作为《缑城镇志》卷五。此稿虽为草稿，但搜集历史上以及地方上之诗歌文献，录为一编，不仅保存乡邦诗文，而且可补订传世文献。[①]

此志于干人俊《方正学年谱》中著录，2016 年收入《宁海丛书》第 108~109 册，由上海古籍出版社于出版。

《南浔镇志稿》　四卷

周子美纂。稿本。

周子美，原名延年，字君实，号子美，南浔镇人。1918 年考入浙江法政大学。1920 年毕业后回故乡任小学教员。1924 年受同乡刘承幹之邀，任嘉业堂藏书楼编目部主任。1932 年，受邀任教于沪上圣约翰大学，兼震旦大学、法政大学教授，直到 1943 年辍业。1946 年复任教于圣约翰大学。1952 年院系调整，在华东师大中文系、教育系任教，1959 年 9 月，调入华东师大图书馆工作，担任参考阅览部主任。先后编写《南浔镇志稿》、《中国教育史纲要》（油印本）、《中国古代教育史资料》（参编）、《华东师范大学善本目录》、《华东师大馆藏参

---

① 部分内容参录《宁海丛书提要》（上海古籍出版社，2016）陈开勇所撰该志提要。

考工具书目录》、《华东师大图书馆藏金石碑拓分类目录》等多种著作。

此志为周庆云民国《南浔志》之续志，每卷根据材料多寡分若干目，"各目名称概依前志，其无可记载者则从略，有材料太少则附见他目，如工艺之附于农业，寺院亭台之附于祠墓"；"善举一目，前志为义举，今改善举"；"古迹凡经修葺或兵燹被毁者，虽见前志也列入"；"著述附嘉业堂、适园、密韵楼丛书书目"；"杂录系合前志中集文、集诗、志余而成"；"人物传系采集各家墓志铭、行状、哀启而成，体例间有未纯"。卷一公署、学校、善举、灾祥；卷二农桑（工艺、户口附）、河渠、桥梁、祠墓（寺院亭台附）、人物、列女；卷三碑刻、著述；卷四大事记、杂录。志首刘承幹序，凡例9则、目录、1953年周子美自序。上限1912年，下限1937年，个别事件记载至1942年和1943年，全志369页。

此志史料价值颇高，所收多为罕见资料。如"大事记"中所收《浔溪团防志》（反映1924年江浙战争情况）、《南浔公会兵灾报告书》、《（抗战期间）南浔镇被焚房屋调查表》、《吴兴县抗战人员忠烈事迹录》都是第一手的实地调查资料。刘承幹序云"使每邑有人焉，能如子美所为，纵无志科之设，其乡邦文献，必不泯没无传"。

此志华东师范大学图书馆存藏。2005年收入《华东师范大学图书馆藏稀见方志丛书》第二十册，由北京图书馆出版社出版。

中华人民共和国

省级

《浙江省名镇志》

《浙江省名镇志》编纂委员会编。主编魏桥。上海书店 1991 年 5 月出版，印数 9300 册，16 开，813 页，1300 千字，配彩图 160 幅，精装护封本 1 册，定价 255 元。

卷首有题词 1 幅，纂修人员名录，照片插页 48 页，序 2 篇，前言 1 篇。正文为条目体，以杭州市、湖州市、嘉兴市、绍兴市、宁波市、舟山市、温州市、金华市、衢州市、台州地区、丽水地区为序（其中各镇排列以镇名首字笔画为序），分别记载浙江省 161 个著名集镇的政治、经济、文化、教育、人物以及民情风俗等的历史和现状。系由浙江省地方志编纂室主持，集全省修志工作者之力编纂而成。

严济慈序称："是书观点正确，资料翔实，文字可读，有此一编足可抵百部之乡镇志也。此亦为编纂新方志之一创举，以免乡乡镇镇修志，徒费人力物力。"刘枫序称此志"开创了集全省名镇于一书的先河，这是根据浙江地方特色对编纂地方志的一种创新"。

国图、浙图、浙志办、中社科图、美国斯坦福大学图

《浙江省名村志》①

《浙江省名村志》编纂委员会编。主编魏桥。浙江人民出版社1994年8月出版，印数4000册，16开，1410页，2155千字，精装护封本2册（上、下），定价98元。

卷首有纂修人员名录，照片插页42页，前言1篇。正文为条目体，记载浙江省较为著名的604个村（约占当时全省行政村总数的1.4%）的政治、经济、文化、教育、人物以及民情风俗等的历史和现状。系浙江省地方志编纂室为适应现实和历史的需要，并补首轮修志之不足，集全省方志界之力量编纂而成。

此志的编纂，指导思想上坚持从微观的记述中，反映浙江各个地域聚落发展的特点，反映各个区域的经济、文化以及风俗民情的不同特色；坚持从各村的实际出发，求实存真；既继承方志的传统，又有创新。形式上，体例大致统一，允许不拘一格。

国图、浙图、浙志办、北大图、德国柏林国图

杭州市

（建德）《梅城镇志》

浙江省建德县梅城镇人民政府编。《梅城镇志》编纂领导小组组长殷连法。1985年底完稿，16开，339页，568千字，平装1册。

卷首照片2幅、图2幅，序1篇，凡例10则。该志首列概述。正文设6篇（地理、政治、经济、文化、人物、社会）、36章、109节。

---

① 限于篇幅，中华人民共和国成立后的村志仅收此一部。

卷末有大事年表、跋、纂修人员名录。上限大体上承 1919 年版《建德县志》，部分追溯至事物发端，下限至 1983 年底，部分延至 1985 年完稿时。

国图、浙图、杭州图、建德图、中社科图

（萧山）《瓜沥镇志》

《瓜沥镇志》编纂办公室编。领导小组组长周来新。1986 年 3 月内部印刷，16 开，298 页，约 460 千字，平装 1 册。

卷首有图 3 幅，序 1 篇。正文设 6 编（概论、政治、经济、军事、文教卫生、杂记）、34 章、78 节，后有附录。卷末有大事记、后记、编纂资料来源、纂修人员名录。上限 1911 年，下限至 1984 年，上下限均有部分突破和延伸，随文照片均为 1984 年后拍摄。

国图、浙图、萧山图、来新夏馆、北大图

《萧山临浦镇志》

《临浦镇志》编纂小组编。浙江人民出版社 1988 年 12 月出版，印数 2100 册，32 开，263 页，200 千字，精装 1 册，定价 14 元。

卷首有照片插页 8 页，图 3 幅，序 1 篇，凡例 7 则。该志首列概述、大事记。正文设 14 卷（建置、交通邮电、商业、工业、水利、市政建设、金融税务、党派群团、政权、文化教育、卫生体育、社会生活、人物、杂记）。卷末有后记、镇志编审人员名单。上起 1911 年，下限至 1985 年。

国图、浙图、萧山图、中社科图、复旦图

《萧山城厢镇志》

《萧山城厢镇志》编纂委员会编。主编沈璧、徐树林。浙江大学出版社 1989 年 4 月印刷，印数 3000 册，32 开，534 页，399 千字，精装 1 册，定价 22 元。

卷首有照片插页 18 页，图 2 幅，序 1 篇，凡例 7 则，纂修人员名录。该志首列概述、大事记。正文设 8 编（地理、市政建设、经济、政治、军事、文化、人物、社会）、39 章、103 节。卷末有后记。上限 1911 年，下限至 1985 年，有个别事物上溯下延。

国图、浙图、萧山图、中社科图、美国斯坦福大学图

（萧山）《长河镇志》

萧山市《长河镇志》编写领导小组编。主编王炜常。光明日报出版社 1989 年 6 月出版，印数 3000 册，大 32 开，374 页，250 千字，精装 1 册，定价 20 元。

卷首有题词 4 幅，图 1 幅，照片插页 9 页，序 2 篇，凡例 10 则。该志首列概述、大事记。正文设 17 编（建置人口、自然地理、农业、水利设施、工业手工业、商业、财政金融、交通邮电、党派群团、政权、民政、军事、教育文化体育、卫生科技、社会、著述、人物）、69 章、164 节。卷末有后记、纂修人员名录。上限北宋太平兴国三年（978），下限至 1987 年。

国图、浙图、杭州图、萧山图、中社科图

《余杭临平镇志》

《余杭临平镇志》编纂委员会编。主编康自强、史济政。浙江人民出版社 1991 年 9 月出版，印数 3000 册，32 开，327 页，277 千字，精装护封本 1 册，定价 15 元。

卷首有题词 1 幅，照片插页 15 页，图 2 幅，序 3 篇，凡例 5 则。该志首列概述、大事记。正文设 6 篇（城镇建设、经济、政治、文教卫生、生活、人物）、20 章。卷末有附录（序文选、诗文选、日机空

袭临平纪实）、后记、纂修人员名录。上限公元 249 年，下限至 1987 年。

明末清初镇人沈谦有《临平记》（顺治元年即 1644 年刊印），其后有《续记》《补遗》《再续》，数十卷。

国图、浙图、杭州图、余杭图、中社科图

（余杭）**《塘栖镇志》**

编纂主任王西林。上海书店 1991 年 11 月出版，印数 2000 册，32 开，251 页，230 千字，精装护封本 1 册，定价 18 元。

卷首有题签 1 幅，照片插页 10 页，政区图 1 幅，序 3 篇，凡例 6 则。该志首列概述、大事记。正文设 14 章（镇区、镇区建设、交通、工业、商业、农业、金融税务、文教卫生体育广播、党政群团、社会生活、名胜古迹、风俗习尚、人物、碑碣诗文著述）、61 节。卷末有历代修志、编后记、纂修人员名录、资助单位和法人名录。上溯建镇时，下限至 1987 年，凡旧志已有记者从简。

自清光绪《唐栖志》问世已逾百载。顾志兴序认为，此志详今明古，突出经济部类，富有时代和地方特色，门类较全，资料翔实，内容丰富，较清王同《唐栖志》成为佳胜，为传世之作。

国图、浙图、萧山图、余杭图、中社科图

《余杭镇志》

《余杭镇志》编纂办公室编。主编周霖根（兼）。浙江人民出版社 1992 年 2 月出版，印数 2065 册，32 开，376 页，275 千字，精装护封本 1 册，定价 17.5 元。

卷首有题词 1 幅，照片插页 7 页，图 1 幅，序 2 篇，凡例 6 则。该志首列综述。正文设 12 篇（岁月悠悠两千年、开湖筑塘兴余杭、水陆交通连成网、环桥百舸集商货、"四无粮仓"成典范、古镇崛起工业城、崇学务实教泽长、名医辈出拓医业、雄踞杭州西大门、沧海桑田话印迹、古镇旧貌换新颜、千秋诗文共鉴赏）。卷末有附录（杨乃武、毕秀姑案）、编后记、纂修人员名录。上起事物发端，下限至1989 年。

国图、浙图、杭州图、余杭图、中社科图

《富阳镇志》

《富阳镇志》编纂室编。主编陆佐华。汉语大词典出版社 1994 年2 月出版，印数 5000 册，32 开，479 页，420 千字，精装 1 册，定价22 元。

卷首有题词 2 幅，图 4 幅，照片插页 10 页，序 2 篇，凡例 11 则。该志首列概述、大事记。正文设 8 编（地理、市政建设、经济、政治、军事、文化、社会、人物）、39 章、122 节。卷末有编外记、后记、纂修人员名录。上限不限，下限至 1990 年。

国图、浙图、富阳图、中社科图、复旦图

《富阳新登镇志》

《富阳新登镇志》编纂办公室编。主编李春芳。浙江人民出版社1994 年 3 月出版，印数 3000 册，32 开，508 页，410 千字，精装 1 册，定价 28 元。

卷首有题词 4 幅，照片插页 16 页，图 3 幅，序 3 篇，凡例 9 则。该志首列概述、大事记。正文设 8 编（镇域、经济、政治、军事、文教、卫生、生活、人物）、39 章、122 节。卷末有附录、跋、编后记、纂修人员名录。上限不限，下限至 1992 年，个别事项延至完稿时。

傅振伦跋称："斯志详今略古，侧重记注文书、档案、文物、口碑各方面的史料，如民族郡望，人物著作、文征轶事等，采访周详，既可资治垂鉴，又备征文考献之用。详于经济与城镇建设，体现时代精神与地方特点。《概述》一篇勾勒地情及地方利病，言简义赅，亦便'节时捷取'，实非同凡响。'社会'一词有广义、狭义之分，今人修志或一仍旧贯，或标风俗、民情，今为《生活》篇，似可考虑。《历代诗文选》所附旧志考略、民国志正误，亦颇精审。《人物》篇附录《新登县志·人物传》简录亦佳，惟事见'正史'及前志者，可注明其出处。《生活》篇导言论社会风气既有传统美德，也提到应行改革之处，皆亦可次法戒。《方言》章所记语音、词汇及谚语的注释说明，均佳。惟农谚仍可广事收罗以增入之。"

国图、浙图、富阳图、中社科图、复旦图，国图另有 1991 年 490 页油印本镇志初稿。

《桐庐镇志》

《桐庐镇志》编纂委员会编。主编鲍骥。1994 年 3 月内部出版，印数 1000 册，16 开，518 页，660 千字，精装 1 册，定价 150 元。

卷首有题签 1 幅，照片插页 20 页，图 3 幅，序 3 篇，凡例 10 则，纂修人员名录（含审稿和资料提供人员）。该志首列概述、大事记。正文设 8 编（地理、城镇建设、城镇管理、经济、政治、文化、社会、人物）、49 章、152 节。卷末有附录、跋、勘误表。上限唐开元二十六年（738），下限至 1990 年。

国图、浙图、桐庐图、北大图、华师大图

（萧山）《浦沿镇志》

《浦沿镇志》编纂领导小组编。主编王炜常。中国商业出版社 1994 年 12 月出版，印数 3000 册，32 开，231 页，200 千字，精装护封本 1 册，定价 28.8 元。

卷首有题词 3 幅，图 1 幅，照片插页 15 页，序 2 篇，凡例 6 则。该志首列概述、大事记。正文设 16 编（建置人口、自然环境、农业、工业、商业、交通邮电电力、财税金融、城镇建设、党派群团、政权、军事、司法民政、文化广播体育、教育科技、医疗卫生计划生育、社会）、69 章、150 节。卷末有编后记、纂修人员名录。上限不限，下限至 1993 年。

李志庭序称此志注重科学性和可靠性，尽最大可能采用第一手资料；注重全面性和系统性，每编根据掌握的材料先叙历史、后叙现状，综合一镇之全貌。

国图、浙图、萧山图、中社科图

（上城）《小营巷街道志》

杭州市上城区小营巷街道编。主编陈明华。1996 年 12 月内部印刷，16 开，106 页，平装 1 册。

卷首有凡例 8 则，题词 4 幅，图 2 幅，照片插页 26 页，纂修人员名录，序 1 篇。该志首列概况、大事记。正文设 10 章（街道办事处、街居经济建设、城市管理与爱国卫生工作、民政优抚工作、社区服务、社会治安综合治理、司法调解工作、居民委员会建设、计划生育管理、社会主义精神文明建设）、46 节。后有附录 10 则。卷末有编后。上限不限，下限至 1992 年。

1958 年 1 月 5 日，毛泽东主席曾视察小营巷卫生工作（该志照片插页首页），当时是毛主席唯一视察过的街道。志中对此有专门记述，并述及爱国卫生管理与环境保护工作等。

国图、浙图、杭州图、来新夏馆

（上城）《清泰街志》

杭州市上城区清泰街道办事处编。主编高诚。1998 年 2 月内部印刷，印数 500 册，16 开，200 千字，精装护封本 1 册。

卷首有题词 5 幅，地图 2 幅，插页照片 119 帧，纂修人员名录，序 1 篇，凡例 7 则。该志首列概况、大事记。正文设 12 章（街道办事处、街道党组织、人民武装、街居经济建设、民政行政管理、城市管理、社会治安综合治理、司法行政管理、居民委员会建设、计划生育管理、社区服务、社会主义精神文明建设）、53 节。后有附录，卷末有编后。上限不限，下限至 1992 年，以 1954 年建立街道办事处以来内容为重点。

浙图

（萧山）《西兴镇志》

《西兴镇志》编纂领导小组。主编王炜常。杭州市西兴镇人民政府 2000 年 12 月编印，32 开，328 页，约 260 千字，平装 1 册。

卷首有题词 2 幅（前后各一），图 1 幅，照片插页 16 页，序 1 篇，凡例 7 则。该志首列概述、大事记。正文设 10 编（地理、农业、手工业工业、商业、交通邮电、金融财政税务、政治、教育文化医卫科技、社会、人物）、33 章、105 节。卷末有跋、纂修人员名录。上限春秋末期，下限至 2000 年。

国图、浙图、萧山图、南大图

《萧山南阳镇志》

编纂褚云皎。2001 年 6 月内部印行，印数 1500 册，16 开，639 页，710 千字，精装 1 册，工本费 100 元。

卷首有照片插页 50 页，图 2 幅，序 1 篇，凡例 9 则。该志首列总述、大事记。正文设 6 部（镇区、经济、政治、文化、社会、人物）、17 编（建置人口、地理自然，农业、工业、商业、交通邮电电力、财税金融保险股票、城镇建设，党派团体、政权、司法民政、军事，文化广播电视、教育科技体育、医疗卫生计划生育，社会生活，人物传英名录）、83 章、218 节。卷末有纂修人员名录、编纂后记。上溯中小门成陆前后即 1777 年，下限至 1999 年。

浙图、萧山图、桐庐图

（拱墅）《上塘志》

《上塘志》编纂委员会编。主编陈希萍。国际文化出版公司 2002 年 6 月第 1 次印刷，印数 3000 册，32 开，268 页，235 千字，精装 1 册，定价 20 元。

卷首有纂修人员名录，照片插页 14 页，图 2 幅，序 1 篇，凡例 6 则。全志由大事记、镇专志、村级志、居民区志和附录组成，镇区专志设章节目，村级志居民区志设条目。正文设 8 章（概况、党政群团、经济建设、教育卫生、文艺体育、荣誉称号、村级建置、附录）、26 节。卷末有后记、撰稿及提供资料人员名录。上溯事物发端，下限至 2001 年，个别事物、大事记延伸到 2002 年。因志中含村志（包括各经济合作社的内容）和居民区简志，故不称镇志。

国图、浙图、杭州图、拱墅图、华师大图

《杭州市余杭区镇乡街道简志》

杭州市余杭区地方志编纂委员会办公室编。主编杨法宝。方志出版社 2003 年 8 月出版，印数 2500 册，16 开，732 页，1160 千字，精装 1 册，定价 130 元。

卷首有纂修人员名录，图 3 幅，照片插页 24 页，继之有序言 1

篇，凡例 8 则。该志首列余杭区概述。记述以各镇乡、街道为单位，19 个镇乡、街道单独成篇，下设概述、经济、基础设施建设、社会事业、军事、荣誉录、人物、风景名胜、风情民俗、一方名村（知名社区）、资料数据等章节。各镇乡、街道篇目有所区别。收录人物、景物照片 560 余幅。卷末有后记、撰稿人员与责任编辑名单、照片插页 15 页、图 1 幅。重点记述余杭撤市设区后之事物。上限不限，下限至 2002 年。

国图、浙图、杭州图、余杭图、中社科图

（淳安）《鸠坑乡志》

淳安县《鸠坑乡志》编纂委员会编。主编洪春生。浙江大学出版社 2003 年 9 月出版，印数 1000 册，16 开，357 页，350 千字，精装护封本 1 册，定价 128 元。

卷首有纂修人员名录，题词 6 幅，图 2 幅，照片插页 32 页，序 3 篇，凡例 9 则。该志首列概述、大事记。正文设 16 章（建制沿革、行政区划、自然环境、姓氏村情人口、农业、特产、林业、工业、供销粮食信用社邮电、交通运输、教育文化体育卫生、革命老区、移民、人物、民俗传说故事民谚、旅游资源）、59 节。卷末有丛录（含为乡志捐款名单）、后记。上限不限，下限至 2002 年。

国图、浙图、杭州图、淳安图、复旦图

（萧山）《坎山镇志》

《坎山镇志》编纂委员会编。主编周扬标。2003 年 12 月内部印行，印数 1000 册，16 开，615 页，906 千字，精装 1 册。

卷首有纂修人员名录，题词 4 幅，照片插页 18 页（含词曲谱 1 篇），图 2 幅，序 1 篇，凡例 10 则。该志首列概述、大事记。正文设 8

编（镇域、经济、镇村建设、政治、文化、社会、人物、丛录）、40章、153节。卷末有后记。上起宋太平兴国三年（978）坎山为凤仪乡坎山里，大事记和建置沿革上溯到春秋战国时期，下限至2001年。

国图、浙图、萧山图、来新夏馆

（萧山）《衙前镇志》

《衙前镇志》编纂委员会编。总编徐木兴。方志出版社2003年12月第1版，2004年4月第1次印刷，印数2000册，16开，1063页，1140千字，精装1册，定价150元。

卷首有题词1幅，有照片插页22页加4页，图6幅，序2篇，凡例12则。该志首列概述、大事记。正文设30编（镇域、自然环境、人口、衙前农民运动、浙江早期革命者活动中心、东乡自治、文化胜迹体育、土地、农业、养殖业、劳务业、农业分配、水利与农机、工业、商业、服务业、交通运输、邮电电力广播、财政金融工商、镇村基本建设、若干运动、党派群团、政权、军事、公安司法民政、教育科技、医疗卫生、生活风尚、人物、丛录）、137章、263节。卷末有后记、纂修人员名录、书画插页2页。上限溯源，下限至2000年，大事记延至2002年。

魏桥序称此志突破传统方志的框框和当代方志的"规范"，不拘一格，"在当代众多乡镇志中，坚持从实际出发，别树一帜，引人瞩目"，"名镇出镇志，镇志传千古"。

浙江省名镇志集成。

国图、浙图、萧山图、中社科图、复旦图

《临安市三口镇志》

《临安市三口镇志》编纂委员会编。主编尉豪、徐立亭。2004年

12 月印刷，16 开，210 页，约 220 千字，精装 1 册。

卷首有题词 4 幅，照片插页 11 页，图 2 幅，序 2 篇、纂修人员名录、凡例 8 则。该志首列概述、大事记。正文设 17 章（政区、自然环境、农业、水利、林业、工业、商业金融、交通运输、邮电广播电视、教育、文化体育、医疗卫生计划生育、党政群团、风俗、民间俗语农谚、文物古迹、人物）、83 节。卷末有丛录、附记（1986 年三口镇姓氏及人口调查表）、编后记。上限不限，下限至 2003 年末，个别内容延至搁笔。

编写人员均系各条战线离退休老同志，完稿时只用了 1700 元资金。

国图、杭州图、临安图、中社科图

（萧山）《义桥镇志》

《义桥镇志》编纂委员会编。主编王志邦。方志出版社 2005 年 12 月出版，印数 1000 册，16 开，657 页，975 千字，精装 1 册，定价 150 元。

卷首有照片插页 34 页，图 2 幅，序 1 篇，凡例 8 则。该志首列概述、大事记。正文设 16 编（自然环境与镇村建制、姓氏人口、土地、交通、商业、农业、工业、财税金融、镇村建设、党派群团、基层政权组织、军事治安司法、教育科技卫生、文化广播电视名胜、社会生活、人物）、69 章、236 节。卷末有丛录 4 篇、后记、纂修人员名录。上限溯源，下限至 2000 年底。

浙江省名镇志集成。

国图、浙图、萧山图、中社科图、复旦图

（萧山）《所前镇志》

《所前镇志》编纂委员会编。主编徐雪荣。2007 年 4 月印刷，印数 2000 册，16 开，676 页，975 千字，精装 1 册。

卷首有纂修人员名录，照片插页 19 页，图 1 幅，序 1 篇，凡例 7 则。该志首列概述、大事记。正文设 25 章（镇域、自然环境、人口土地环境保护、茶果之乡、旅游资源、农业、农村、农民、手工业工业、商业、集镇建设、交通邮电、电力能源、财政金融、中国共产党、人民政权、群众团体、社会综合治理、军事、教育科技、卫生、文化、社会、人物、丛录）、122 节。卷末有后记。上限为有历史记载和考古发现起，下限至 2006 年，大事记至 2007 年 1 月。

浙江省名镇志集成。

国图、萧山图

（江干）《采荷街道志》

杭州市《采荷街道志》编纂委员会编。主编须同威。研究出版社 2007 年 10 月第 1 版，2007 年 11 月第 1 次印刷，全彩印，印数 1000 册，16 开，296 页，380 千字，精装 1 册，定价 180 元。

卷首有纂修人员名录，图 2 幅，照片插页 2 页，凡例 8 则，序 2 篇。该志首列总述、史略。正文设 8 章（辖区概况、人口和计划生育、政治、经济、城建城管、综合治理、民政、文卫教科）、38 节。后有附录。卷末有后记。上限不限，下限至 2007 年 8 月全志成稿时止。

魏桥序称：此志统贯古今，明古详今，记录街道从创建以来的全过程，纵不断线，简明扼要，对重大事件再作"专记"以述其详。跳出市县志的框框，对街道作全景式的记述，又能从实际出发谋篇布局。如设"城建城管""综合治理"章，"街居经济""社区服务""小区建设""四季青服装特色区"等节，充分显示街道志的地方特色和时代特色。此街道志的修纂为方志事业提供了新思路和新品种，此举难能可贵，此事功不可没。

国图、浙图、杭州图、江干图、中社科图

（西湖）《袁浦镇志》

《袁浦镇志》编纂委员会编。主编郑锡根。2008 年印刷，16 开，268 页，约 300 千字，平装本 1 册。

卷首有序 1 篇，图 2 幅，照片插页 24 页，纂修人员名录，凡例 7 则。该志首列概述、大事记。正文设 6 篇（建置沿革、农业、工商业、教育与卫生、交通运输邮电通信金融业、文化体育）、41 章、67 节。卷末有附录、后记。上限元末明初，下限至 2007 年。

西湖图

（萧山）《党山镇志》

《党山镇志》编审（纂）委员会编。编审委办公室主任徐国耀，编纂熊张林。2008 年 5 月印刷，印数 2000 册，16 开，1043 页，1540 千字，精装 1 册。

卷首有纂修人员名录，照片插页 45 页，图 3 幅，序 1 篇，凡例 10 则。该志首列概述、大事记。正文设 18 篇（建置与自然环境、人口与计划生育、农业、工业、商业、财税金融工商管理、交通电力邮电、村镇建设、党派群团、政权、公安司法消防、军事、教育、科技文化、卫生体育、社会、人物先进名录、丛录）、96 章、260 节。卷末有编后记。上限溯源，下限至 2004 年底，部分内容延至 2007 年底。

国图、浙图、萧山图

（萧山）《临浦镇志》

《临浦镇志》编纂委员会编。主编鲍慧强。方志出版社 2008 年 12 月出版，印数 2000 册，16 开，1075 页，1337 千字，精装护封本 1 册，定价 220 元。

卷首有纂修人员名录，照片插页 36 页，图 2 幅，序 1 篇，凡例 10 则。该志首列概述、大事记。正文为 20 编（政区、自然环境、人口土地环境保护、水利、农业农村农民、工业手工业、商业服务业、财政金融保险、经济管理、交通、信息化建设、城乡建设、党派群团、基层政权、武装治安政法、教育科技卫生、文化体育、社会、人物、丛录）、80 章、235 节。卷末有附记索引、后记。上限不定，下限至 2006 年，大事记至 2008 年 9 月。涉及 1985 年前原临浦集镇史事，多参照 1988 年版《临浦镇志》。

国图、浙图、萧山图、中社科图、南大图

（萧山）《许贤乡志》

义桥镇《许贤乡志》编纂委员会编。主编王志邦。中华书局 2009 年 3 月出版，印数 1000 册，16 开，753 页，1110 千字，精装 1 册，定价 150 元。

卷首有照片插页 35 页，图 1 幅，序 1 篇，凡例 8 则。该志首列概述、大事记。正文设 18 篇（乡村建置与自然环境、姓氏人口、土地、水利、农业、林业、工业建筑业、商业劳务业、财政金融税务、基础设施建设、党派群团、基层政权组织、治安司法军事、教育科技医疗卫生、文化广播电视名胜、社会生活、村庄、人物）、64 章、206 节。后有丛录。卷末有后记、纂修人员名录。上溯事物发端，下限至 2001 年 7 月。

2001 年 7 月，许贤乡并入义桥镇。此志系为已撤之乡修志。

国图、浙图、萧山图、来新夏馆、中社科图

《余杭镇志》（1990~2005）

《余杭镇志》编纂委员会编。主编俞金生（前期）、叶华醒（续期）。杭州出版社 2009 年 5 月出版，印数 1100 册，16 开，插页 14，528 页，540 千字，精装 1 册，定价 180 元。

卷首有照片插页 27 页，序 2 篇，凡例 7 则。该志首列概述、大事记。正文设 20 章（建置、自然环境、交通、城乡建设、水利、农业、工业、商贸服务业、旅游、财税金融、党派社团、政权驻镇行政机构、军事、政法、文化、教育科技、卫生、社会、人物、丛录）、90 节。后附 2006~2007 年镇情简记、索引。卷末有后记、纂修人员名录（编纂委员会、顾问及编纂人员名单）。水利章中记南苕溪治理、西险大塘等内容，有地方特色；农业园区基地、工业园区等章节，有当代特点；对镇区道路长度宽度、排水管长度、管径等的记述细致，达到志贵备详的要求。重点记述 1990~2005 年的情况，1990 年以前的一般只作简述，但对前志拾遗、补缺、表达异见以及 1990 年后扩大的区域历史追溯不受此限。个别重要事件延至脱稿时。是继 1989 年首部《余杭镇志》后的第二部余杭镇志，对前志进行了续、补、纠。

国图、浙图、杭州图、余杭图、中社科图

（临安）《昌化镇志》

《昌化镇志》编纂委员会编。主编余志伟。方志出版社 2010 年 11 月出版，印数 1500 册，16 开，507 页，617 千字，精装 1 册，定价 220 元。

卷首有题词 1 幅，纂修人员名录，照片插页 28 页，图 2 幅，序 2 篇，凡例 11 则。该志首列概述、大事记。正文设 18 编（自然环境、建置、政党政权群众团体、农业林业、工业、交通邮电、商业、财政金融工商管理、教育、文化新闻、卫生体育、人口人民生活、镇村建设、公安司法民政、军事、民间风俗、方言、人物）、63 章、226 节。卷末有丛录、后记、评审会及编撰成员照片。上限不限，下限至 2007

年，个别内容延伸至 2010 年。

国图、浙图、杭州图、临安图、中社科图

（江干）《杭州四季青志》

《杭州四季青志》编纂委员会编。主编周永祥。方志出版社 2011 年 6 月出版，印数 2000 册，16 开，614 页，1002 千字，精装 1 册，全彩印刷，定价 380 元。

卷首有纂修人员名录，凡例 9 则，题词 5 幅，序 3 篇，照片插页 24 页，图 4 幅。该志首列总述、大事记、专记（"菜篮子"工程建设纪略、四季青围垦、滨江基地转移、撤村建居、征地拆迁、农居建设典范等）。正文设 5 编（地域、经济、政治、文化、社会）、27 章（政区、人口、土地、水文水利、城乡建设，农业、乡镇工业、商贸服务业、市场、招商引资、财政税收，中国共产党基层组织、人民代表大会、人民政府、政协委员活动小组、政法军事、人民团体，教育、科学技术、文化体育、卫生、文化遗存，精神文明、劳动和社会保障、民政、民风习俗、人物）、115 节。后有附录（荣誉录、四季青的民间传说、崇一堂）。卷末有编后记。上限不限，下限至 2009 年底。有英文目录。全志图照 450 余幅。

国图、浙图、杭州图、下城区图、中社科图

（萧山）《闻堰镇志》

杭州市萧山区闻堰镇人民政府《闻堰镇志》编纂委员会编。编纂裴浩明。西泠印社出版社 2011 年 7 月出版，16 开，752 页，约 1400 千字，精装护封本 1 册，定价 288 元。

卷首有照片插页 80 页，图 3 幅，序 1 篇，凡例 13 则。该志首列概述、大事记。正文设 33 编（建置、环境、姓氏人口、土地、水利、交通、镇村建设、公用事业、农业、林牧副渔业、工业、建筑业房地产业、商业、对外和港澳台经济贸易、服务业、旅游、财税金融、党派团体、基层政权组织、军事、治安司法民政、教育、科学技术、卫生、体育、群众文化、信息传媒、文物胜迹、社会生活、社会保障、人物、荣誉、丛录）、129 章、378 节。卷末有后记、纂修人员名录。上溯事物发端，下限至 2009 年。

国图、杭州图、萧山图、西湖图、中社科图

（江干）《九堡镇志》

杭州市江干区《九堡镇志》编纂委员会编。主编劳水珍。杭州出版社 2014 年 1 月出版，印数 2000 册，16 开，536 页，658 千字，精装 1 册，全彩印刷，定价 280 元。

卷首有纂修人员名录，凡例 9 则，序 3 篇，照片插页 12 页，图 5 幅。该志首列总述、大事记、专记。正文设 5 编（地域、经济、政治、文化、社会）、25 章、109 节。卷末有后记。上限不限，下限至 2012 年底，大事记及部分图片延伸至 2013 年。

国图、浙图、杭州图、中社科图、北大图

（萧山）《戴村镇志》

《戴村镇志》编纂委员会编。主编陈志根、李维松。方志出版社 2014 年 7 月出版，印数 11000 册，16 开，1023 页，2031 千字，精装护封本 1 册，定价 400 元。

卷首有词曲谱 1 篇，照片插页 45 页，图 1 幅，纂修人员名录，序 1 篇，凡例 8 则。该志首列概述、大事记。正文设 16 卷（镇域、生态与旅游、基础设施、农业、工业建筑业、商业服务业、金融财税、党派群团、政权组织、军事治安司法、教育科技、卫生、文化体育、社会、人物、文献）、73 章、267 节。部分章节后有附录或附 50 余篇。卷末有编后记。上溯事物发端，下限至 2008 年，概述至 2010 年。

国图、浙图、中社科图、南大图、华师大图

（临安）《湍口镇志》

中共临安市湍口镇委员会、临安市湍口镇人民政府编。主编潘庆平。中国文史出版社 2015 年 5 月出版，16 开，652 页，660 千字，精装 1 册，定价 80 元。

卷首有纂修人员名录，图 3 幅，照片插页 48 页，序 2 篇，凡例 8 则。该志首列概述、大事记。正文按自然、政事、经济、人文、分村简志 5 大类设 17 章、90 节。卷末有后记。上限不限，下限至 2013 年。

魏桥审核志稿并作序，称该志"坚持以山区实际出发，走出镇志套县志的模式，自成一体"；"坚持官出民本，少一些官味，多接一些地气，真正成为一部百姓之志"。

浙图、杭州图、临安图、北大图、华师大图

（拱墅）《米市巷街道图志》

杭州市拱墅区《米市巷街道图志》编纂委员会编。主编程雷生，执行主编于泉源。中华书局 2016 年 6 月出版，印数 1000 册，16 开，364 页，220 千字，精装 1 册，全彩印刷，定价 168 元。

卷首有纂修人员名录，编辑说明 6 则，序 1 篇，图 4 幅，照片插页 5 页。该志首列概述。正文设 13 章（辖区概况、党组织、办事处、人大米市街道工委、群团组织、居民委员会、经济、社会事务、城市管理、综合治理、文化体育、卫生与计划生育、教育）、62 节。卷后设附录、编后记。上限 1954 年 8 月米市巷街道办事处成立时起，下限 2015 年 12 月。全志共有图照 530 余幅。

国图、浙图、华师大图

（江干）《笕桥镇志》

《笕桥镇志》编纂委员会编。主编孙平。中华书局 2016 年 10 月出版，印数 3000 册，16 开，1182 页，1544 千字，精装本 2 册（上、下），定价 320 元。

卷首有纂修人员名录，照片插页 28 页，图 5 幅，序 2 篇，凡例 10则。该志首列概述、大事记。正文设 24 卷（建置志、土地志、人口志、镇建志、人物志、社区志、农业志、土物志、工业志、交通邮电志、机场志、经贸志、政党志、行政志、政法志、军事志、群团志、教育志、科技卫生志、文体志、民政志、民俗志、宗教志、文献志）。卷末有编后记。上限因事而异，下限至 2013 年底。

毛昭晰序称此志体例完备、资料丰富、具地域性。

国图、浙图、杭州图、华师大图

（建德）《寿昌镇志》

《寿昌镇志》编纂委员会编。主编方根发、黄琦峰。西泠印社出版社 2016 年 10 月出版，印数 3000 册，16 开，888 页（其中上册 346页）1370 千字，精装 2 册（上、下）有函套，全彩印刷，定价668 元。

卷首有图 15 幅，尤太忠信 1 封，纂修人员名录，照片插页 13 页，序 3 篇，凡例 10 则。该志首列总述、大事记及专记 4 篇。正文设 36章（上册为建置政区、自然环境、人口和计划生育、集镇建设、交通运输、邮政通信、水利、电力、农业、林业、工业、商业、财政、税务、金融保险、旅游；下册为中国共产党寿昌地方组织、人民代表大会、人民政府、政治协商会议、党派群团、政法、军事、教育、文化艺术、体育、医疗卫生、古迹、民政、劳动和社会保障、宗教、习俗、特色物产、方言谣谚、人物荣誉、文献），章下设无题小序。后有口述寿昌，收入访谈 5 例。卷末有本志编修始末。上限上溯事物发端，下限至 2014 年底，个别图文延至 2016 年。

国图、浙图、杭州图、建德图

（江干）《杭州凯旋街道志》

《杭州凯旋街道志》编纂委员会编。主编余娟英。方志出版社 2017 年 11 月出版，印数 1500 册，16 开，471 页，672 千字，精装 1 册，全彩印刷，定价 260 元。

卷首有纂修人员名录，序 3 篇，照片插页 28 页，图 2 幅，凡例 8 则。该志首列总述、大事记。正文设 23 章（政区、人口、水文水利、城市建设、早期工商业、街居经济、辖区企业、私营经济、商贸服务业、招商引资、财政税收、中国共产党基层组织、人大工作委员会、街道办事处、政协委员活动小组、法治军事、人民团体、文化体育、历史文化、科教卫、民政、平台创新、民风习俗）、97 节。卷后有专记（抗击非典等）、附录、编后记。上限不限，重点记述街道建立 36 年的历史和现状，下限至 2015 年底，部分章节、大事记延至 2016 年。全志共有图照 210 余幅。

国图、浙图、杭州图、南大图

（建德）《乾潭镇志》

《乾潭镇志》编纂委员会编。浙江人民出版社 2017 年 12 月出版，16 开，754 页，1060 千字，精装护封本 1 册，定价 180 元。

卷首有照片插页 20 页，图幅，序 1 篇，凡例 12 则。该志首列大事记、概述，正文设 25 章（建置区划、自然环境、人口、人物、农村生产关系变革、种植业、养殖业、山林、农机具、水利小水电、工业、商业、名优特产、村镇建设、综合经济管理、党派社团、政务、军事·公安·司法、教育、卫生科技、文化体育、旅游、人民生活·民情风俗、荣誉榜、丛录）、126 节，卷末有跋、纂修人员名录。上限自事物发端，下限至 2014 年底。

国图、浙图、建德图、华师大图

（余杭）《瓶窑镇志》

杭州市余杭区镇（街道）志文化工程。

杭州市《瓶窑镇志》编纂委员会编。主编王庆。方志出版社 2017 年 10 月出版，印数 2000 册，16 开，862 页，1334 千字，精装护封本 1 册，定价 200 元。

卷首有照片插页 44 页，图 6 幅，序 1 篇，凡例 25 则。正文设 8 篇（舆地、良渚文化、经济、政治、文化、社会、人物、丛录）、36 章、112 节，主要内容包括区划、自然环境、人口、镇村建设、环境保护、考古、遗址、文物、农业、工业、商贸、林业、水利、中共地方组织、政权、群团组织、军事、政法、教育、科技、体育等。卷末有后记。上溯事物发端，下限至 2015 年，大事记至 2016 年。全志随文图照 200 余幅。

国图、浙图、杭州图、余杭图、华师大图

（余杭）《鸬鸟镇志》

《鸬鸟镇志》编纂委员会编。主编王庆。方志出版社 2018 年 2 月出版，印数 2000 册，16 开，651 页，1120 千字，精装护封本 1 册，定价 200 元。

卷首有纂修人员名录，照片插页 29 页，图 2 幅，序 1 篇，凡例 10

类（宗旨、质量要求、时限、地域、体例、纪年、人物、资料、指称、个例）25 则。该志首列概述、大事记。正文章节体与条目体相结合，设 8 卷（舆地、风景旅游、经济、政治、文化、社会、人物、丛录）、37 章、95 节。卷末有后记。上限溯源，下限至 2016 年。

国图、浙图、杭州图、余杭图、华师大图

宁波市

《奉化县方桥乡乡志》

方桥乡党委、方桥乡人民政府编。主编俞岳堂。1984 年 12 月手写油印。16 开，96 页，约 50 千字。初稿 4 月而成。

卷首前言。正文分 7 个部分（概述、政治、经济、交通运输、文教卫生、杂谈、大事记）。后有丛录、本书附录。卷末有编后语、补记。上限自事物发端，下限至 1984 年。

奉化图

（奉化）《大桥镇简志》1949~1984

《大桥镇简志》编委会编。执笔王庆良、裘熙旸、丁孝元。1985 年 1 月印行。32 开，79 页。

卷首有图 2 幅，黑白照片插页 2 页，前言。正文设 7 个部分（基本情况、自然地理、经济概况、城镇建设、文教卫生科技、镇政府沿革和人事变动、镇属单位简介）。后有丛录、本书附录。上限 1949 年，下限 1984 年。

奉化图

《宁海城关镇志》

《宁海城关镇志》编纂办公室编。主编储功彭、陈去生。浙江人民出版社 1989 年 10 月出版，印数 4500 册，32 开，474 页，397 千字，精装 1 册，定价 18 元。

卷首有编纂人员名单，图 4 幅，名家题签、金石、画作照片插页 28 页，序 2 篇，凡例 9 则。该志首列概述、大事记。正文设 24 篇（镇域、人口、古城、街路巷弄、城镇建设、工业、农业、商业、金融财税、粮油、政党、政权、群众团体、社会治安、民政、军事、教育、卫生体育、文化艺术、人民生活、风俗习惯、宗教、人物、遗闻轶事）。卷末有后记。上限南朝齐中兴二年（502），下限至 1986 年，大事记及部分篇章延伸到 1987 年。

国图、浙图、宁波图、宁海图、中社科图

《余姚镇志》

余姚市《余姚镇志》编纂领导小组编。主编韩克刚。1989 年 12 月印刷，印数 1000 册，大 32 开，380 千字，526 页，精装 1 册，工本费 25 元。

卷首有照片插页 9 张，图 2 幅，序 1 篇，凡例 6 则。该志首列概述、大事记。正文设 7 编（建置地理、经济、城镇建设、政治军事、教育科学文化卫生、社会、人物）、33 章、126 节。后有附录。卷末有跋。上限不拘，下限至 1987 年。

国图、浙图、宁波图、余姚图、海宁图

（奉化）《西坞镇志》（上部试行版）

中共奉化市西坞镇委员会、奉化市西坞镇人民政府编。撰稿周维尧，整理潘峰、陈翰波、邬烈烈（执笔）。1989 年内部印刷，274 页。

《西坞镇志》按时期划分为上下两部，1949 年前为上部，1949 年后为下部。上部以周维尧《金溪乡志》（因西坞镇原称金溪乡）为蓝本，经补充、修正、整理而成。卷首有照片插页 8 页，图 1 幅，试版说明，前言，凡例 16 则。正文设 19 项目（政区沿革、各村简史、庠序学校、科第仕宦、古今人物、古迹、亭阁、桥梁、碶闸堰坝、庙坛、寺观、山岭、溪流、特产、义举、工商、医学、宗教、杂记）。后有附录。卷末有后记。上溯事物发端，下限至 1949 年，嗣后各乡村经济建设略有简述。

著者自藏

《镇海庄市地方志》

《镇海庄市地方志》编纂委员会编。主编童志行。1993 年 9 月内部印刷。16 开，2 册（上、下），仅见上册 141 页，平装。

卷首有序 1 篇，发起人的话 1 篇，凡例 9 则，图 2 幅。该志首列概述、大事记。正文设 10 章（上册：总叙、地理、历史沿革、人口姓氏、侨旅、人物，下册：经济、建设、文化、社会）、18 节。上册卷末有资料来源、编纂人员名单。上限不限，下限至 1992 年。

镇海（培菊）图书馆存上册。

（慈溪）《浒山镇志》

《浒山镇志》编纂小组编。主持人方永来等。1994 年内部印行，印数 500 册，32 开，317 页，268 千字，精装 1 册。

卷首有照片插页 8 页，《慈溪史志选刊》编辑说明，序 2 篇，凡例 5 则。该志首列概述、大事记。正文设 7 篇（境域、经济、城镇建设、政治军事、文教卫生、社会、人物）、26 章。卷末有附录 5 篇、编后记、纂修人员名录。上限尽力追溯，下限至 1990 年，大事记及部分延至 1992 年。

《慈溪史志选刊》之六。

浙图、慈溪图

《梅山岛乡志》

《梅山岛乡志》编写办公室编。主编沈光亮。1996 年 1 月印刷，16 开，149 页，平装 1 册。

卷首有照片插页 2 页，序 2 篇。该志首列大事纪要。正文设 17 篇〔行政建置、梅山乡（岛）自然环境、人口姓氏、民俗与民情、军事民政、工业、农业畜牧业、渔业第三产业、文体教育卫生、交通邮电、水利电力、人物、地方特产、文物古迹传说、灾害事故、梅山新貌与梅山未来、梅山盐场建场史〕，后有附述（民间故事与传说）。卷末有篇后记、纂修人员名录。大事纪要始于公元前约 5000 年，止于 1994 年。

浙图、北仑图

（象山）《爵溪镇志》

《爵溪镇志》编纂委员会编。主编林志龙。中国古籍出版社 1997 年 10 月出版，印数 3000 册，16 开，945 页，982 千字，精装 1 册，定价 110 元。

卷首有图等 7 幅，照片插页 16 页，序 2 篇，凡例 10 则。该志首列概述、要事系年。正文设 20 章（镇域、居民、渔业、农林业、工业、交通邮电、商贸、财税金融、镇村建设、党派、政权、群众团体、民政劳动、军事政治、教育科技、文体卫生、方言、宗教民间信仰、人物、丛录）、122 节。卷末有参考文献目录、查阅资料单位、后记。上限不拘，下限至 1995 年，要事系年延至 1996 年。

国图、浙图、象山图、中社科图、德国柏林国图

（慈溪）《周巷镇志》

《周巷镇志》编纂小组编。主编周惠新。1999 年 12 月内部印刷，印数 2000 册，32 开，529 页，458 千字，精装 1 册。

卷首有图 1 幅，照片插页 16 页，序 1 篇，凡例 7 则。该志首列概述、大事记。正文设 7 编（建置地理、经济、政治军事、教育文化卫生体育、城镇建设、社会、人物）、29 章。卷末有编后纪（记）、纂修人员名录。上限为元至正元年（1341），下限至 1997 年。

浙图、慈溪图

《象山东门岛志略》

《象山东门岛志略》编纂委员会编。主编丁爵连。2000 年 8 月出版，印数 3000 册，32 开，428 千字，精装 1 册，定价 45.5 元。

卷首有照片插页 9 页 32 幅，序 1 篇，黑白图片 2 幅，图 3 幅，凡例 6 则。该志首列概述。正文设 10 个部分（优越环境、史事回眸、行政建治、海洋渔业、工商经济、教育文化、胜景古迹、渔岛风俗、人物春秋、文献），后附要事年录及后记。

浙图、象山图

（北仑）《小港镇志》

《小港镇志》编纂委员会编。主编葛子和。上海科学技术文献出版社 2000 年 12 月出版，印数 2000 册，16 开，624 页，968 千字，精装 1 册，定价 168 元。

卷首有照片插页 34 页（含地图 6 幅），序 2 篇，凡例 8 则。该志首列综述、大事记。正文设 5 编（人文地理、政治军事、经济建设、社会事业、人物丛录）、21 章、107 节。卷末有后记、镇志编修组织、勘误表。上溯不拘，下限至 1996 年，部分事物延至 1998 年。

浙江省宁波市地方志丛书。

国图、浙图、宁波图、北仑图、中社科图

（鄞州）《龙观志》

陈建国编著。当代中国出版社 2001 年 3 月出版，32 开，202 页，140 千字，平装 1 册，定价 20 元。

卷首有序 1 篇。该志首列总述。正文设 12 编（政区及党政群团组织沿革、农林牧、工贸财税金融保险、土地人口自然环境、民政、城乡建设、教文卫、政法、电业邮电、宗教民情谚语、人物诗文、大事记）、28 章、50 节。卷末有后记。上限追溯事物发端，下限至1999 年。

浙东乡土之四。

鄞州图、中社科图、暨南大学图、德国柏林国图

（北仑）《新碶镇志》

《新碶镇志》编纂委员会编。主编陈培嘉。上海辞书出版社 2005年 12 月出版，16 开，520 页，779 千字，精装护封本 1 册，定价158 元。

卷首有贺友直题词 1 幅，纂修人员名录，照片插页 28 页，图 6幅，序 2 篇，凡例 11 则。该志首列概述、大事记。正文设 18 篇（建置人口、自然环境、开发、城区建设、农业、渔业盐业林业、水利、工业、商业、交通邮电、财税金融、党派群团、政权、军事、教育科技、文化体育卫生、社会、人物）、76 章、248 节。后有附录。卷末有后记、志书资料员名单。上限溯源，下限至 2003 年。

国图、浙图、宁波图、北仑图、中社科图

（鄞州）《龙观乡志》

再版《龙观乡志》编纂委员会编。主编陈建国。当代中国出版社 2006 年 6 月第 2 版第 2 次印刷，16 开，456 页，平装 1 册，定价 150 元。

卷首有再版《龙观乡志》编纂委员会名录、编者小传，照片插页 10 页，凡例 12 则、序 1 篇、再版序 2 篇。该志系 2001 年版《龙观志》再版，对编纂顺序、编章节做了较大调整，内容有适当增删修改，增加工会、体育、村落溯源、经济管理、统计审计、故事等章节，由 12 编增加至 21 编。首列总述。正文设 21 编（政区沿革、自然环境、土地人口、政党政务团体、种植业、林业特产、畜牧业、农电农机水利、工贸、金融经济管理、税务财政、民政、交通城乡建设、教育文化体育、卫生邮电、政法、宗教崇拜、民情、方言谚谣故事、人物诗文、大事记）、51 章、150 节。卷末有后记、再版后记。上限追溯事物发端，下限至 2005 年末。

浙图、宁波图、鄞州图、中社科图、献图

（慈溪）《横河镇志》

《横河镇志》编纂委员会编。主编孙礼贤。方志出版社 2007 年 6 月出版，印数 2000 册，16 开，1195 页，1675 千字，精装护封本（上、下）2 册，定价 468 元。

卷首有题词 1 幅，照片插页 25 页，图 6 幅，序 2 篇，凡例 12 则。该志首列概述、大事记。正文设 21 卷（上册：建置、自然环境、人口人民生活、人物、民情习俗、经济综述、农业、水利，下册：工业、交通邮电能源、商业、财政金融、村镇建设、党政群团、民政、人事劳动、公安审判司法、军事、文物胜迹、文化、教育体育卫生）、98 章、345 节。后有丛录。卷末有目、子目录索引、图表索引、文诗碑铭索引，后记，纂修人员名录。上限溯源，下限至 2002 年，大事记及重要事物延记至 2005 年底。

国图、浙图、宁波图、慈溪图、中社科图

（象山）《晓塘乡志稿》

主编张则火。2008 年 12 月内部印刷，印数 1200 册，16 开，501 页，500 千字，平装 1 册。

卷首有图 1 幅，照片插页 7 页，序 2 篇。该志首列概况、大事记、大事专记。正文设 10 章（建制、居民、生活、经济、教卫、文化、宗教与民间信仰、民俗、村落、人物）、34 节。后有丛录、本书附录。卷末有编后语、跋、纂修人员名录。上限溯源，下限至 2008 年。

浙图、宁波图、象山图、鄞州图

（宁海）《长街镇志》

《长街镇志》编纂委员会编。主编林欧福。方志出版社 2010 年 3 月出版。印数 1000 册，16 开，1210 页，1508 千字，精装护封本 1 册，定价 280 元。

卷首有题词 1 幅，照片插页，图 4 幅，序 1 篇，凡例 8 则。该志首列概述、大事记。正文设 28 编（政区、自然地理、人口、方言、土地、围涂造地、水利、盐业、农业、林业、渔业、工业、商贸、交通邮电、财税金融保险、村镇建设、政党群团、政权、公安司法、军事、民政、教育、卫生体育、文化、古迹教育基地旅游胜地、习俗宗教民间信仰、人物、丛录）、115 章、432 节。卷末有后记、纂修人员名录、出版赞助单位及个人名录。上溯事物发端，下限至 2005 年，大事记延伸至 2009 年 8 月。

国图、浙图、宁波图、宁海图、中社科图

（奉化）《西坞街道志》

西坞街道党工委办事处编。主编邬烈成。2010 年 12 月内部印刷，16 开，793 页，精装 1 册。

卷首有题词 1 幅，图 1 幅，照片插页，序 1 篇，凡例 10 则。该志首列综述、大事记。正文设 5 编（人文地理、政治军事、经济建设、社会事业、人物丛录）、21 章、92 节。卷末有《西坞街道志》诞生记、编后记。上溯事物发端，下限 2008 年。

西坞街道办事处

（鄞州）《姜山镇志稿》

《姜山镇志稿》编纂委员会编。主编阮建成。2010 年印刷，16 开，615 页，500 千余字，平装 1 册。

卷首有照片插页 22 页（含图 3 幅），纂修人员名录，凡例 13 则，序 2 篇。该志首列编首概述。正文设 20 编（政区、自然环境、人口计划生育、民情、农业、乡镇企业、交通邮电电力、贸易、金融税务财政、村镇建设、党政群团、民政、公安审判司法、军事武装、教育卫生、文化广电体育、宗教及崇拜、方言谚语、俚歌故事、人物诗文）、70 章、224 节。卷末有大事记、后记。上限追溯事物发端，下限至 2008 年。

浙图、宁波图、华师大图

（鄞州）《钟公庙街道志》

《钟公庙街道志》编撰委员会编。编撰徐朝柱、何健云。宁波出版社 2011 年 4 月出版，16 开，532 页，560 千字，精装 1 册，定价 90 元。

卷首有纂修人员名录，图 5 幅，照片插页 23 页，序 1 篇，并有概述、凡例 10 则。该志正文设 7 编（政治、经济、文化、城市化建设发展、社会、大事记、荣誉录）、21 章、107 节。卷末有主要参考文献、编后记。上限追溯事物发端，下限至 2008 年。

国图、浙图、宁波图、中社科图、华师大图

（余姚）《泗门镇志》

《泗门镇志》编纂领导小组、《泗门镇志》编纂委员会编。主编陈新良。浙江古籍出版社 2011 年 8 月出版，16 开，900 余千字，901 页，定价 280 元。

卷首书名题词 1 幅，照片插页 24 页，图 3 幅，序 2 篇，凡例 12 则。该志首列概述、大事记。正文设 25 编（政区、自然环境、人口姓氏、经济总情、农林渔牧、海塘、水利、工业经济、水陆交通、邮政电信、商业贸易、财政税务、金融保险、村镇建设、党派团体、政权与议政机构、军事公安司法、民政人事、教育、卫生、文化广电体育、方言、习俗宗教、文物古迹文献、人物）、95 章、314 节。配有图片 500 余幅。上溯事物发端，下限至 2004 年底。

国图、浙图、宁波图、余姚图、中社科图

《江东区东胜街道志》

《江东区东胜街道志》编纂委员会编。主编鲍庆荣。2013 年 7 月印刷，16 开，453 页，精装 1 册。

卷首有纂修人员名录，图 3 幅，照片插页 19 页，序 1 篇，凡例 11 则。该志首列概述、大事记。正文设 13 编（环境区域、人口宗教民俗、党政组织、群团组织、经济服务、城市建设、社会事业、综合治理军事、教育卫生、文化体育、名胜古迹、人物、文献辑录）、37 章、79 节。卷末有后记。上限唐元和元年（806），下限至 2009 年底。

江东区地方志丛书。

国图、宁波图、北仑图

（慈溪）《周巷镇志》

《周巷镇志》编纂委员会编。主编黄常森。浙江古籍出版社 2013 年 9 月出版，16 开，1150 千字，1051 页，精装 1 册，定价 328 元。

卷首有照片插页 20 页（含图 2 幅），序 1 篇，凡例 10 则。该志首列概述、大事记。正文设 20 编（建置、自然环境、人口姓氏计划生育、居民生活、农业、工业、商业、村镇建设、电力交通邮电、财政税务工商管理、金融保险、党派团体、行政人大政协、军事政法、民政人事劳动保障、教育卫生、文化体育广电、周巷老话风俗宗教、人物、文物古迹收藏）。后有丛录，卷末有编后记、纂修人员名录。上溯历史源头，下至 2008 年，大事记延至 2011 年。

慈溪市地方志丛书。

国图、浙图、宁波图、慈溪图、中社科图

《江东区东郊街道志》

《江东区东郊街道志》编纂委员会编。主编李梅村。2015 年 1 月印刷，16 开，502 页，约 350 千字，精装 1 册。

卷首有纂修人员名录，图 11 幅，照片插页 34 页，序 1 篇，凡例 13 则。该志首列概述、大事记。正文设 10 编 [建置环境、农林牧渔、工业、商贸服务业、城市化改革（"三改一化"）、政权机构、军事政法、教卫文体、社区（村）建设、人物]、37 章，后有附录 4 章，共 115 节。卷末有后记。上限追溯发端，下限至 2007 年，概述、大事记、照片延至 2012 年。

江东区地方志丛书。

宁波图、北仑图

（鄞州）《邱隘镇志》

中国共产党邱隘镇委员会、鄞州区邱隘镇人民政府编。主编沈小宝。中国文史出版社 2015 年 10 月第 1 版，2015 年 12 月第 1 次印刷，16 开，1132 页，2143 千字，精装本 2 册（上、下），定价 800 元。

卷首有纂修人员名录，照片插页 20 页，图 1 幅，凡例 12 则。该志首列总述。正文设 23 编（政区、地理、人口、交通、邮电电信与信息化、能源、镇村建设、南区建设与房产管理、水利、工业、商贸服务业、财税金融与保险、政党社团、人大政府政协、公安司法与军事、教育科技、文化体育、文物古迹、卫生、社会、人物、文献、杂记）、90 章。卷末有大事记、后记。上溯事物发端，下限至 2013 年。

国图、浙图、宁波图、北仑图、北大图

（鄞州）《石碶志》

宁波市鄞州区石碶街道地方志编纂委员会编。主编俞国平。宁波出版社 2016 年 8 月出版，16 开，919 页，1136 千字，精装本 2 册（上、下），定价 300 元。

卷首有纂修人员名录，照片插页 19 页，图 7 幅，序 1 篇，凡例 18 则。该志首列总述及英文总述。正文设 16 编（政区、环境人口、城乡建设、基础设施、社会事业、农业、工业、商业贸易、党政军团体、经济管理及服务、劳动、社会保障、民政、社会事务、烈士及杰出人物、文献）、49 章、169 节。卷末有大事记、后记。上限为 1949 年 5 月 25 日鄞县当地解放之日，下限至 2012 年底。

国图、浙图、内蒙古图

（鄞州）《洞桥镇志》

《洞桥镇志》编纂委员会编。主编李苏苗。浙江人民出版社 2016 年 12 月出版，16 开，449 页，493 千字，平装 1 册，定价 98 元。

卷首有纂修人员名录，图 3 幅，照片插页 7 页，序 1 篇，凡例 13 则。该志首列综述。正文设 18 章（建置区划、自然环境、农业经济、工业经济、商贸经济、财政金融、镇村建设、交通邮电、党政群团、政法武装、社会事业、民生民情、名人名胜、太史全祖望、名桥风韵、文献辑录、乡风民俗、地方掌故），下设节、目、子目。卷末有大事记、附文（15 篇）、后记。上溯事物发端，下限原则上至 2012 年。

国图、浙图、海曙图、南大图、华师大图

（象山）《石浦镇志》

《石浦镇志》编纂委员会编。主编竺桂良。宁波出版社 2017 年 6 月出版，16 开，1700 页，2660 千字，精装护封本 3 册（上、中、下），定价 350 元。

卷首有图 5 幅，照片插页 34 页，序 2 篇，凡例 11 则。该志首列概述、要事系年。正文设 30 卷（建置、自然地理、居民、渔业、农林水利、盐业、商业、工业、交通邮电、财税金融、镇村建设、政党、政权组织、群众团体、民政、公安司法、海外侨胞港澳台同胞、海防、教育、科技、卫生体育、文化、文物、旅游、宗教信仰、民俗风情、方言、人物、诗文辑存、丛录）、143 章、485 节。卷末有后记、纂修人员名录。上限不限，下限至 2008 年底。

2014 年竺桂良编《石浦镇志稿选编》，将《石浦镇志稿》浓缩为渔商、海防、居民、文化、信仰、风俗、方言、历代诗文、口头文化、地方掌故 10 编。

国图、浙图、宁波图、象山图、华师大图

（北仑）《春晓镇志》

宁波市北仑区春晓街道办事处编。主编曹永成。浙江人民出版社2017年4月出版，16开，695页，978千字，精装护封本1册，定价268元。

卷首有照片插页35页，图4幅，纂修人员名录，序1篇，凡例11则。该志首列概述、大事记。正文设17篇（政区、自然环境、人口姓氏、北仑春晓滨海新城、农业、渔业盐业林业、水利、工业、商贸、交通邮电、财税金融、党政群团、军事公安司法、科技教育、文化体育卫生、社会、人物荣誉）、62章。后附丛录。卷末有编后记、资料员名单。上限溯事物发端，下限至2012年，个别内容延至2014年，彩照采集至定稿时。

国图、北仑图、华师大图

（奉化）《溪口镇志》

《溪口镇志》编纂委员会编。主编王开甲、周金康。宁波出版社2017年12月出版，16开，735页，1350千字，精装护封本1册，定价260元。

卷首有照片插页33页，图8幅，序2篇，凡例10则。该志首列概述、大事记。正文设25编（建置、自然环境、人口、社会生活、农业、土地水利、工业、商贸服务业、城乡建设、交通通信、金融、财税物价、行政与行业管理、政党群团、政府、人大政协、军事公安司法、教育、文化体育、科技卫生、风景旅游、蒋氏故里、佛教名山、人物、丛录）、102章、330节。卷末有后记、纂修人员名录、主要参考志书目录。上限溯事物发端，下限至2008年底，大事记延至2015年底。

国图、浙图、余姚图、南大图、华师大图

（鄞州）《潘火街道志》

《潘火街道志》编纂委员会编。主编王志新。浙江人民出版社2018年1月出版，16开，373页，522千字，定价180元。

卷首有纂修人员名录，照片插页26页（含图3幅），序1篇，凡例12则。该志正文设9章（地理、经济、城建、村落、社区、民生、文化、人物、文献）、59节。卷末有编后记。主要参考志书目录。上限溯事物发端，下限至2014年底。

潘火街道办事处、华师大图

温州市

（乐清）《北白象镇分志》

北白象镇政府印。施成安、方星虬指导。1989年1月内部资料，16开，67页，约30千字，油印本1册。

该志首列概述，正文设8章（历史沿革、自然地理、政治、经济、文教卫生、城镇建设、文物胜迹、人物）、41节。卷末有附记。上起自明永乐年间，下限至1987年。1988年《乐清县志》开始编纂时，曾采编本乡镇史料，为县志提供素材。

乐清图

（乐清）《黄华镇志》

浙江省乐清县黄华镇人民政府编。主编袁良安。1989年3月内部资料，16开，333页，油印本2册（上、下）。

卷首有照片插页1幅，图1幅，序1篇，凡例8则。该志首列概述、大事记。正文设11章（地理环境、政治、军事、经济、文教卫生、社会、交通邮电、人物志、艺文、物产、杂记）、46节。上限不限，下限至1987年。

乐清图

（永嘉）《桥头镇志》

永嘉县镇志编纂领导小组编。主编金德群。海洋出版社 1989 年 3 月出版，印数 4000 册，32 开，332 页，280 千字，精装 1 册，定价 8 元。

卷首有彩图 13 幅（含地图 2 幅、题词 2 幅），序 1 篇，凡例 6 则。该志首列概述。正文设 5 编（镇域、经济、政治、文教体卫、社会）、30 章、131 目。以经济为重点，经济编的 12 章为：土地占有和使用、农业、手工业副业、商业、纽扣市场、工业、能源、建筑业、交通邮电、金融、财政税务、工商行政管理。必要的章节后作附录。后设大事记、表格索引。卷末有后记、英文目录、纂修人员名录。上限自明洪武年间有关"菇溪木桥"的文字记载，下限至 1988 年 5 月。

该志系在镇委和镇政府的委托下，由中国人民大学历史系 37 位师生利用教学时间编纂而成，1987 年始，1 年成稿。

国图、浙图、温州图、中社科图、德国柏林国图

《洞头县北岙镇简志》（征求意见稿）

北岙镇人民政府、洞头县志办公室编写，执笔杨志林。1989 年 5 月印刷，16 开，30 页，约 15000 字。

系为《浙江省名镇志》所撰之初稿。卷首有编者的话。全稿共分 15 个部分，主要记述地理环境、历史沿革、经济状况、文化教育、名胜古迹、风俗民情、人物等。

洞头图

（乐清）《仙溪镇志》

仙溪镇人民政府编。主编李式时。1989 年油印本，16 开。

上限始于公元 374 年，下限止于 1988 年。

（乐清）《**大荆镇志**》

乐清县大荆镇人民政府编。编纂办公室主任傅久洪。1989 年内部资料，16 开，368 页，油印本 1 册。

卷首有照片图 2 幅，序 1 篇，凡例 8 则。该志首列概述、大事记。正文 6 篇（地理、经济、政治、文化、社会、人物）、37 章、99 节。卷末有跋、勘误表、纂修人员名单。上限南宋建炎二年（1128），偶有超越，下限为 1984 年底。

浙江省乐清县地方志丛书。

乐清图

（文成）《**大峃镇志**》

大峃镇志人民政府、文成县志办合编。撰稿陈夫、张雨明。1990 年 3 月印发，16 开本，21 页，约 12 千字，油印本 1 册。

该志分 11 个部分（概述、城镇建设、工业、交通、邮电、商业、农业、教育、文化体育、名胜风景、人物）。上溯事物发端，下限至 1988 年，部分延至 1989 年。

内容极简，但门类较多，可略览一镇概况。由《文成县志》（1996）主编朱礼审稿。

文成图

（乐清）《**乐成镇志**》

浙江省乐清县地方志丛书。乐成镇人民政府编。主编高益登、南宪。1990 年 10 月内部印行，16 开。

乐清图（馆内未见）

（乐清）《**慎江镇志**》（**征求意见稿**）

浙江省乐清县慎江镇人民政府编。主编袁良安。1990 年 10 月印行，16 开，329 页，200 余千字，油印本 1 册。

卷首有照片插页 3 幅，前言 1 篇，凡例 6 则。该志首列概述、大事记。正文设 22 章（地理、社会、教育、建置沿革、政治、交通运输、农业、渔业、工业、商业、财经、邮政电讯、军事、文化教育、医药卫生、生活、民情风俗、宗教信仰、人物志、艺文、文物古迹、杂记）、72 节。上限不限，下限为 1989 年底。

乐清图

（乐清）《磐石镇志》

乐清县磐石镇人民政府编。编写傅若斯、林品濂。1990 年（封面显示 1989 年 12 月，序为 1990 年国庆），内部资料，16 开，225 页，油印本 1 册。

卷首有图 1 幅，序 1 篇，凡例 8 则。该志首列概述、大事记。正文设 11 章（政治、地理、港口、建置、人口、经济、军事、文教卫生、社会、人物、文物古迹）、49 节。卷末有编后记、镇志领导小组。上溯事物发端，下限至 1988 年。

乐清图

《信智乡志》（上卷）

信智乡人民政府编。主编郑国维。1990 年内部印刷，印数 50 册，16 开，82 千字，上卷 129 页，简装 1 册。虽称上卷，但 8 章内容已完整。

卷首有题词 1 幅，黑白照片插页 2 页 4 帧，图 1 幅，前言 1 篇，纂修人员名录，目录，凡例 8 则。该志首列概述、大事记。正文设 8 章（建置、地理、经济、政治、武装、文教卫生、人物、民间社会）、36 节。卷末有后记。上起有所考证，下限至 1989 年底，个别地方延至 1990 年 9 月志成之时。

浙图、苍南图

（乐清）《白石镇志》

乐清县白石镇人民政府编。主编陈建中。1991 年 5 月内部资料。

乐清图（馆内未见）

（乐清）《翁垟镇志》（初稿）

浙江省乐清县翁垟镇人民政府编。主编王宗汉。1991 年 10 月内部资料，16 开，2 册（上、下）。

卷首有图 3 幅，序 2 篇，凡例 6 则。该志首列概述、大事记。正文设 6 编（镇区、经济、政治、文化、社会、人物）、30 章。镇区编设街道路巷塘塝陡闸河桥章，以突出该镇为沿海名镇之特点。上起自晋宁康二年（374），下限 1988 年。

乐清图

《灵溪区地方志》

《灵溪区地方志》编纂委员会编。主编郑维国、木露。1992 年 10 月印行，印数 1000 册，16 开，259 千字，精装 1 册。

卷首有图 1 幅，题词 5 幅，纂修人员名单，彩照 8 页，序 1 篇，凡例 9 则。志首列概述、大事记，正文设 18 编（建置、自然地理、人口、综合经济、农业、工业、商业、交通邮电、金融财税、工商行政管理、政治、军事、文化、教育、卫生、司法民政、人物、社会）、67 章、127 节。卷末有编后记、勘误表。上起商周，下至 1991 年 12 月，以史料考评为准。

浙图、温州图、苍南图、平阳图

（乐清）《虹桥镇志》

乐清县虹桥镇人民政府编。主编王晓（小）泉。中国国际广播出版社 1993 年 2 月（书录：1990.11）出版，印数 3000 册，32 开，434 页，320 千字，平装 1 册，定价 9.8 元。

卷首有题词 2 幅，照片插页 16 页，图 5 幅，信件图 1 幅，纂修人员名录，序 1 篇，凡例 8 则。该志首列概述、大事记。正文设 13 篇（地理环境、商业、工业、农业、交通邮电、财税金融、政治、军事、文化、教育、医药卫生、社会、人物），47 章、178 节。卷末有附录（捐资单位及个人）。上溯事物发端，下限至 1988 年底。

浙江省乐清县地方志丛书。

国图、浙图、温州图、乐清图、中社科图

《苍南灵溪镇志》

《苍南灵溪镇志》编纂办公室编。主编王汝亮。浙江人民出版社 1993 年 3 月出版，印数 3000 册，32 开，319 页，260 千字，精装 1 册，定价 18 元。

卷首有书名题签 1 幅，照片插页 13 页，图 2 幅，序 1 篇，凡例 8 则。该志首列概述、大事记。正文设 28 编（镇域、人口、城镇建设、农业、工业、商业、粮油购销、工商管理、交通、邮电、金融、财税、政党、政权、政法、民政、群众团体、教育、文化、卫生、体育、人民生活、军事、民俗、方言、宗教、人物、杂记）。卷末有后记、纂修人员名录。记事时间上起事物之发端，下迄 1989 年，部分编章延伸至 1990 年。

国图、浙图、温州图、苍南图、中社科图

（乐清）《蒲岐镇志》

乐清县《蒲岐镇志》编委会编。主编崔宝珏。1993 年 9 月内部印行。印数 1000 册，32 开，572 页，400 千字，精装 1 册。

卷首有纂修人员名录，图 1 幅，照片插页 23 页，序 1 篇，凡例 9

则。该志首列概述。正文设 10 卷（蒲岐镇历史大事记、建置与地理、历代军事、政治、经济、科教文卫、人口生活与民俗、名人传略、历史艺文、参考文存）、33 章 8 辑、117 节。上限始于 374 年，下限至 1992 年，有适当上溯下延。

浙江省乐清地方志丛书。

国图、浙图、温州图、乐清图、温大馆、台州图、中社科图

（苍南）《马站镇志》

《马站镇志》编纂委员会编。主编郑维国。1994 年 2 月印行，印数 150 册，16 开，187 页，135 千字，精装护封本 1 册。

卷首有题词 1 幅，图 1 幅，照片插页 1 页，纂修人员名录，序 1 篇，凡例 8 则。该志首列概述、大事记。正文设 8 编（建置、自然环境、经济、政治、军事、文化、人物、社会）、33 章、105 节。卷末有编后记。上起商周，下限至 1992 年，部分延至 1993 年。

浙图、温州图、苍南图

（乐清）《乐成镇志》

乐成镇人民政府编。高益登、南宪编写。当代中国出版社 1994 年 5 月出版，印数 2000 册，大 32 开，337 页，250 千字，精装 1 册，定价 18 元。

卷首有纂修人员名录，插页 10 页，图 2 幅，序 3 篇，凡例 8 则。该志首列概述、大事记。正文设 6 篇（地理、经济、政治、文教卫、社会、人物）、29 章、107 节。上溯及晋代，下限至 1990 年。

国图、浙图、温州图、乐清图、中社科图

（苍南）《龙港镇志》

龙港镇人民政府编。主编丁仕田。汉语大词典出版社 1994 年 9 月

出版，印数 5000 册，32 开，390 千字，460 页，精装护封本 1 册，定价 28 元。

卷首有题词 6 幅，图 3 幅，照片插页 16 页，纂修人员名录，序 2 篇，凡例 7 则。该志首列概述、大事记。正文设 7 编（镇域、城建、经济、政治、文化、社会、人物）、38 章、115 节。后附丛录、后记。上限为分县建镇初始，个别事物上溯开端；下限至 1991 年，某些事物延伸到 1992 年或至成稿之时。

国图、温州图、浙志办、苍南图、南大图

（苍南）《马站地方志》

马站地方志编纂委员会编，主编王汝亮、郑维国。1996 年 9 月印刷，印数 500 册，16 开，330 千字，356 页，精装护封 1 册，工本费 75 元。

卷首有题词 1 幅，图 1 幅，黑白照片插页 5 页，纂修人员名录，序 1 篇，凡例 8 则。该志首列概述、大事记。正文设 11 编（建置、自然环境、人口、农业、工交、财贸、政治、军事、文化、社会、人物）、56 章、194 节。卷末有后记。上起有文字记载之事物发端，下迄 1991 年，部分编章节延伸至 1995 年。记述范围为马站区行政区域，新中国成立前和新中国成立初期管辖范围包括马站、矾山、赤溪等地。

浙图、温州图、苍南图、平阳图

（乐清）《白石镇志》

白石镇人民政府编。主编陈建中。天马图书有限公司 1997 年 1 月出版，印数 3000 册，32 开，353 页，290 千字，精装护封本 1 册，定价 33 元。

卷首有插页 16 页，含题词 1 幅，图 2 幅，序 4 篇，凡例 10 则。概述、大事记。正文设 7 编（地理、经济、政治、文教卫生、名胜古迹、社会、人物)、27 章、95 节。卷末附纂修人员名单、出版资助者名录、编后记。上起事物发端,下限至 1990 年,有的延至 1993 年。

浙江省乐清市地方志丛书。

国图、浙图、温州图、乐清图、华师大图

(永嘉)《瓯北镇志》

温州镇志编纂委员会编。主编汤一钧。黄山书社 1997 年 10 月出版,印数 3500 册,32 开,322 页,270 千字,精装护封本 1 册,定价32 元。

卷首有纂修人员名录、彩图 14 页,图 1 幅,"写在前面" 1 篇,凡例 10 则。该志首列综述、大事记。正文设 5 编(镇域、经济、政治、文教卫体、社会)、23 章、84 节。各章均有概述。卷末有大事记、人物志、附录、后记。上限公元前 192 年,下限至 1996 年底,部分内容则适当向后延伸。记述地理范围以 1989 年建镇及 1992 年扩镇行政区划为准。

温州镇志系列丛书。

国图、浙图、温州图、中社科图、华师大图

(瑞安)《莘塍镇志》

莘塍镇人民政府编。主编汤一钧。黄山书社 1998 年 5 月出版,印数 2000 册,32 开,320 页,273 千字,精装护封本 1 册,定价 38 元。

卷首有插页 16 页,图 1 幅,序 1 篇,凡例 11 则。该志首列综述。正文设 6 编(镇域、镇区建设、经济、政治、文教卫体、社会)、23章、88 节,后设人物志、大事记、附录、后记、纂修人员名录。上限不拘,下限至 1996 年,重要条目适当延伸。

温州镇志系列丛书。

国图、浙图、温州图、瑞安图、中社科图

（乐清）《芙蓉镇志》

芙蓉镇人民政府编。主编包忠久。（香港）天马图书有限公司1998年9月出版，印数1500册，32开，324页，215千字，精装护封本1册，定价48元。

卷首有题词3幅，图2幅，照片插页14页。该志首列概述、大事记。正文设8篇（地理、经济、政治、军事、教育卫生、文化体育、人物、社会）。卷末有编后记、出版赞助名单。上限东晋宁康二年（374），下限至1993年。

国图、温州图、乐清图、台州图

（乐清）《柳市镇志》

《柳市镇志》编纂委员会编。主编汤一钧。黄山书社1998年10月出版，印数4500册，16开，237页，433千字，精装1册，定价68元。

卷首有照片插页14页，图1幅，序3篇，凡例12则。该志首列概述。正文设6编（镇域、经济、城镇建设、政治、文教卫体、社会）。后设人物志、大事记。卷末有附录、后记。上限不拘，下限至1997年，重要条目有适当延伸。记述地理范围以1992年柳市撤区扩镇并乡后行政区域为主。

国图、浙图、温州图、乐清图、中社科图

《城郊乡志》

《城郊乡志》编纂委员会编。主编汤一钧。黄山书社2000年出版，32开，217页，精装1册，定价36元。

该志分概述、志略、人物志、大事记、附录5部分，其中志略6

编，介绍了乡域、城乡一体化建设、经济、政治、文教卫生、社会等方面的情况。上限不拘，下迄 1999 年 6 月，重要条目延伸至成稿时。

国图、温州图、平阳图、中社科图、温大图

《浙江省泰顺县莒江乡志》

《莒江乡志》编纂委员会编。主编施明达。中华书局 2001 年 7 月出版，印数 1000 册，32 开，239 页，130 千字，定价 60 元。

卷首有纂修人员名录、彩照 39 页，图 1 幅，序 2 篇，凡例 9 则。该志首列大事记，正文设 17 章（建置、自然环境、党政群机构、人民生活、交通邮电、农业水利、林业、区域特色经济、工商业、教育、文化卫生、民俗宗教、1994~1998 年全乡社会和经济发展概况、移民、人物、文物胜迹、文献），部分章节有附录。上限不划一，下限至 1993 年，对此时限之后新发生的事实，增设第 13~14 章补充说明。书末有主题索引。

国图、浙图、温州图、泰顺图、中社科图

（乐清）《翁垟镇志》

《翁垟镇志》编写组编。主编王宗汉。当代中国出版社 2002 年 6 月出版，印数 3000 册，32 开，380 页，304 千字，精装 1 册，定价 50 元。

卷首有图 2 幅，题词 5 幅，照片插页 14 页，序 1 篇，凡例 6 则。该志首列概述、大事记。正文设 6 篇（镇区、经济、政治、文化、社会、人物）、30 章、112 节。卷末有编后记、纂修人员名录。上限不拘，下限至 2000 年。

国图、温州图、乐清图、台州图

（苍南）《**龙港镇志**》（**1991~2000**）

《龙港镇志》编纂委员会编。编辑徐启豆、陈绍雄、薛茂强、薛盛威。中华书局 2003 年 7 月出版，印数 6000 册，16 开，488 页，780 千字，精装 1 册，定价 80 元。

卷首有题词 1 幅，纂修人员名录，照片插页 16 页，图 2 幅，序 2 篇，凡例 6 则。该志首列概述、大事记。正文设 26 篇（镇域、改革实验区、土地、人口、城镇建设、交通邮电、工业、印刷业、环境保护、水利、农业、渔业、商业、金融财税、经济管理、中共组织、人大、政府、政协、群众团体、政法、教育、文体卫生、习俗、人物、丛录）。卷末有后记。上限 1991 年，下限至 2000 年，大事记延伸至 2002 年。

浙江省名镇志集成。

国图、浙图、温州图、中社科图、复旦图

（永嘉）《**仰义乡志**》

《仰义乡志》编纂委员会编。主编金一凡。2004 年 3 月印刷，32 开，194 页，130 千字，精装护封本 1 册。

卷首有题词 1 幅，图 1 幅，照片插页 16 页。序 1 篇，凡例 7 则。该志首列概述、大事记。正文设 5 篇（乡域、社会、经济、政治、文化）、18 章、81 节。上限始自发端，下限至 2003 年，以明清置乡以来的历史和现状为详。

国图、温州图、鹿城图、南大图

（乐清）《**磐石镇志**》

乐清市《磐石镇志》编纂委员会办公室编。高益登等编修。2005 年 8 月内部印行，16 开，202 页，精装护封本 1 册。系 1989 年版续修本。

卷首有题词 4 幅，照片插页 8 页（含地图 2 幅），序 2 篇，凡例 8 则。该志首列概述、大事记。正文设 8 篇（地理建置、政治、军事、经济、文教卫生体育、文化、社会、人物）、37 章、130 节，后附编后记 2 篇。上溯事物发端，下限至 2004 年底。

浙图、温州图、乐清图

（苍南）《马站地方志》

《马站地方志》编纂委员会编。主编郑维国。中央文献出版社 2005 年 7 月出版，印数 500 册，16 开，517 页，560 千字，精装 1 册，定价 100 元。

卷首有题词 1 幅，照片插页 6 页，序 1 篇，凡例 8 则，纂修人员名录。该志首列马站区域概况、大事记。正文 8 编（建置、自然环境、经济、政治、军事、文化、人物、社会）、33 章、105 节。卷末有编后记。上起有文字记载之事物发端，下迄 2003 年，部分编章节延伸至 2005 年脱稿前。记述范围为马站行政区域，新中国成立前和新中国成立初期管辖范围包括马站、巩山、赤溪。1992 年 5 月撤区扩镇前含赤溪区信智，记为"马站区"。今含马站、霞关、沿浦 3 镇和蒲城、岱岭、渔寮 3 乡，记为"马站区域"。

浙图、温州图、平阳图、苍南图

（乐清）《黄华镇志》

黄华镇人民政府编。主编陈安铎。海风出版社 2005 年 11 月出版，16 开，印数 3500 册，291 页，400 千字，精装护封本 1 册，定价 98 元。

卷首有图 4 幅，照片插页 35 页（含企业介绍 12 页），序 1 篇，凡例 7 则。该志首列概述、大事记。正文设 7 篇（环境、政治、军事、经济、文教卫生、社会、人物）。卷末有资助单位名录、后记、纂修人员名录。上限不拘，下限至 2003 年，个别地方延至 2005 年。

国图、浙图、温州图、乐清图、中社科图

（苍南）《灵溪镇志》（1990~2005）

《灵溪镇志》编纂委员会编。主编叶宗武。中华书局 2007 年 11 月出版，印数 5000 册，16 开，528 页，686 千字，精装 1 册，定价 220 元。

卷首有题词 1 幅，纂修人员名录，图 2 幅，有照片插页 27 页，序 2 篇，凡例 8 则。该志首列概述、大事记。正文设 33 编（镇域、人口、城镇建设、农业、水利、林业、工业、商业、服务行业、粮食购销、工商管理、交通、邮电、金融、财税、保险、中国共产党、政权、政协灵溪镇联络组、政法、民政、群众团体、教育、文化、医疗卫生、体育、人民生活、兵役与民兵、民俗、方言、宗教、人物、丛录）。卷末有后记。上限衔接前志，下限至 2005 年，大事记延至 2006 年，某些条目章节延伸至成稿时。山西省社会科学院研究员温端政提供了方言分志稿。

国图、浙图、温州图、苍南图、华师大图

（乐清）《沙门岛志》

《沙门岛志》为"白沙西门二岛合志"，亦即"沙门乡志"。1991 年 10 月杨舞西撰稿，2007 年 12 月雁荡镇人民政府印，32 开，92 页，打印简装 1 册。

卷首有图 1 幅（目录载有图 2 幅，仅见 1 幅），"写在前面" 1 篇，黑白照片 2 页，例言 9 则。该志首列白沙西门岛历史大事记。正文设上下卷共 13 章，上卷 6 章（概述、地理环境、历史沿革、行政区划、人物志、社会人口），下卷 7 章（渔业海涂养殖、盐业、穿凿牧副、交通邮电、工商财贸、教科卫生、杂录）。卷末有编印后记（跋诗）。上限一般起自明代，下限至 1990 年。

乐清图

（苍南）《宜山镇志》

《宜山镇志》编纂委员会编印。主编徐启豆。2008 年 12 月出版，印数册，16 开，精装护封本 1 册，定价 118 元。

卷首有照片插页 16 页，图 2 幅，纂修人员名录，资料提供者名录，序 1 篇，凡例 8 则。该志首列概述、大事记。正文设 8 编（镇域、城镇建设、经济、政治、教育文化体育卫生、社会、人物、艺文）。卷末有后记。上限溯事物发端，下限至 2006 年，大事记延伸至 2008 年。

苍南图、平阳图

（乐清）《淡溪镇志》

淡溪镇人民政府编。主编薛文甫。方志出版社 2010 年 1 月出版，印数 3000 册，16 开，424 页，595 千字，精装护封本 1 册，定价 120 元。

卷首有纂修人员名录，题词 4 幅，图 2 幅，照片插页 26 页，序 1 篇，凡例 6 则。该志首列概述、大事记。正文设 12 卷（地理建置、政党政权团体、军事司法、农林牧水利、工业电力及水的生产和供应业建筑业、交通邮电商业餐饮业金融业、教育、文化、艺文、卫生体育、社会、人物）、46 章、144 节。卷末有赞助名录、后记。上溯事物发端，下限至 2007 年，正文部分内容延至 2008 年。

浙图、温州图、乐清图、北大图、华师大图

《温州市龙湾区永中街道志》（1949～2007）

《龙湾区永中街道志》编纂委员会编。主编王会飞。方志出版社2010年10月出版，印数2000册，16开，270页，421千字，精装护封本1册，定价180元。

卷首有纂修人员名录等，序3篇，照片插页12页，图3幅，凡例10则。该志首列概述、大事记。正文设16章（建制、自然环境、基础设施、人口、村居、姓氏、政党政权、民主党派人民团体社会团体、军事、公安司法行政、产业、教科文卫体、文物古迹、方言谚语民谣、艺文、民生）、53节。卷末有人物、附录、索引、后记。上限起自永中解放之时（1949年5月7日），个别章节适当上溯事物发端，下限至2007年底，部分照片除外。

国图、浙图、温州图、北大图、南大图

（乐清）《大荆镇志》

《乐清市大荆镇志》编辑委员会编。主编滕万林。中华书局2011年6月出版，印数3000册，16开，262页，476千字，精装1册，定价168元。

卷首有图2幅，照片插页35页，序1篇，凡例8则。该志首列概述、大事记。正文设6篇（地理、经济、政治、文化、社会、人物）、37章、99节。卷末有后记、纂修人员名录。上自南宋建炎二年（1128），下限至1988年底。

国图、浙图、温州图、乐清图、南大图

（乐清）《北白象镇志》

《北白象镇志》编纂委员会编。主编高益登。中华书局2011年8月出版，印数5000册，16开，470页，580千字，平装1册，定价

200 元。

卷首有纂修人员名录，题词 4 幅，图 3 幅，照片插页 34 页，序 1 篇，凡例 10 则。该志首列概述、大事记。正文设 8 卷（建置、政治、经济、军事、城建、科教、社会、人物）、34 章 136 节。卷末有编后记。上溯事物发端，下限至 2009 年 12 月底，部分彩图延伸至 2010 年。

国图、浙图、温州图、乐清图、中社科图

（苍南）《腾垟志》

李方云编著。2011 年 10 月出版，16 开，381 页，300 余千字，精装 1 册。

卷首有照片插页 46 页，含图 6 幅，序 1 篇，前言 1 篇，凡例 11 则。正文设 23 章（建置、政治、自然环境、人口、少数民族、物产、水利与电力、交通与通讯、度量衡与商业、货币与金融、农村基本建设、教育事业发展及沿革、卫生发展与沿革、文化发展与沿革、宗教、旅游、工程建设队伍、名人传记、生态变迁、民俗风情、艺文、古家礼和民间谚语、大事记）、94 节。卷末有后记。上限以明弘治《温州府志》记载唐景福二年（893）建腾洋（垟）腾云院为始，下限至 2011 年 4 月完稿止。

浙图

（苍南）《龙港镇志》

《龙港镇志》编纂委员会编。主编徐启豆。中华书局 2011 年 11 月出版，印数 3000 册，16 开，842 页，1080 千字（版权页误为 108 千字），精装护封本 1 册，定价 200 元。

卷首有纂修人员名录，照片插页 24 页，图 2 幅，序 2 篇，凡例 6

则。该志首列概述、大事记。正文设 30 篇（镇域、改革实验区、土地、人口、城镇建设、交通邮政通信、工业、印刷业、礼品业、环境保护、水利、农业、渔业、商贸、财税金融保险证券、经济管理、中国共产党龙港镇委员会、龙港镇人民代表大会、龙港镇人民政府、政协龙港联络组、地方军事、社会团体、政法、教育、文化广电、卫生体育、民俗、宗教信仰、人物传、丛录等 184 目）。卷末有后记。上限1983 年，下限至 2009 年，个别事物延伸至 2010 年。

国图、浙图、苍南图、华师大图

（洞头）《大门镇志》

大门镇人民政府编。主编杨志林。2012 年 4 月内部资料出版，印数 1500 册，16 开，340 页，325 千字，精装护封本 1 册。

卷首有纂修人员名录，照片插页 4 页，图 1 幅，序 1 篇，凡例 10则。该志首列概述、大事记。正文设 6 章（区域位置及建制、自然环境、居民、政治军事、经济建设、社会事业），后有人物、附录（民间故事传说）、33 节。卷末有编后记。上溯事物发端，下限至 2010 年底，以 1953 年 7 月洞头置县以来的内容为重点。

浙志办、温州图、洞头图、闽南师大图

《文成乡镇志》

《文成县志》（续志）编纂委员会、中共文成县委史志办公室编。主编朱礼。2013 年 3 月出版，印数 2000 册，16 开，888 页，1094 千字，精装 1 册，定价 200 元。

卷首有图 1 幅，照片插页 32 页，序 2 篇，凡例 6 则。该志首列概述。正文计 12 章（建置、机构、大片区、珊溪片区、口片区、玉壶片区、南田片区、黄坦片区、西坑片区、财政、人物、丛录）、52 节，记录文成县 33 个乡镇的古今情况。卷末有大事记、编纂经过、纂修人员名录、跋。上限不限，下限至 2010 年。

文成图

（苍南）《桥墩志》

《桥墩志》编纂委员会编。主编李成廉。浙江人民出版社 2013 年 12 月出版，16 开，875 页，1243 千字，精装护封本 1 册，定价 158 元。

卷首有纂修人员名录，照片插页 40 页，图 4 幅，序 2 篇，凡例 10 则。该志首列概述、大事记。正文设 24 章（自然环境、古代人类活动、地域归属及建制、人口与姓氏、少数民族、农业养殖业、林业、工业手工业、食品业饮食业、商业、水利电力、交通邮电、城镇建设、党政、文化、教育卫生、风景旅游、宗教、民俗、人物、革命老区、诗征、文征、楹联、备忘录）、143 节。卷末有后记。上限溯源，下限至 2010 年，大事记及个别内容延伸至 2012 年。

此志由原桥墩镇、观美镇、莒溪镇、五凤乡、腾垟乡和灵溪镇南水头办事处（即原桥墩区地域乡镇）联合编写，"桥墩境内""桥墩地域""本地域"即指上述六乡镇范围。

国图、浙图、温州图、中社科图、北大图

（鹿城）《仰义街道志》

《仰义街道志》编辑委员会编。主编周岷。2013 年 12 月印刷，32 开，180 页，约 130 千字，精装护封本 1 册，定价 30 元。

卷首有纂修人员名录，题词 1 幅，图 1 幅，照片插页 22 页，序 2 篇，凡例 8 则。该志首列概述、大事记。正文设 20 章（建置、自然环境、人物、中国共产党、人大政协、人民政府、公安综治、人民武装、群众团体、驻境单位、金融、商业、重点企业、重点工程建设、教育、卫生、交通、旅游、宗教、公寓山庄）、101 节，后有附录。上限 2004 年，承续《仰义乡志》，下限至 2013 年。

浙图、温州图、鹿城图

（龙湾）《沙城镇志》

《沙城镇志》编纂委员会编。主编项有仁。中华书局 2014 年 11 月出版，印数 2000 册，16 开，892 页，714 千字，精装护封本 1 册，全彩印刷，定价 480 元。

卷首有纂修人员名录，序 1 篇，凡例 9 则，绪述 1 篇，照片插页 6 页。正文设 12 卷（环境、氏族、社会、政治、经济、文化、教育、保健、民俗、语言、村镇、人物）、111 章、341 节。后附图表索引、表格索引、后记。上限追溯事物发端，下限 2010 年，个别事项延至 2011 年。

国图、浙图、温州图、龙湾图

（平阳）《腾蛟镇志》

《腾蛟镇志》编纂委员会编。主编林步宽。浙江摄影出版社 2016 年 3 月出版，16 开，777 页，精装 1 册，定价 228 元。

卷首有图 5 幅，照片插页 27 页，序 4 篇，凡例 10 则。该志首列概述、大事记。正文设 28 章（建置、自然环境、人口与计划生育、农业、人民生活、林业、工业、商业、城乡建设、风景名胜与旅游、交通邮电、财政金融、民政、工商行政管理、社会治安、征兵民兵预备役、党政组织机构、社会团体、教育、文化、医疗卫生、体育、宗教、民俗、方言、人物、文献著述、杂记）、155 节。卷末有编后语、纂修人员名录。上限不限，下限至 2011 年 12 月，个别内容下延至付梓时。

地域范围以 2011 年 4 月行政区划调整所辖区域为准。

温州图、平阳图、华师大图

(瑞安)《陶山镇志》

《陶山镇志》编纂委员会编。主编林成植、林伟光。中国文史出版社 2016 年 3 月出版，16 开，607 页，628 千字，精装护封本 1 册，定价 220 元。

卷首有纂修人员名录，照片插页 26 页（含图 5 幅），序 3 篇，凡例 9 则。该志首列概述、大事记。正文设 9 编（区域、经济、政治、基础建设、教育卫生体育、文化科技、宗教民俗、人物、丛录）、28 章、107 节。卷末有后记。上溯事物发端，下限至 2014 年，个别内容下延至 2015 年。目录到目。

国图、浙图、温州图、华师大图

(鹿城)《双屿街道志》

《双屿街道志》编纂委员会编。《双屿街道志》编纂工作委员会主任先后为邱向真、姜益祥。2016 年 7 月印发，16 开，508 页，500 千字，平装 1 册。

卷首有双屿标志释义，照片插页 28 页，图 2 幅，序 2 篇，凡例 11 则。该志首列双屿（2013 年）概况及十年便览、大事记。正文设 8 篇（概述、大事记、乡域、社会、经济、政治、文化、综合整治）、37 章、163 节。上限不限，下限至 2013 年，重要篇章条目延至成稿时。地域范围以 2011 年建街道后行政区划为准。卷末有后记、纂修人员名录。双屿是"温州模式"发展的缩影，中国民营经济的发源地。

浙图、瓯海图、龙湾图

（泰顺）《黄桥乡志》

《黄桥乡志》编辑委员会编。主编吴元华。线装书局 2016 年 12 月出版，16 开，365 页，555 千字，精装 1 册，定价 180 元。

卷首有纂修人员名录，照片插页 24 页，序 3 篇，凡例 11 项 19 条。该志首列概述、大事记。正文设 6 篇（地理环境、政治、经济、文化事业、民生、行政村概况）、23 章、100 节，后有人物，卷末有附录、后记。上起事物发端，下限至 2011 年 5 月黄桥乡建置撤销，部分事物适当下延，大事记和图片延至 2015 年。

国图、华师大图

（瓯海）《南白象街道志》

温州市瓯海区南白象街道办事处、温州市瓯海区《南白象街道志》编纂委员会编。主编卢殿宗。现代出版社 2018 年 4 月出版，519 页，760 千字，16 开，定价 208 元。

卷首有纂修人员名录，序 4 篇，凡例 13 则，图 4 幅，照片插页。首列综述、大事记。正文设 27 章［建置、自然环境、名胜古迹、中国共产党、人民代表大会、乡（镇）人民政府政协、人民武装、公安司法、群众团体、土地改革、经济体制和经济管理、农业（第一产业）、工业（第二产业）、商贸服务业（第三产业）、城镇建设、金融、财政税收、教育、文化艺术、医疗卫生、体育、人口、人民生活、民政、民俗语言、宗教、名人］、104 节。卷末有附录、后记。上溯事物开端，下限至 2010 年底。记述地理范围以 2003 年 12 月南白象镇改为南白象街道办事处为主。

瓯海图

（泰顺）《罗阳镇志》

《罗阳镇志》暨六乡志编纂委员会编。主编翁少平。浙江古籍出版社 2018 年 8 月出版，印数 1500 册，16 开，384 页，613 千字，精装护封本 1 册，定价 318 元。

卷首有纂修人员名录，凡例 7 则，照片插页 24 页（含地图 7 幅），序 1 篇。该志首列概述、大事记。正文设 11 篇（建置、自然环境、人口、基础设施建设、经济、党政军群、社会救抚与社会保障、市政管理与文明建设、教科文卫体、宗教与习俗、人物）、46 章、163 节。卷末有文件选辑（6 篇）、编后记、表格索引（44 个表格）。上限不限，下限至 2010 年，少数事项适当下延。

该志写作班子共 6 人，还编写 2011 年并入罗阳镇的岭北、仙稔、碑排、南院、下洪、洲岭 6 个乡的乡志。

泰顺县地方志丛书。

国图、浙图、泰顺图

（泰顺）《洲岭乡志》

《罗阳镇志》暨六乡志编纂委员会编。主编翁少平。浙江古籍出版社 2018 年 8 月出版，印数 800 册，16 开，136 页，216 千字，精装 1 册，定价 198 元。

卷首有纂修人员名录，凡例 7 则，照片插页 10 页（含地图 1 幅），序 1 篇。该志首列概述、大事记。正文设 21 章（建置、自然环境、人口、党政军群、经济体制与收益分配、农业、水利、林业、养殖业、工业、商业、交通与邮电、脱贫、社会保障、优抚与救济、乡村建设、教育、卫生与体育、文化、诗文、人物）、72 节。卷末有后记。上限不限，下限至 2011 年 5 月洲岭乡并入罗阳镇，个别重大事项适当下延。

泰顺县地方志丛书。

浙图、泰顺图

（泰顺）《仙稔乡志》

《罗阳镇志》暨六乡志编纂委员会编。主编翁少平。浙江古籍出版社 2018 年 9 月出版，印数 500 册，16 开，122 页，225 千字，精装 1 册，定价 198 元。

卷首有纂修人员名录，凡例 7 则，照片插页 12 页（含地图 1 幅），前言 1 篇。该志首列概述、大事记。正文设 20 章（建置、自然环境、人口、党政军群、经济总情、农业、林业、水利、交通邮电、工商业、旅游、脱贫、乡村建设、优抚救济社保、教育、科技、文化、卫生与体育、宗教与习俗、人物）、57 节。卷末有后记。上限不限，下限至 2011 年 5 月仙稔乡并入罗阳镇，个别重大事项适当下延。

泰顺县地方志丛书。

浙图、泰顺图

（泰顺）《南院乡志》

《罗阳镇志》暨六乡志编纂委员会编。主笔胡向东。浙江古籍出版社 2018 年 9 月出版，印数 500 册，16 开，191 页，340 千字，精装 1 册，定价 198 元。

卷首有纂修人员名录，凡例 8 则，照片插页 16 页（含地图 1 幅），序 1 篇。该志首列概述、大事记。正文设 20 章（建置、自然环境、人口、党政军群、经济体制与收益分配、农业、养殖业、林业、水利与水电、交通与邮电、工业、商业金融、脱贫、优抚与救济、乡村建设、教育、文化、卫生与体育、民情风俗简介、人物）、63 节。卷末有编后记。上限不限，下限至 2011 年 5 月南院乡并入罗阳镇，个别重大事项适当下延。

泰顺县地方志丛书。

浙图、泰顺图

（泰顺）《碑排乡志》

《罗阳镇志》暨六乡志编纂委员会编。主编蓝道民。浙江古籍出版社 2018 年 9 月出版，印数 500 册，16 开，134 页，260 千字，精装 1册，定价 198 元。

卷首有纂修人员名录，凡例 8 则，照片插页 20 页（含地图 1 幅），序 2 篇。该志首列概述、大事记。正文设 22 章（建置、自然环境、人口、党政军群、农业、养殖业、林业、工业、商业金融业、特产、水利水电、交通邮电、乡村建设、扶贫、社会保障、优抚救济、教育科技、卫生体育、文化、习俗与信仰、旅游资源、人物）、76 节。卷末有后记。上限不限，下限至 2011 年 5 月碑排乡并入罗阳镇，个别重大事项适当下延。

泰顺县地方志丛书。

国图、浙图、泰顺图

（泰顺）《下洪乡志》

泰顺县地方志丛书。《罗阳镇志》暨六乡志编纂委员会编。主编董仁和。浙江古籍出版社 2018 年 9 月出版，16 开，170 页，292 千字，精装 1 册，定价 198 元。

卷首有纂修人员名录，凡例 8 则，照片插页 16 页（含地图 1 幅），序 2 篇。该志首列概述、大事记。正文设 18 章（建置、自然环境、居民、党政军群、经济总情与收益分配、农业、林业、工业、商贸金融、水利、交通与邮电、社会保障、扶贫、乡村建设、教育、卫生保健、文化艺术、人物）、68 节。卷末有文件选辑、编后记。上限不限，下限至 2011 年 3 月下洪乡并入罗阳镇，个别重大事项适当下延。

浙图、泰顺图

（泰顺）《岭北乡志》

泰顺县地方志丛书。《罗阳镇志》暨六乡志编纂委员会编。主编翁少平。浙江古籍出版社 2018 年 9 月出版，印数 500 册，16 开，133 页，265 千字，精装 1 册，定价 198 元。

卷首有纂修人员名录，凡例 7 则，彩图 28 页（含地图 1 幅），序 1 篇。该志首列概述、大事记。正文设 22 章（建置、自然环境、人口、党政军群、乡村建设、农业、养殖、林业、水利、工业、商业与劳务输出、交通与邮电、旅游、脱贫、社会保障、优抚与救济、教育、卫生与体育、文化、文物胜迹、民间习俗、人物）、80 节。卷末有后记。上限不限，下限至 2011 年 5 月岭北乡并入罗阳镇，个别重大事项适当下延。

浙图、泰顺图

嘉兴市

《嘉兴县惠民人民公社社志》

中共嘉兴县惠民人民公社委员会、嘉兴县惠民人民公社管理委员会档案室编。1959 年 4 月印刷，16 开，约 44 千字，油印本 1 册。

志首有图 1 幅（惠民人民公社平面图），前言，正文设 5 章（工交、农业、文卫、财贸、政法）。有 55 张示意图，23 张表格，均为手绘。叙述性文字较少。

嘉善档

《官堂乡志》

官堂乡人民政府乡志编纂办公室编。主编张新生。1988 年 12 月印发，印数 500 册，16 开，150 千字，简装 1 册。

卷首有前言 1 篇，凡例 8 则。该志首列大事记。正文设 7 篇（概况、政治、农业、工业、交通邮电及财贸、文教卫生、社会)、37 章。卷末有后记、勘误表。上限原则起于 1912 年,下限至 1985 年。

张元济图

(海盐)《沈荡镇志》

《沈荡镇志》编纂组编。主编王志明。上海人民出版社 1991 年 4 月出版,印数 1000 册,16 开,362 页,500 千字,精装 1 册,定价 20 元。

卷首有题词 2 幅(黄源题签,周关通),照片插页 8 页,图 2 幅,序 2 篇,凡例 11 则。该志首列概述、大事记。正文设 12 编(建置、地理、农业、工业、财贸、交通、党政、治安、文教、卫生、社会、人物)、56 章、153 节。卷末有跋、纂修人员名录。上溯事物发端,下限至 1987 年。

国图、浙图、金华图、张元济图、中社科图

(海盐)《武原镇志》

海盐县武原镇志编纂领导小组编。主编叶炳生。上海人民出版社 1991 年 10 月出版,印数 1560 册,32 开,475 页,371 千字,精装护封本 1 册,定价 16.2 元。

卷首有题词 2 幅(黄源、朱干生),照片插页 14 页,图 3 幅,序 2 篇,凡例 8 则。该志首列概述、大事记。正文设 8 编(地域建置、城镇建设、经济、政治、文化教育、卫生、人物、社会)、40 章、113 节。卷末有资料来源(13 类)、编后记、纂修人员名录、资助出版单位。上溯事物起源,下限至 1988 年。

国图、浙图、张元济图、中社科图、复旦图

（海宁）《朝阳乡志》

海宁市朝阳乡《朝阳志》编纂组编。1991 年底出打印本，571 页，1 册。修志始于 1987 年 9 月。

卷首有图 1 幅，序 1 篇，凡例 8 则。该志首列概述、大事记。正文设 13 篇（地理、农业、工业、水利、交通运输邮电、财贸、党派、政权、教育科技、文化体育、卫生、人物、社会）、52 章、208 节。卷末有编后语、编纂资料来源，并有曲谱。上限不限，下限至 1987 年。

海宁市地方志书。

国图、海宁图

（平湖）《乍浦新志》

《乍浦新志》编纂领导小组编。主编殷水根。1992 年（序为 3 月）印刷，16 开，431 页，平装 1 册。

卷首有图 2 幅，黑白照片插页 19 页，序 1 篇，凡例 6 则。该志首列概述、大事记。正文设 12 编（综览、建置、自然地理、政治、民政劳动、军事、海塘、经济、文化、教育科技、卫生体育、社会）、48 章、169 节。后有人物、附录，卷末有跋、纂修人员名录、捐助名单。上限溯源，下限至 1989 年，个别内容有延伸。

嘉兴图、张元济图、平湖图、桐乡图

《嘉善县乡镇志》

嘉善县志编纂委员会编，主编陆勤方。上海三联书店 1992 年 7 月出版，印数 1200 册，16 开，347 页，500 千字，精装护封本 1 册，定价 25 元。

卷首有题词 1 幅，《长江三角洲乡镇志丛书》编者献辞 1 篇，图 1 幅，序 1 篇。该志首列概述。正文分篇记述 22 个乡镇（魏塘镇、西塘镇、干窑镇、陶庄镇、下甸庙镇、天凝镇、大云镇、罗星乡、凤桐乡、惠民乡、大通乡、大舜乡、丁栅乡、里泽乡、姚庄乡、汾玉乡、洪溪乡、杨庙乡、善西乡、范泾乡、俞汇乡、枫南乡）。卷末有附录 3 篇、编后记。

长江三角洲乡镇志丛书。

国图、浙志办、嘉兴图、嘉善图、中社科图

《海宁硖石镇志》

《硖石镇志》编纂委员会编。主编孔庆云。浙江人民出版社 1992 年 9 月出版，印数 3000 册，32 开，490 页，400 千字，精装 1 册，定价 18 元。

卷首有题词 3 幅，照片插页 13 页，图 3 幅，序 2 篇，凡例 8 则。该志首列概述、大事记。正文设 18 篇（镇域、工业、商业、蔬菜养殖业、城镇建设、财税金融、交通邮电、工商物价、政党群团、政权、社会治安、民政、军事、教育体育、文化科技、医药卫生、人物、社会）、58 章、193 节。卷末有后记、纂修人员名录。上限不限，下限至 1989 年。

国图、浙图、嘉兴图、海宁图、中社科图

（海宁）《斜桥镇志》（送审稿）

斜桥镇人民政府《斜桥镇志》编纂领导小组编。主编徐省余。1992 年 6 月印刷，16 开，220 页，190 千字，油印本 1 册。

卷首有题词 1 幅，照片 20 帧，地图 1 幅，序 1 篇，凡例 6 则。该志稿首列概述、大事记。正文设 15 卷（建置、工业、商业、斜桥蔬菜村、斜桥镇管农业、金融财政、工商行政管理、交通邮电、党群组织、政权、文教卫生、市镇建设、人口、社会、人物）。卷末有附录（当代人)、编后记、纂修人员名录。上限始自事物发端,下限至 1990 年。

国图

(海盐)《通元镇志》

海盐县《通元镇志》编纂组编。主编胡永良。上海人民出版社 1993 年 1 月出版,印数 1050 册,16 开,499 页,392 千字,精装 1 册,定价 26 元。

卷首有题签 1 幅,照片插页 11 页,图 2 幅,序 2 篇,凡例 9 则。该志正文设 11 编(大事记、概述、政治、农副林、工交、财贸、基建、文教、卫生、社会、人物)。卷末有后记、资助编纂出版的单位个人名录、纂修人员名录。上限不限,下限至 1985 年底。

国图、浙图、嘉兴图、张元济图、中社科图

(海宁)《盐官镇志》

《盐官镇志》编写组编。主编朱士江。南京出版社 1993 年 4 月出版,印数 3000 册,32 开,348 页,180 千字,精装护封本 1 册,定价 12 元。

卷首有照片插页 16 页,序 1 篇,凡例 5 则。该志首列概述、大事记。正文设 8 篇(建置、经济、政治、教育、名胜、社会、人物、海塘)、31 章、72 节,有附录(表)15 处。卷末有后记、纂修人员名录、出版支持单位名录、旧城图、海神庙图、安澜园图、学宫图等。上追溯至有资料可考的事物发端,下限至 1990 年底,个别情况附注。

国图、浙图、嘉兴图、海宁图、北大图

(海宁)《长安镇志》

《长安镇志》编纂领导小组编。主编陆秉仁。当代中国出版社 1994 年 1 月出版,印数 1000 册,32 开,454 页,350 千字,精装护封本 1 册，定价 19 元。

　　卷首有题词 3 幅，照片插页 8 页，图 1 幅，序 3 篇，凡例 9 则。该志首列概述、大事记。正文设 6 编（地理、经济、政治、文化、社会、人物）、28 章、116 节（其中 3 节下设附）、附编 1（乡镇合并 2 章）。卷末有纂修人员名录、长安镇（市区）图、编后记。上限不限，下限至 1990 年底。是继《修川小志》后综合反映全镇历史面貌和现状的新志。

　　国图、浙图、嘉兴图、海宁图、中社科图

　　（桐乡）《崇福镇志》

　　《崇福镇志》编纂委员会编。主编张冰华。上海书店出版社 1994 年 3 月出版，印数 2000 册，32 开，466 页，430 千字，精装 1 册，定价 28 元。

　　卷首有题词 3 幅，照片插页 13 页，图 1 幅，序 3 篇，凡例 7 则。该志首列概述、大事记。正文设 20 章（古镇渊源、自然环境、镇区建设、工业、交通邮电、商业、财税金融、教育、文化、科技卫生体育、党派和群众团体、政权、军事、公安司法、人口、社会生活、民间习俗、人物、名胜古迹、文献杂录）、86 节。因崇福 1949 年后不辖农村故不设"农业"章。部分章下有附录 10 篇。卷末有索引、编后记、纂修人员名录。上溯本镇发端，下限至 1990 年。

　　国图、浙图、嘉兴图、桐乡图、中社科图

　　（嘉善）《西塘镇志》

　　《西塘镇志》编写组编。王世霖（总纂），编写卫保德、王世霖、张绍良、柯大塘。新华出版社 1994 年 12 月出版，印数 1100 册（含精装本 500 册），32 开，439 页，356 千字，精装护封本 1 册，定价

35 元。

卷首有照片插页 16 页，图 3 幅，序 2 篇，凡例 9 则。该志首列概述、大事记。正文设 21 章（建置、自然环境、人口、工业、农业、水利农机、商业、市镇建设、交通邮电、财税金融工商管理、政党、政权、政法民政、军事、群众团体、教育、文化、古迹 杜鹃花、卫生体育、社会、人物）。卷末有纂修人员名录、后记。上限因事而异，下限至 1990 年，概述大事记延至 1993 年底。

国图、浙志办、嘉兴图、嘉善图、中社科图

（平湖）《新仓镇志》

平湖市《新仓镇志》编纂办公室编。主编李克勤。1995 年 10 月内部印刷（铅印），16 开，266 页，250 千字，精装护封本 1 册。

卷首有照片插页 6 页，图 2 幅，序 1 篇，凡例 9 则。正文设 6 编（地理、政治、经济建设、文化、社会、记事）、26 章、99 节。卷末有编后记。上限 1093 年，下限至 1993 年，个别事物延至 1994 年。

国图、平湖图

（嘉善）《魏塘镇志》

嘉善县魏塘镇人民政府编。主编童毓秀、赵嘉明。上海社会科学院出版社 1996 年 3 月出版，印数 1200 册，16 开，344 页，530 千字，精装护封本 1 册，定价 50 元。

卷首有题词 2 幅，序 3 篇，凡例 8 则，照片插页 14 页，图 2 幅。该志首列概述、大事记。正文设 20 章（建置区划、自然概况、人口、农业、工业、交通邮电、商业、金融税务、工商行政管理、市政建设、人民生活、政党、政权、群众团体、军事、民政治安、教育科技、文化、卫生体育、人物）、118 节。卷末有新镇纪事（记述扩乡并镇后

1993～1994 年之重要事实)、新镇纪事（英译)、后记、纂修人员名录。上限溯源，下限至 1988 年，主要事实和数据延至 1992 年。

国图、嘉兴图、嘉善图、海宁图、中社科图、华师大图

《王店镇志》

《王店镇志》编纂委员会编。主编沈一超。中国书籍出版社 1996 年 6 月出版，印数 2500 册，32 开，520 页，435 千字，精装护封本 1 册，定价 35 元。

卷首有纂修人员名录，题词 4 幅，图 2 幅，有照片插页 8 页 47 帧，序 3 篇，凡例 9 则。该志首列概述、大事记。正文设 9 篇（地理、镇建、经济、财贸、政治、文卫、人物、风俗、杂记)、45 章、167 节。有附录 5 篇。卷末有附记 1 篇（概述乡情)、跋、编纂资料来源。上限不限，着重记述当代，兼写清代、民国，适当追溯事物起源；下限至 1990 年，大事记及个别篇章延伸至 1994 年。

石晋辟镇以来，仅存两部清代镇志，一是杨谦《梅里志》8 卷，二是余霖《梅里备志》，备志是前志的补充、增录或注释。1928 年所编《嘉兴府志》对王店古镇资料虽有补述但亦不详尽。再编镇志，对旧志中所缺资料做了必要记述，承前启后。王店镇今属秀洲区。

国图、浙图、嘉兴图、桐乡图、中社科图

（桐乡）《濮院镇志》

《濮院镇志》编纂委员会编。主编陈兴冀。上海书店出版社 1996 年 12 月出版，印数 3000 册，32 开，478 页，383 千字，精装护封本 1 册，定价 35 元。

卷首有照片插页 16 页，图 3 幅，序 2 篇，凡例 7 则。该志首列概述、大事记。正文分卷列目，设 20 卷（自然环境、建置、镇区建设、

工业、商业、羊毛衫行业、交通邮电、医疗卫生、文化、教育、体育、党派群团、政权司法治安军事、金融财税工商行政、人口、社会生活、风俗方言、人物、文献、丛谈）。卷末有索引、编后记、纂修人员名录。上溯事物发端，下限至 1990 年，概述、大事记及部分章节内容延至 1994 年。

国图、浙图、嘉兴图、桐乡图、中社科图

（浙江省平湖市）《城关镇志》

《城关镇志》编纂领导小组（平湖市城关镇编志办公室）编。主编董似钢（前）、邱易生（后）。1997 年 10 月内部印刷，印数 800 册，32 开，352 页，323 千字，精装 1 册。

卷首有题词 1 幅，照片插页 8 页，图 2 幅，序 1 篇，凡例 8 则。该志首列概述、大事记。正文设 7 编（总貌、政治、工业交通能源邮电、商业财政金融、文教卫生、社会、人物）、31 章、109 节。多个章节下有附表 73 个。卷末有编后记、纂修人员名录、勘误表。上限明宣德五年（1430），下限至 1989 年底。详记新中国成立后 40 年，重点记叙改革开放后 10 年。

平湖图

《新塍镇志》

《新塍镇志》编纂委员会编。主编胡锦权、程斯惠。上海社会科学院出版社 1998 年 1 月出版，印数 2500 册，16 开，286 页，486 千字，精装护封本 1 册，定价 50 元。

卷首有题签 1 幅，图 2 幅，题词 3 幅，照片插页 13 页 54 帧，序 4 篇，凡例 9 则。该志首列概述、大事记。正文设 22 篇（建置区划、自然状况、人口、城镇建设、党政群团、中国共产党领导的革命斗争、治安、军事、民政司法、工业、交通运输、邮电、商业、农业、财税金融、教育、文化、体育卫生、人物、风俗、宗教、方言）、83 章、160 节。后有附录（设日军暴行、伪军罪行、国民党军警罪行 3 章）。卷末有后记、纂修人员名录。上限不限，下限至 1990 年，少数资料延伸至 1991 年（第十篇工业）。新塍镇今属秀洲区。

浙图、嘉兴图、中社科图、复旦图、南大图

（桐乡）《乌镇志》

《乌镇志》编纂委员会编。主编汪家荣。上海书店出版社 2001 年 3 月出版，印数 3000 册，732 页，600 千字，精装护封本 1 册，定价 70 元。

卷首有照片插页 16 页，图 3 页，序 4 篇，凡例 8 则。该志首列概述、大事记。正文设 8 编（地理、经济、政治、社会、文化、人物、茅盾专稿、文献）、32 章、89 节，其中单设一编集中介绍茅盾的生平和事业。后附索引。末有编后记、纂修人员名单。上溯事物发端，下限至 1990 年。

国图、浙图、桐乡图、中社科图、复旦图

（海盐）《澉浦镇志》

《澉浦镇志》编纂委员会编。主编王健飞。中华书局 2001 年 9 月出版，印数 5000 册，16 开，643 页，720 千字，精装 1 册，定价 89 元。

卷首有照片插页 14 页，图 1 幅，序 1 篇，凡例 9 则。该志首列概述、大事记。正文设 11 卷（地理、农业水利、工业交通邮电、财贸金融、军事司法、民政侨务、科技教育文化卫生、南北湖风景区、民情习俗、人物、丛录）、40 章、142 节。卷末有后记、澉浦镇志编纂领导小组。上限溯源，下限至 1995 年，概述、大事记延伸至 2000 年底。

浙江省名镇志集成。

国图、嘉兴图、张元济图、中社科图、华师大图

（桐乡）《石门镇志》

《石门镇志》编纂委员会编。主编徐才勋。方志出版社 2002 年 11 月出版，印数 1500 册，16 开，471 页，750 千字，精装 1 册，定价 128 元。

卷首有题签 1 幅，图 4 幅，照片插页 20 页，凡例 12 则，序 2 篇。该志首列大事记。正文设 6 编（地理、经济、政治、文化、社会、人物）、28 章、89 节。卷末有附录、编者的话。上限溯源，下限至 1995 年。1998 年安兴乡并入，2001 年羔羊乡并入后，有关章节至 2001 年底。

国图、浙图、嘉兴图、桐乡图、中社科图

（南湖）《余新镇志》

《余新镇志》编纂委员会编。主编吴上德。2007 年 9 月内部印刷，16 开，892 页，约 800 千字，精装护封本 1 册。

卷首有图 2 幅，照片插页 14 页，序 1 篇，凡例 7 则。首列概述、大事记。正文设 10 篇（地理、人口、镇村建设、经济、财政金融保险、教卫文体、党政团体、民俗风情、人物志、长河遥望）、37 章、98 节。卷末有编后记、纂修人员名录。上限不定，下限至 2003 年，个别篇章延至 2004 年。

国图、嘉兴图

（南湖）《新丰镇志》

《新丰镇志》编纂委员会编。主编何志荣。安徽美术出版社 2008

年 5 月出版，16 开，637 页，约 760 余千字，精装 1 册，定价 109 元。

卷首有题词 2 幅，图 3 幅，照片插页 6 页 29 帧，序 3 篇，凡例 10 则。该志首列概述、大事记。正文设 13 篇（建置区划、自然环境、生物资源、人口状况、城乡建设、党政团体、经济建设、工商财贸、教卫文体、知名人物、民俗宗教、文物古迹、诗文选编）、59 章、153 节。卷末有后记、编纂资料来源、纂修人员名录。上限不定，下限和个别篇章最迟延伸至 2004 年 9 月。

国图、浙图、嘉兴图、中社科图、华师大图

（南湖）《七星镇志》

《七星镇志》编纂委员会编。主编丁家林。方志出版社 2009 年 4 月出版，印数 3000 册，16 开，412 页，421 千字，精装 1 册，定价 100 元。

卷首有图 3 幅，照片插页 14 页 49 帧，序 3 篇，凡例 13 则。该志首列概述、大事记。正文设 15 篇（建置区划、自然状况、人口与计划生育、党政群团、村镇建设与环保、交通邮电电力、农业水利、工业、商业财政金融、武装公安司法、教卫文体、名胜旅游、宗教民俗方言、人物、艺文杂说）、46 章、91 节。有附录 14 篇。卷末有后记、纂修人员名录。上限不限，下限至 2005 年底，概述、大事记延伸至 2007 年底，附文延至 2008 年底。

国图、浙图、嘉兴图、中社科图、复旦图

（桐乡）《洲泉镇志》

桐乡市《洲泉镇志》编纂委员会编。主编俞尚曦。浙江大学出版社 2009 年 12 月出版，印数 3000 册，16 开，800 页，1483 千字，精装护封本 1 册，定价 258 元。

卷首有图 4 幅，序 3 篇，凡例 8 则。首列概述、大事记。正文设 24 编（地理、自然环境、市镇建设、人口、土地、农业、水利灌溉、工业、环境与生态、商业服务业、金融财税工商管理、交通运输电力邮政通信、政党社团、政权、军事民政、公安司法、科技教育、医疗卫生、文化体育新闻、民风民俗、人民生活、人物、洲泉若干历史资料辑存、文献）。卷末有附录、索引（图表、主题词）、后记、纂修人员名录（含资料提供单位及个人、参加镇志审稿会议人员）。上限溯源，下限至 2006 年。

国图、浙图、嘉兴图、桐乡图、中社科图

（海宁）《袁花镇志》

《袁花镇志》编纂领导小组编。主编周景良。方志出版社 2010 年 6 月出版，印数 1000 册，16 开，610 千字，精装套函 1 册，定价 220 元。修志初始于 1990 年，中途停纂后于 2006 年重启。

卷首有题签 1 幅，照片插页 14 页（含图 3 幅），序 1 篇，凡例 9 则。该志首列概述、大事记。正文设 15 编（地理、农业水利、工业、交通邮电、商业金融财税、党政群团、军事政法、民政侨务、科技文化教育卫生、村镇建设环境保护、景致古迹、民情风俗、人物、名门望族、丛录）、46 章、166 节，有关章节列有附表。卷末有历代人物名录索引、后记、纂修人员名录。上限不限，下限至 2005 年，个别事物略有延伸。重点记叙当代，兼写清代、民国，并适当追溯事物起源。

浙图、嘉兴图、海宁图

（平湖）《乍浦镇志》

《乍浦镇志》编纂委员会编。主编殷水根。中国文史出版社 2011 年 7 月出版，16 开，880 页，1258 千字，精装 1 册，定价 258 元。

卷首有图 4 幅，有照片插页 27 页，序 2 篇，凡例 8 则。该志首列概述、大事记。正文设 27 编（建置区划、自然地理、人口、农业、渔林牧盐、水利、海塘、工业、交通、嘉兴港/乍浦港、邮电、城镇建设、土地管理、商业、粮油、财税金融、政治、公安司法、民政劳动、军事、教育科技、文化、卫生体育、风俗宗教、方言、人物、丛录）、94 章、296 节。每编首设小序，以彰事物发展之轨迹。有附 7 篇。卷末有后记、纂修人员名录。上限不限，下限至 2005 年底。

国图、浙图、嘉兴图、平湖图、中社科图

（平湖）《广陈镇志》

平湖市《广陈镇志》编纂委员会编。主编时友法。中华书局 2011 年 12 月出版，印数 1200 册，16 开，853 页，730 千字，精装 1 册，定价 258 元。

卷首有纂修人员名录，照片插页 38 页，图 4 幅，序 2 篇，凡例 8 则。该志首列概述、大事记。正文设 16 卷（地理、人口、农业、水利、工业、交通运输邮电能源、粮油商业金融财税工商、党政群团、军事公安司法民政、科技教育体育、文化卫生、文物古迹、民情习俗、人物、丛录、专记）、64 章、238 节。卷末有后记。上溯事物发端，下限至 2008 年。2008 年后为专记。

嘉兴图、平湖图

（海宁）《周王庙镇志》

《周王庙镇志》编委会编。主编曹冬。中国戏剧出版社 2012 年 6 月出版，精装本 1 册 16 开，420 页，350 千字，定价 150 元；平装本 1 册 32 开，知味丛书（全 11 册）2100 千字，定价 300 元。

卷首有图 1 幅，照片插页 19 页 48 帧，序 1 篇，凡例 8 则。该志首列概述、大事记。正文设 15 编（建置、自然环境、政党、政权、群众团体、军事、工业、农业、商贸金融、社会、交通邮电、文化教育、医疗卫生、精神文明建设、人物专记）、60 章、197 节。卷末有后记、纂修人员名录。上限以可考资料的事物发端为限，下限至 2005 年底。

知味丛书。

国图、浙图、嘉兴图、海宁图

（平湖）《新仓镇志》

浙江省平湖市《新仓镇志》编纂领导小组编。主编李克勤等。中华书局 2012 年 2 月出版，印数 2000 册，16 开，789 页，1280 千字，精装 1 册。

卷首有照片插页 45 页，图 5 幅，序 2 篇，凡例 7 则。该志首列概述、大事记。正文设 17 编（建置区划、自然环境、农业水利、林业果蔬苗木、工业、交通运输邮电能源、商业、粮油流通、财政税务工商、金融、党政社团、军事司法民政、教育、文化广电体育遗迹、医药卫生、人口生活习俗、人物）、86 章、319 节。后有附录 7 篇。卷末有编后记、纂修人员名录。上溯事物发端，下限至 2005 年。

国图、平湖图

（平湖）《新埭镇志》

《新埭镇志》编纂委员会编。主编周鹏程。中华书局 2012 年 11 月出版，印数 2000 册，16 开，833 页，1088 千字，精装 1 册，定价 268 元。

卷首有纂修人员名录，图 6 幅，照片插页 46 页，序 2 篇，凡例 9 则。该志首列概述、大事记。正文设 29 章（建置区划、自然环境、村镇建设、耕地与农业、渔业、畜牧兽医、水利农机、工业、商业、财税与金融、邮电、交通运输、电力、党派、政权、群团组织、民政、公安、司法、军事、文化、体育、新闻与媒体、教育、卫生、人口与人民生活、宗教、人物、历代书目诗文选)、135 节。卷末有索引、后记。上限不限，下限至 2005 年，大事记至 2006 年，个别内容涉及 2010 年。

浙图、平湖图

(桐乡)《崇福镇志》

《崇福镇志》编纂委员会编。主编俞尚曦。中华书局 2013 年 11 月出版，印数 5000 册，16 开，1855 页 (上册 903 页)，2800 千字，精装护封本 2 册 (上、下)，定价 680 元。

卷首有纂修人员名录，照片插页 52 页，图 6 幅，序 2 篇，凡例 12 则。该志首列概述、大事记。正文设 32 编 (上册：建置区划、自然环境、人口、土地、水利、环境保护、农业、工业、商贸服务业、金融、财税工商、交通运输、邮政电信电力、城镇和农村建设、政党、社会团体；下册：政权政协、公安司法、民政、军事、科技、教育、文化、体育、医疗卫生、社会生活、民俗宗教、方言俗语、人物、文献、前志辨证、专记)、132 章、353 节。专记有 4 章 (镇域人民公社始末、镇域"文化大革命"纪实、新益村人口迁徙专题调查、崇福镇小城市培育试点工作要事实录)。卷末有索引 (主题词、人名、表格、插图)、编后记。上限不限，下限至 2008 年，大事记延伸至 2012 年。

魏桥序称此志颇有亮点：严守志规，同时形成自己的体系；在共性中彰显个性；保存历史，重视当今；民国时期史料格外丰富；重视收录社会基层资料；着力收录当地具有浓郁地方色彩的民谚以佐证史实；设《前志辨证》编对前志补遗勘误。

浙图、嘉兴图、桐乡图、中社科图、复旦图

（嘉善）《天凝镇志》

《天凝镇志》编纂委员会编。主编沈雪林、陈忠贤。中华书局2015年5月出版，印数1000册，16开，489页，542千字，精装1册，定价158元。

卷首有图、照插页36页，序1篇，凡例10则。该志首列概述、大事记。正文设29章［建置、自然环境、人口、人民生活、中国共产党天凝镇（乡、公社）组织、乡镇政权、社会团体、治安司法消防、军事、水利、交通、邮政电信、村镇建设、经济综述、农业、工业建筑业、商业服务业、粮油购销、财政税务金融工商保险、民政劳动社会保障、教育科技、文化广播电视、体育、医疗卫生、社会习俗宗教信仰、方言俗语、名胜古迹、人物、专记血吸虫病防治］、153节。卷末有后记、纂修人员名录。上限随史实上溯，下限至2009年6月，图照截至2012年12月。

国图、嘉善图

（嘉善）《干窑镇志》

《干窑镇志》编纂委员会编。主编陆剑锋。中华书局2015年8月出版，印数1000册，16开，781页，876千字，精装1册，定价200元。

卷首有序2篇，图10幅，照片插页29页，凡例9则。该志首列概述、大事记。正文设33章（建置区划、自然环境、人口、居民生活、水利、交通、邮政电信、镇村建设、经济综述、农业、渔业、工业、商贸服务业、粮油购销、金融保险、财政税务、工商物价管理、政党、政权、社会团体、公安司法、军事、民政、教育、科学技术、文化、体育、医疗卫生、宗教习俗、文物古迹、人物、村社区、专记窑业与窑文化）、157节。卷末有编后、纂修人员名录（含评审专家组、提供资料人员）。有随文图片 300 幅。上限因事而异，下限至 2010 年 12 月，少量图照延后。

国图

（嘉善）《惠民镇志》

浙江省嘉善经济技术开发区（惠民街道）《惠民镇志》编纂委员会编。主编计建新。中华书局 2015 年 12 月出版，印数 1000 册，16 开，623 页，950 千字，精装 1 册，定价 218 元。

卷首有题词 2 幅，序 2 篇，照片插页 36 页，图 6 幅，凡例 10 则。该志首列概述、大事记。正文为篇章节体，计 24 章（建置区划、自然环境、人口、政党、政权、社会组织、土地建设环保、交通邮政电力、经济综述、农业、水利、工业、商业财税金融、军事公安司法、民政劳动社会保障、教育、科学技术、文化体育、医疗卫生、社会生活、艺文杂说、人物、村社区、专记）、114 节。后有志余 4 节。卷末有纂修人员名录（含评审专家）、编后记。上限不限，下限至 2008 年，图照及志余延至 2013 年。

国图、嘉兴图、嘉善图

（嘉善）《魏塘镇志》

《魏塘镇志》编纂委员会编。主编金敏耿、钱慧。中华书局 2016 年 5 月出版，印数 1300 册，16 开，849 页，1130 千字，精装 1 册，定价 280 元。

卷首有纂修人员名录，序 3 篇，照片插页 31 页、图 12 幅，凡例 10 则。该志首列概述、大事记。正文设 34 章（建置区划、自然环境、人口、居民生活、水利、交通运输、邮政电信、镇村建设环境保护、经济综述、农业、渔业、工业、商业服务业、粮油购销、金融、财政税务、工商物价、中国共产党基层组织、中国国民党民主党派群众团体、乡镇政权及村组织机构、治安司法消防、军事、民政、劳动社会保障、教育、科学技术、文化、广播电影电视、体育、医疗卫生、习俗语言宗教、社会风尚、人物、专记）、149 节。有随文照片 94 幅。后有附录 3 篇。卷末有后记。上限不拘，下限至 2009 年 6 月。

魏塘镇 1992 年、1999 年进行过两次区划调整，修志期间又经历第三次调整。

国图、嘉兴图、嘉善图、华师大图

（海宁）《许村镇志》

《许村镇志》编纂委员会编。主编杨正静。中国文史出版社 2016 年 7 月出版，16 开，522 页，855 千字，精装 1 册，定价 180 元。

卷首有纂修人员名录，照片插页 21 页，图 1 幅，凡例 8 则，序 1 篇。该志首列概述、大事记。正文设 10 篇（地理、农业水利、工业、交通邮电、财贸金融、党政社团、军事司法民政、科技教育文化卫生、民情习俗、文献人物）、29 章、133 节。卷末有后记。上溯事物发端，下限至 2005 年，大事记延至 2008 年。

国图、浙图、华师大图

（平湖）《当湖镇志》

《当湖镇志》编纂委员会编。主编袁秀其。中华书局 2016 年 9 月出版，印数 3000 册，16 开，691 页，960 千字，精装 1 册，定价 100 元。

卷首有纂修人员名录，照片插页 20 页，凡例 9 则。该志首列概述、大事记。正文设 25 章（建置区划、自然环境、人口和计划生育、城市建设、政党、政权、公安司法、军事、社会团体、精神文明建设、农业、水利、工业、商贸服务业、旅游业、金融、财政税务、交通运输、教育、文化体育广电、遗迹诗文选、医疗卫生、民政劳动保障、民俗方言宗教、人物)、127 节。卷末有志余（当湖街道概况）、后记。上溯事物发端，下限至 2004 年 5 月撤镇建街道，数据下限为 2003 年。

平湖图

（嘉善）《大云镇志》

《大云镇志》编纂委员会编。主编胡顺法。中国文史出版社 2016 年 12 月出版，印数 1000 册，16 开，416 页，600 千字，精装 1 册，定价 180 元。

卷首有纂修人员名录，序 1 篇，图 6 幅，照片插页 29 页，凡例 9 则。该志首列概述、大事记。正文设 29 章（建置区划、自然环境、人口姓氏、水利、交通、邮政电信、镇村建设、经济综合、农业、工业、商业服务业、粮油购销、金融财政税务、政党、乡镇政权组织、群众团体、治安司法消防、军事、民政、劳动社会保障、教育科学技术、医疗卫生、文化、体育广播电视、社会生活宗教、方言俗语民间故事歌谣、花卉旅游、人物、专记）、138 节。卷末有后记。上限随史实上溯，下限至 2008 年 12 月，部分照片 2008~2013 年拍摄。

国图、嘉兴图、嘉善图、华师大图

（平湖）《钟埭镇志》

《钟埭镇志》编纂委员会编。主编彭其根。中华书局 2016 年 12 月出版，印数 3000 册，16 开，1140 页，1400 千字，精装 1 册，定价 288 元。

卷首有纂修人员名录，序 1 篇，照片插页 39 页（含图 6 幅），序 1 篇，凡例 8 则。该志首列概述、大事记。正文设 22 编（建置区划、自然环境、人口与计划生育、农业、水利、工业、村镇建设交通运输、邮电能源、土地环境与生态、商贸服务业物价、金融财税工商、政党、政权、群众团体、军事公安司法、民政劳动社会保障、教育科技、文化体育广电、医药卫生、社会生活、人物名录、文献选录)、96 章、319 节。有志余 5 章(撤镇设街道并与平湖经济开发区合一、重要工程等)。卷末有后记。上溯事物发端，下限至 2004 年 5 月，统计数据取至 2003 年底，志余延至 2004 年底。

国图、浙图、嘉兴图、平湖图、华师大图

(嘉善)《洪溪镇志》

天凝镇镇志编纂委员会编。主编李志杰。中国文史出版社 2017 年 2 月出版，16 开，417 页，540 千字，精装 1 册，定价 158 元。

卷首有纂修人员名录，序 1 篇，照片插页 27 页，图 6 幅，凡例 11 则。该志首列概述、大事记。正文设 29 章〔建置区划、自然环境、人口、居民生活、中国共产党洪溪(乡公社)组织、乡镇政权、社会团体、公安司法行政消防、军事、水利、交通、邮政电信、镇村建设、经济综述、农业、工业建筑业、商业服务业、粮油购销、财税金融工商管理、民政劳动社会保障、教育科技、文化广播电视、体育、医疗卫生、社会习俗宗教信仰、地方语、名胜古迹、人物、村社区〕、139 节，专记 3 篇。卷末有后记。上限随史实上溯，下限至 2009 年 6 月。2009 年 2 月洪溪镇并入天凝镇，志中主要统计数据采用 2008 年底数据。

国图、嘉兴图、嘉善图、南大图、华师大图

(海盐)《于城镇志》

《于城镇志》编纂委员会编。主编王德生。方志出版社 2017 年 8

月出版，印数 3000 册，16 开，819 页，1426 千字，精装 1 册，定价 298 元。

卷首有照片插页 25 页，图 4 幅，纂修人员名录，序 1 篇，凡例 10 则。该志首列概述、大事记。正文设 30 编（政区、人口、自然环境、土地资源管理、环境保护、镇村建设、交通、农具农机水利、邮政电信电力、农业、工业、商业贸易、金融财税保险工商、党政社团、群众团体、军事、公安司法、教育、科学技术、群众文化、历史文化遗产、医疗卫生、体育、民政、居民生活、新风尚民俗、宗教语言、人物、艺文选录、文选目录）、130 章、365 节。卷末有后记。上限追溯至东周于城筑城（公元前 514 年），下限至 2014 年，个别条目延至 2016 年。

海盐县志丛书。

浙图、嘉兴图、张元济图

（海宁）《盐官镇志》

《盐官镇志》编纂委员会编。主编徐敏。方志出版社 2017 年 9 月出版，印数 1000 册，16 开，518 页，750 千字，精装 1 册，定价 186 元。

卷首有纂修人员名录，图 1 幅，照片插页 11 页，序 1 篇，凡例 5 则。该志首列概述、大事记。正文设 15 篇（建置、自然环境、胜地陈迹、政党、政权、群众团体、军事政法、农业、工业、商贸金融、交通邮电、民生、文化教育、医疗卫生、人物世家）、53 章、297 节。卷末有后记。上限溯源，下限至 2005 年。

盐官镇今区域由原盐官镇、盐官乡、郭店镇、丰士镇经三次调整合并而成。

国图、浙图、海宁图、南大图、华师大图

（桐乡）《凤鸣街道志》

《凤鸣街道志》编纂委员会编。主编俞尚曦。方志出版社 2017 年 9 月出版，印数 2000 册，16 开，724 页，1278 千字，精装 1 册，定价 180 元。

卷首有照片插页 24 页，图 2 幅，纂修人员名录，序 1 篇，凡例 8 则。该志首列概述、大事记。正文设 24 编（建置区划、自然环境、人口、土地、水利、环境保护、农业、工业、商贸服务业、交通邮电电力、财税金融、村镇建设、政党社团、政权、军事法治、民政、教育、科技、文化体育和广播电视、医药卫生、民俗、福严寺、人物、艺文）、80 章、206 节。卷末有附录（历史资料辑存）、后记。上溯事物发端，下限至 2012 年，大事记延伸至 2014 年。

凤鸣街道区域含原灵安乡（镇）、同福乡、史桥乡。

国图、浙图、南大图、华师大图

（桐乡）《乌镇志》

浙江省桐乡市《乌镇志》编纂委员会编。主编俞尚曦。方志出版社 2017 年 10 月出版，16 开，342 页，415 千字，平装 1 册，定价 139 元。

卷首有序 2 篇，纂修人员名录，中国名镇志丛书凡例 16 则，图 3 幅，照片插页 7 页 7 帧。该志首列概述、大事记。正文设 10 个部分（"有一个故事，叫乌镇"、越疆吴界、浙北古镇、枕水人家、"互联"天下、风情民俗、文坛双星、乡贤名人、翰墨清芬、大事纪略）。卷末有编纂始末。上溯事物发端，下限至 2015 年。

同时出版英文版，并将被翻译为越南文、泰文，进入越南、泰国等"一带一路"国家。

中国名镇志文化工程。

国图、浙图、嘉兴图、南大图、华师大图

（桐乡）《乌镇志》（英文版）*Local Records of Wuzhen*

方志出版社出版。新加坡出版社有限公司出版（Publisher：CA NEW PRESS LTD），2017 年 10 月于加拿大温哥华第 1 次印刷（First published in October 2017，Vancouver，Canada）。经方志出版社许可，在全球市场（不包括中国市场）独家出版英译本作品。（It is licensed by Publishing House of Local Records to solely publish in global market（*Excluding the Chinese market*）that the English version translated works. ）

此志是海内外第一本英文版志书，涵盖《乌镇志》（中文版）除"翰墨清芬"篇目中古诗词等传统文学作品之外的所有内容，374 页。

嘉兴图、桐乡图

（嘉善）《陶庄镇志》

《陶庄镇志》编纂委员会编。主编戴艳丽。中华书局 2017 年 10 月出版，印数 1000 册，16 开，626 页，980 千字，精装 1 册，定价 198 元。

卷首有纂修人员名录，序 1 篇，照片插页 31 页，图 7 幅，凡例 11 则。该志首列概述、大事记。正文设 33 章［建置区划、自然环境、人口和计划生育、居民生活、水利、交通、邮政电信、镇村建设、经济综述、经济制度与经营体制、农业、渔业、工业、商业服务业、粮油购销、财税金融工商物价、中国共产党基层组织、乡（镇）政权及村自治组织、中国国民党群众团体、军事、公安消防司法、教育、科学技术、文化、体育、广播电视、医疗卫生、民政、劳动社会保障、民俗方言宗教、精神文明建设、人物、专记］、147 节。卷末有后记。上限不限，下限至 2008 年 12 月，照片截至 2010 年 12 月。

中华人民共和国

浙图、嘉善图、华师大图

（嘉善）《姚庄镇志》

《姚庄镇志》编纂委员会编。主编胡玉龙、蒋晓平。中华书局2017年11月出版，印数1000册，16开，647页，1016千字，精装1册，定价218元。

卷首有纂修人员名录，题词1幅，序1篇，照片插页39页，图6幅，凡例10则。该志首列概述、大事记。正文设33章［建置区划、自然环境、人口、居民生活、水利、交通运输、邮政电信、镇村建设、经济综述、农业、渔业、工业、商贸服务业、粮油购销、金融、财政税务、工商管理物价、中国共产党基层组织、乡（镇）政权和村级组织、中国国民党基层组织社会团体、治安司法消防、军事、民政、劳动社会保障、教育、科学技术、文化、广播电影电视、体育、医疗卫生、习俗语言宗教、社会风尚、人物］、147节。后有专记4篇、附录3篇。卷末有编后记。上限随史实上溯，下限至2008年12月，立传人物收录时限及照片讫于2011年底。

国图、嘉善图、华师大图

（海宁）《黄湾镇（尖山新区）志》

黄湾镇人民政府编。主编陈益峰。中国文史出版社2017年11月出版，16开，810页，1105千字，精装护封本1册，定价280元。

卷首有图3幅，照片插页20页，序1篇，凡例11则。该志首列概述、大事记。正文设17编（地理、人口婚姻计划生育、农业水利、海塘围涂、工业、交通邮电、商贸金融财税、村镇建设、党政群团、军事政法、民政、科技文化教育卫生、景致古迹、民俗民风、方言俗语、望族人物、丛录）、58章、237节。卷末有编志成员动态、后记等。上限不限，下限至 2010 年，大事记延至 2014 年，照片延至 2015 年。

尖山新区与黄湾镇于 2008 年起实行区镇合一的管理体制。

国图、海宁图、华师大图

（嘉善）《丁栅镇志》

姚庄镇镇志编纂委员会编。主编。中华书局 2017 年 12 月出版，印数 1000 册，16 开，717 页，1123 千字，精装 1 册，定价 200 元。

志首有纂修人员名录，序 1 篇，照片插页 42 页图 8 幅，凡例 9 则。正文设 33 章（建置区划、自然环境、人口和计划生育居民生活、水利、镇村建设、交通、邮政电信、经济综述、经济制度和经济体制、农业、渔业、工业、商业服务业、粮油购销、金融、工商和物价管理、财政税务、劳动和社会保障、中共基层组织、基层政权和村居组织、社会团体、治安司法消防、军事、民政、教育、科学技术、医疗卫生、体育、文化、广播电视、习俗方言宗教、人物、专记）、149 节。志末有附录 5 篇、后记。图照共 201 幅，其中随文照片 81 幅。上限不限，下限至 2009 年 6 月（2009 年 7 月 2 日，撤销丁栅镇建制，并入姚庄镇）。地域范围是原丁栅地域（丁栅镇和原俞汇乡）。

国图、浙图、嘉善图、华师大图

（平湖）《黄姑镇志》

《黄姑镇志》编纂领导小组编。主编倪俊龙。中华书局 2018 年 1 月出版，印数 2500 册，16 开，974 页，1500 千字，精装 1 册，定价 298 元。

卷首有纂修人员名录，图 5 幅，照片插页 99 页，序 1 篇，凡例 10 则。该志首列概述、大事记。正文设 27 编（建置区划、村社区、自然环境、人口和计划生育、水利、交通、邮政电信、村镇建设环境保护、经济综述、农业、林牧副渔业、工业电力、商贸服务业、财税金融、中国共产党、政权、群众团体、公安司法行政、军事、教育、文化广电体育、文献书目艺文、医疗卫生、民政劳动保障、风俗宗教精神文明建设、方言、人物）、107 章、357 节。卷末有丛录（含专记）、后记。上限不限，下限至 2009 年 12 月 18 日。

国图、平湖图、华师大图

（海宁）《丁桥镇志》

《丁桥镇志》编纂委员会编。主编朱水建。方志出版社 2018 年 2 月出版，印数 1000 册，16 开，754 页，1197 千字，精装 1 册，定价 298 元。

卷首有纂修人员名录，图 1 幅，照片插页 31 页，凡例 8 则，序 1 篇。该志首列概述、大事记。正文设 16 篇（地理、农业、工业、水利电力、碰头潮、交通运输邮政通信、商贸财税金融、党派群团、政权、军事法治、民政人民生活、教育科技、文化体育卫生、风俗宗教语言、人物世家、艺文）、59 章、152 节。卷末有编后记。上限不限，下限至 2005 年，大事记至 2010 年底。

国图、浙图、南大图、华师大图

（嘉善）《西塘镇志》

嘉善县《西塘镇志》编纂委员会编。主编先后为费国忠、陈卫强、马红屏。中华书局 2018 年 4 月出版，印数 1000 册，16 开，847 页，1253 千字，定价 280 元。

卷首有纂修人员名录，序 3 篇，照片插页 32 页，图 10 幅，凡例 10 则。该志首列概述、大事记。正文设 36 章（建置区划、自然环境、人口与计划生育、居民生活、国土资源、水利、交通运输、镇村建设、邮政电信、经济综述、经济制度和经济体制、农业、渔业、工业、商业服务业、粮油购销、古镇旅游、财政税务、金融保险、工商管理物价、中共基层组织、中国国民党民主党派、政权政协村居级组织、社会团体、公安司法、军事、民政劳动社会保障、统计档案、科学技术、教育、文化、广电体育、医疗卫生、宗教风俗方言、人物、专记）、185 节。专记 3 篇，分述下甸庙砖瓦、嘉善黄酒、大舜纽扣三种地方特色经济的发展历史。卷末有附录、编后记。上限不限，下限一般止于 2009 年。

该志是继 1994 年出版首部《西塘镇志》后的重修镇志，在首部《西塘镇志》内容基础上增加了下甸庙、大舜两地的内容，记述了"三镇合一"的大西塘。

国图

（嘉善）《杨庙镇志》

天凝镇镇志编纂委员会编，主编马红屏。中华书局 2018 年 8 月出版，印数 1000 册，16 开，293 页，398 千字，精装 1 册，定价 168 元。

卷首有纂修人员名录，序 1 篇，照片插页 27 页，图 6 幅，凡例 8 则。正文设 29 章（建置区划、自然环境、人口和计划生育、居民生活、水利电力、交通、邮政电信、镇村建设、经济建设、农业、工业建筑业、商业服务业、粮油购销、财税金融工商管理、中国共产党基层组织、乡镇政权、社会团体、治安司法行政消防、军事、教育、科技体育、医疗卫生、文化、民政劳动社会保障、宗教习俗、名胜古迹遗址、方言、人物、村社区组织）、128 节。卷末设专记 2 篇（杨庙雪菜和东麟湖馄饨菱）、后记、历任编纂成员名录。有随文照片 32 幅。上限不限，下限至 2009 年 6 月（2009 年 7 月 2 日，杨庙镇建制撤销，并入天凝镇）。

国图、浙图、华师大图

（平湖）《全塘镇志》

《全塘镇志》编纂委员会编。主编张亚萍。中华书局 2018 年 11 月出版，印数 2500 册，16 开，638 页，776 千字，精装 1 册，定价 168 元。

卷首有纂修人员名录，图 10 幅，照片插页 62 页，序 1 篇，凡例 7 则。该志首列概述、大事记。正文设 11 卷（地理、农业、盐业渔业牧业、工业能源、基础建设环境保护、财税金融商业、党政群团、军事司法民政、科技教育文化广电卫生体育、生活习俗宗教方言、人物名录）、48 章、201 节。卷末有附录、后记。上溯事物发端，下限至 2009 年底。

国图

湖州市

《南浔小志》

张和孚编，1966 年稿本，未刊。2 册，共 4 卷。

此志在周子美所赠《南浔镇志稿》基础上纂辑分机关、团体、水利、桥梁、祠墓、寺庙、古迹、企业、学校、蚕丝、金融、灾荒、兵事、风俗、土产、园林、人物、列女、金石、艺文 20 类。吴藕汀《南浔小志序》云，此志"续周氏以清末为断，数十年来，陵谷沧桑，可以见其梗概，尤以一乡习俗，琐细之事，民风礼俗之变易，由此可鉴，为汪、周两家所未有，此书一出，可与汪、周成鼎足，以范白舫《浔溪纪事诗》，李雅深《劫余杂识》所传比拟"。朱丛亮、范希仁《南浔镇志》（1252~1980）、朱丛亮《南浔文献新志》多有征引。上限 1912

年，下限 1948 年。

朱丛亮《南浔文献新志》著录。

《菱湖新志》

姚志卫纂。16 开，复写稿本，252 页，约 100 千字。修志始于
1964 年 4 月，"文革"开始后一度中断，1978 年完成初稿，1979 年 2
月开始重订，1980 年 2 月成稿。

卷首有图 2 幅，序 1 篇。该志设 8 章（概论、地理、经济与物产、
文化、人物、风俗、旧闻拾遗、大事纪略）、41 节，第 2~6 章下均各
设概说。上限不限，下限 1978 年，重点记载清光绪《菱湖镇志》之
后 80 年。

湖州档

《南浔镇新志》（民国部分）

朱丛亮编，范希仁校勘。油印本。1982 年 9 月南浔镇退休职工文
史组刻印 60 份，编者刻印 30 份，16 开，257 页，187 千字，简装
1 册。

卷首有序 2 篇、新志编写纪略。志书为纂辑体，每类目下先综合
叙述史实，再摘录征集史料。该志设 20 类目（南浔镇概况考略、基本
情况、地方军政机构、邮电交通、群众团体、文化教育、大事纪略、
蚕丝、工业手工业、商业、农业水利、自然灾害、医疗福利、园林古
迹、人物传略、共产主义革命烈士、著作丛刊、砖石刻文、风俗纪略、
附录）、193 细目。

湖州图存藏南浔镇新志稿（民国部分）的前 6 个类目。湖州档有
全本，又有 16 开简装本 22 页及南浔镇工会 1981 年 7 月油印的初稿
提纲。

《南浔镇备志》（建国三十年部分）

一名《南浔镇续志稿》（建国三十年部分）

朱丛亮编。南浔镇退休职工文史组 1983 年油印，16 开，261 页，简装 1 册。

该志为纂辑体，设 8 大类目（简况、基本情况、工业、农业、蚕桑、商业、医药卫生、附录）。上限 1949 年 5 月南浔解放，下限 1980 年。志中保存了一些比较完整的统计数据。

湖州档

《南浔镇志》（1252～1980）

主编朱丛亮、范希仁。南浔镇退休职工委员会 1988 年底油印，印数 100 套，16 开，952 页，600 千字，简装 4 册。

卷首有前言，序 1 篇，旧志序 9 篇。正文设 22 类目。第一册 6 类目（疆域沿革、街巷桥梁、水陆交通、机关团体、文化教育、医药卫生）；第二册 7 类目（工业、商业、农业、特产、灾异、园林古迹、地方公益）；第三册 4 类目（人物、公职科举、著作、文选）；第四册 5 类目（大事记略、金石、宗教、风俗氏族、附录）。各类目下又有子目。卷末为后记。上限 1252 年南浔建镇，下限 1980 年。

湖州图、湖州志办

（德清）《新市镇新志》

浙江德清县新市镇人民政府编。主编金子坚。1989 年 1 月内部印发，印数 250 册，16 开，410 页，250 千字，精装 1 册。

卷首有图照 4 幅、纂修人员名录。正文设 24 卷（建置、自然地理、人口、工业、商业、市镇建设、交通运输装卸、邮电、财政金融、粮油、中国共产党、政府机构、社会团体、公安司法、民政、军事、文化艺术、教育、医疗卫生、体育、社会、人物、名胜古迹、文献)、121 章。卷末有跋、编纂资料来源。文献卷中收录历代修志情况、历代志书内容提要、历代志书序跋文。上承 1912 年，部分追溯至事物发端，下迄 1985 年底，部分延伸至 1987 年底完稿时。

德清图、德清志办

（德清）《士林镇志》

《士林镇志》编写组编。主编车建坤。1989 年 12 月内部印发，印数 100 册，16 开打印本，78 页。

卷首有题词 1 幅，序 2 篇，凡例、地图、概述、大事记。正文 7 编（地理、政治、经济、文化、社会、人物、杂记)、36 章、160 节。卷末有编后记、编纂人员名录。上溯南朝齐，下限 1988 年底。

国图、新市镇政府、德清图有复印本。

《练市镇志》

《练市镇志》编纂委员会编，主编徐建新。香港金陵书社出版公司 1992 年 4 月出版。32 开，429 页，精装 1 册，定价港币 40 元。

卷首有纂修人员名录，照片插页 14 页，图 2 幅，序 1 篇，凡例 6 则。该志首列概述，大事记。正文设 15 编（建置、自然地理、人口、城乡建设、农业、工业、商业、工商财税金融、党派群团、政权、军事、公安司法民政、文教体卫、民情风俗、历代诗文选)、63 章、101 节。卷末有后记，附旧序 8 篇，纂修人员名录。上限清末民初，部分追溯事物之起源，下限 1988 年底（大事记至 1989 年)，个别章节延伸至完稿止。

国图、浙图、湖州图、湖州志办

《重辑南浔镇新志稿》（1912~1948）

朱丛亮编。1993 年稿本，油印，16 开，上下两册，共 440 页。

卷首有序 3 篇，凡例 6 则。正文设 24 类目（建置沿革、气候、土地、水系、人口、街村、交通、机关团体、文化教育、医疗卫生、农业、蚕桑、辑里丝、工业、商业/历年米价、农村经济、园林古迹、碑文、纪事、风俗、人物、宗教、氏族、附录）。上限 1911 年 10 月辛亥革命，下限 1948 年 12 月，概述和大事记从 1252 年建镇起至 1949 年 5 月南浔解放。地域范围为南浔镇原辖十二庄（相当于南浔镇区范围）。

志稿以 1982 年《南浔镇新志》（民国部分）稿本为基础，加以补充订正。此志编辑，系因《南浔镇志》编纂委员会编镇志受篇幅所限，民国部分资料未能详纂，为保存资料，作者"不吝余力，重辑此志，留于后人参阅"（《重辑南浔镇新志·自序》）。

湖州档

（德清）《洛舍镇志》

《洛舍镇志》编纂委员会编。编纂陈景超。1992~1995 年内部印发，16 开，平装 3 册（上、中、下），全套定价 56 元。

上册 1992 年 10 月出版，印数 1000 册，211 页，200 千字，定价 9.5 元。志首题字 4 幅，以古镇新貌为题黑白照片 4 页，手绘地图 10 幅，序 1 篇，凡例 12 则。正文 12 卷（建置、地理、自然、土地、人口、方言、风俗、宗教、交通、邮电、水利、农机）、48 章、131 节。卷末为后记、纂修人员名录。

中册 1995 年 10 月出版，253 页，245 千字，定价 24 元。志首题字 5 幅，序 1 篇。正文 13~25 卷，共 13 卷（粮油生产、蚕桑生产、渔业生产、林茶生产、畜禽生产、土产特产、工业、商业、财税金融、工商物价、城乡建设、人民生活、党派群团）、45 章、136 节。卷末为后记。

下册 1995 年 7 月出版，印数 1000 册，227 页，235 千字，定价 22.5 元。志首题字 4 幅，图照 9 幅，序 1 篇。正文 26～36 卷，共 11 卷（政权政协、公安司法、人事劳动、军事、民政、文化、体育、教育、卫生、人物、丛录）、44 章、128 节。卷末为后记、1995 年洛舍镇党政主要领导人员名单。上溯起源，下限至 1991 年。

国图、浙图、湖州图、德清图、洛舍镇政府

《南浔镇志》

《南浔镇志》编纂委员会编。主编蒋琦亚。上海科学技术文献出版社 1995 年 12 月出版，印数 4000 册，16 开，435 页，731 千字，精装护封本 1 册，定价 50 元。

卷首有题词 2 幅，照片 16 页，序 1 篇，凡例 7 则。概述，大事记。正文设 7 篇（政区、经济、政治、文化、社会、人物、丛录）、38 章、132 节。卷末有附录、后记、地图 4 幅、纂修人员名录。上限 1252 年，下限 1992 年底。

国图、浙图、湖州图、中社科图、德国柏林国图

《南浔镇图志》

朱丛亮编。1996 年 5 月稿本，油印 16 开。

卷首有自序 1 篇，图 4 幅。正文分 5 部分（古代镇区形成概况、历代行政区划沿革、近代行政区划沿革、南浔镇乡土地、南浔镇乡人口）。

湖州图

《南浔镇志校勘笺注》

朱丛亮编。1996 年稿本，油印 16 开。

卷首有自序，南浔镇图 1 幅，题词 3 幅，画 2 幅，商标图 5 幅，照片 6 帧。

此书是对上海科学技术文献出版社 1995 年 12 月版《南浔镇志》所作校勘笺注。全志校勘笺注条目共 102 条，其中订正 44 条，补遗 53 条，注释 4 条，参考 1 条。附录 6 篇（历年工业总产值表、历年商业总营业额表、南浔 1912～1948 年每月每石平均米价表、南浔验证长期旱涝预测谚语、南林浔溪两村合并建南浔镇图略、南浔城图略）。

湖州图

《南浔文献新志》

朱丛亮纂辑，朱仰高校勘。2000 年 4 月朱丛亮自费内部印发，32 开，印数 500 册，32 开，322 页，简装 1 册。

卷首有序 1 篇，自序。正文 21 章（镇名、镇域形成和发展、隶属、行政区划、气候、地质和土壤、水系、交通、园林、党政群和地方武装、历代兵事、农业、工业、商业、邮电、文卫、人口、人物、碑刻、宗教、历代镇志编纂）、90 目。

此志在朱丛亮编纂的《南浔镇新志》（民国部分）、《南浔镇续志稿》（建国三十年部分）两稿基础上经整理充实后付印。因为清乾隆年间有《南浔文献志》在先，故名"新志"，以示前后之别。志书为纂辑体，重要史实均注明出处。周子美盛赞此志"收罗宏富，远出前修，判断之精，近媲汪志"，"读此一编，而故里之文，信而有征，是其空前绝后之盛举也"（《南浔文献新志·序言》）。

浙图、湖州图、浙大图、无锡图

（德清）《钟管镇志》

《钟管镇志》编纂委员会编。编委会主任朱吾庆，办公室主任姚季方。2000 年 7 月内部印发，印数 1000 册，16 开，393 页，精装护封本 1 册。

卷首有题签 1 幅，照片插页 8 页，图 2 幅，序 2 篇，凡例 8 则。该志首列概述、大事记。正文设 25 卷（疆域沿革、自然环境、人口、党派群团、政权、公安司法、军事、民政、农业、水利农机、工业、商业、财税金融、交通、邮电、城乡建设、教育、科技、文化、体育、卫生、风俗、宗教、方言、人物）、99 章、211 节。卷末为附录、纂修人员名录。上限不拘，下限 1998 年，少数内容延伸至 1999 年。

国图、浙图、湖州图、德清图、复旦图

《南浔文献新志纪余》

朱丛亮编。2001 年 1 月自费内部印发，32 开，134 页，简装 1 册。

卷首有照片 1 帧，作者前言。此志由朱丛亮 30 多年征集后未发表之志余资料辑成，分康王梅林赋诗、徐达东迁战役、最早白话文户帖、董处士墓志铭、三阁老二尚书世系、庄氏文字冤狱与庄氏世系、太平天国战争、早期妇女爱国运动、国民党左派百日革命、抗日战争兵灾、南浔人投资铁路、适园藏书、嘉业藏书楼送书趣闻、辑里丝市盛衰概况、四象八牛七十二狗、名人外传、著姓世系、人物传略、近代人著作书目、桥、育婴堂概况、漫谈天气谚语、记 1999 年洪涝、有尾婴儿、百年奇闻营业制、收藏古泉话铜钱、民间文艺、史料初考二则、典当资料、记纂者编志事迹等 30 事。

浙图、湖州图

《南浔志续编》（1912~1985）

朱从亮、张国富纂辑。2003 年 7 月内部印发，32 开，665 页，简装 3 册（上、中、下）。上限 1912 年，下限 1985 年。记载范围从周庆云民国《南浔志》12 庄，扩增至 1 镇 5 乡。

卷首有图 6 幅，照片 1 帧，序 1 篇，凡例 6 则，该志首列大事提要。正文设 12 编（建制、自然环境、党政团体、农业、蚕桑、工业、商业、园林古迹、邮电交通、文教卫生、记事、宗教）、48 章、171 节。前志详载的从略，缺的补全，误的考正，以保持原文、增加统计的方式辑成。卷末为后记。

湖州图

（吴兴）《埭溪镇志》

《埭溪镇志》编纂委员会编。主编吴以群。方志出版社 2004 年 12 月出版，印数 1000 册，16 开，474 页，478 千字，精装护封本 1 册，定价 200 元。

卷首有纂修人员名录，题词 2 页 5 幅，照片插页 18 页，图 3 幅，序 2 篇，凡例 8 则。该志首列概述、大事记。正文 6 篇（自然、社会、经济、政治、人文、丛录）、36 章、132 节。志末有后记。上限溯源，下限至 2000 年，部分内容延至 2003 年，大事记延至 2004 年。

国图、浙图、湖州图、中社科图、复旦图

《南浔志续编·补遗》

朱从亮、张国富纂辑。2004 年内部印发，32 开，268 页，简装 1 册。

此志系《南浔志续编》（1912～1985）12 编的后 4 编，即人民生活、人物、著述碑刻、杂录。为区别已出版的《南浔志续编》（1912～1985），定志名为《南浔志续编·补遗》。卷首有照片 1 帧，张国富所作说明。编下设章节，有人民生活、社会福利、历代人物、民国时期人物、新中国时期人物、历代著述、历代编志概况、碑刻等章，经济

收入、口粮、住房、人民储蓄、育婴堂、义仓等节。新收入民国人物
29 名，新中国人物 20 人，碑刻 35 通。附录中收录卒年未明人物及逸
文杂事 59 篇。

湖州图

（德清）《乾元镇志》

《乾元镇志》编纂委员会编。撰稿陈景超。香港天马图书有限公
司 2008 年 6 月出版，印数 1000 册，16 开，1050 千字，精装护封本 1
册，定价 130 元。

卷首有纂修人员名录，题词 1 幅，照片插页 14 页，图 2 幅，序 2
篇，凡例 13 则。正文设 5 卷（史地、政治、经济、文化、人事）、12
篇（人文、自然、党政、公务、农业、工业、流通、管理、建设、民
主、人物、文献）、50 章、212 节。"文化"卷下不设篇直接列章。不
设概述、大事记、方言。卷末为后记。上溯起源，下限 2003 年。

湖州图、德清图、乾元镇政府、华师大图、兴县图

（南浔）《菱湖镇志》

《菱湖镇志》编纂委员会编，主编李惠民、姚志卫。昆仑出版社
2009 年 1 月出版，印数 3000 套，16 开，2400 千字，精装护封本 2 册
（上、下），定价 680 元。2009 年 9 月，《菱湖镇志》编纂委员会将已
印成的样书重新校对，另订成册《菱湖镇志·补遗·勘误》99 页，作
为《菱湖镇志》的附件。

卷首有题词 1 幅，照片插页 62 页，图 10 幅，序 3 篇，凡例 9 则。
该志首列概述、大事记。正文设 6 编（地理环境、桑丝绸、淡水渔业、
经济、政治、科教文卫）、51 章、207 节。志末为丛录、后记、纂修人
员名录。上限不限，下限 2005 年。

湖州市志丛书。

国图、浙图、湖州图、中社科图、湖州师院图

（吴兴）《东林镇志》

《东林镇志》编纂委员会编。主编姚子芳。中国文联出版社 2009 年 5 月出版。印数 1000 册，16 开，1007 页，精装护封本 1 册，定价 260 元。

卷首有纂修人员名录，图 3 幅，照片插页 8 页，题词 6 页 8 幅，序 3 篇，凡例 7 则。该志首列概述。正文设 32 卷（沿革、自然地理、宗教寺庙、人口家庭、方言俗语、风俗礼仪、交通邮电、风景旅游、党派群团、政权机构、军警司法、民政优抚、教育教学、医药防疫、文娱体育、村镇建设、工业生产、种植林业、水利农机、水产养殖、蚕桑畜禽、镇境物产、商业贸易、财税金融、人民生活、古迹文物、碑刻塔亭、历代人物、历代著述、文选杂录、旧闻佚事、诗词联曲）、108 章、288 节。卷末为丛录、后记。上溯起源，下限至 2006 年底，有些篇目内容延至 2008 年。

陈桥驿序称此志体例得当，繁简有度，文句畅明，史料翔实，于同类志书中可称上品。

湖州市志丛书。

国图、浙图、湖州图、湖州志办、湖州师院图

（德清）《龙山志》

《龙山志》编纂委员会编。主编潘晓兴。2009 年 9 月内部印发，16 开，426 页，精装护封本 1 册，定价 100 元。

卷首有题词 5 幅，照片插页 14 页，图 3 幅，序 1 篇，凡例 10 则。该志首列概述，大事记。正文设 29 卷（疆域沿革、自然环境、人口、

人民生活、土地、政党群团、政权机构、农业、水利、农业机械、工业、交通、电力、邮电、商业、财政、金融、军事、民政、治安、革命老区、文化、教育、体育、卫生、风俗、宗教、人物、丛录）、115章、240节。其中财政、金融、治安、人物各卷下不设章直接列节，革命老区卷下不设章节，直列红色记忆1篇。卷末有编后记、纂修人员名录、为本志提供资料人员名单、主要参考书目。上溯起源，下限2000年，有些内容延伸至2005年，大事记至2003年。

湖州图、湖州志办、德清图、德清志办

（德清）《武康镇志》

《武康镇志》编纂委员会编。主编骆鸿鑫。中华诗词出版社2009年12月出版，16开，736页，精装护封本1册，定价120元。

卷首有纂修人员名录，照片插页21页，图2幅，序2篇，凡例10则。正文设29卷（建置、自然环境、人口、风俗、宗教、方言、政党及人民团体、政权、公安司法、军事、民政、农业、水利农机、工业、电力、商业、水陆交通、电信邮政、财税、货币机构、城乡建设、文化文艺团体娱乐场所及管理文艺活动与著述图书博物馆、教育、医疗卫生、体育、科技、文物、人物、附录）、126章、386节。志末有修志始末、修志参考书目、后记。上限不限，下限2005年底，个别数据延伸至2008年。

湖州图、湖州志办、德清图、德清志办

（南浔）《练市镇志》

《练市镇志》编纂委员会编。主编徐建新、尹金荣。方志出版社2012年9月出版，印数3000册，16开，2982千字，1584页，精装护封本2册（上、下），定价688元。

志首书名题签 2 幅，题字 3 幅，照片插页 91 页，序 1 篇，凡例 9 则。该志首列概述、大事记。正文设 24 卷（建置区划、自然环境、城乡建设、工业、农业、商业服务业、经济管理、财税金融保险、党派、政权、团体、军事、司法执法、文化艺术、名胜古迹、教育、体育、医疗卫生、人物、人口、民生、习俗、宗教祠祀、丛录）、133 章、386 节。志末为后记、编纂委员会名录、参考文献。上溯事物发端，下限 2010 年 12 月，图片资料延伸至 2012 年 6 月。

国图、浙图、湖州图、中社科图、华师大图

（德清）《新市镇新志》

《新市镇新志》编纂委员会编，主编陈景超。2013 年印发，16 开，880 页，精装 2 册（上、下）。

卷首有照片插页 29 页，图 9 幅，序 2 篇，凡例 10 则。该志首列概述、大事记。正文设 22 卷（上册：历史地舆、自然环境、土地人口、党派群团、政权政协、军事公安、民政劳动、农桑渔政、水利农机、工业企业、城乡建设；下册：商业贸易、交通邮电、财税金融、工商物价、社会习俗、教育体育、医药卫生、文化科技、旅游特产、乡贤名士、金石文献）、62 章。部分章节下有附录 19 篇。卷末有编者的话、后记、纂修人员名录。上限 1912 年，下限至 2010 年，上与《新市镇再续志》衔接。

此志编纂同时，把已知新市旧志（《新市镇志》《新市镇后志》《新市镇续志》《新市镇再续志》）及此志一并重新装订印刷，成为系列。

浙图、德清图

（南浔）《双林镇志》

《双林镇志》编纂委员会办公室编。主编宋银虎（兼），常务副主

编金国梁（主笔）。方志出版社 2015 年 3 月出版，印数 3000 套，16
开，1423 页，1736 千字，精装护封本 2 册（上、下），定价 588 元。

卷首有照片插页 56 页（含图 10 幅），序 2 篇，凡例 10 则。该志
首列概述、大事记、镇情提纲。正文设 17 编（地理、党派政协社团、
政权、武装、工业、农业、蚕丝绫绢丝绸、商业、交通邮电、城乡建
设、财政金融保险、行政管理、教育体育科技、医药卫生、文化、人
物、丛录）、85 章、299 节。因双林是绫绢古镇，故《蚕丝 绫绢 丝
绸》升格为编。丛录中有历代《双林镇志》略述与序选。卷末有主要
参考文献、纂修人员名录、后记。上自事物发端，下限至 2010 年 12
月底。

历史上，双林曾有 12 次民间纂志。唯 1917 年《双林镇志》刊印
出版 200 部，至今存世不到 10 部。此志是双林首次以政府名义纂志。

国图、浙志办、湖州图、嘉兴图、人大图

（德清）《禹越镇志》

禹越镇地方志编纂委员会编。主编陈景超。方志出版社 2017 年 6
月出版，印数 1000 册，16 开，809 页，837 千字，精装护封本 1 册，
定价 360 元。

卷首有纂修人员名录，照片插页 29 页，图 5 幅，序 1 篇，凡例 13
则。该志首列概述、大事记。正文设计 25 卷（建置、自然、人口、农
业、水利、工业、商贸、城建、经管、中国共产党基层组织、乡镇政
府、禹越国民党组织、军事、政法、民政、社会组织、文化、教育、
卫生、体育、民生、习俗、宗教、乡贤、丛录）、97 章、224 节。卷末
有后记。上限多始于民国，下限至 2013 年。

国图、浙图、德清图、南大图、华师大图

（南浔）《双林镇志》

浙江省湖州市南浔区《双林镇志》编纂委员会编。主编宋银虎。方志出版社 2018 年 11 月出版，全彩印，16 开，261 页，325 千字，平装 1 册，定价 149 元。

卷首有序 3 篇，纂修人员名录，中国名镇志丛书凡例 16 则，图 3 幅，照片插页 6 页。该志首列"江南水乡——绫绢古镇"介绍总情。正文为类目体，设 8 个类目（基本镇情、绫绢生产、蚕丝绫绢文化、名胜古迹、民间文化、风土民情、名人与名镇、艺文）。后有大事纪略、附录、主要参考文献、编纂始末。附录有双林历代及当代镇志一览表，收录自明万历《双林笔记》起的 16 部镇志。上限不限，下限至 2016 年。

中国名镇志文化工程。

国图、湖州图、华师大图、湖州师院图

绍兴市

（嵊州）《开元镇简志》

浙江师范大学历史系副教授、嵊州人龚剑锋个人所撰。1989 年 8 月印刷，油印本，16 开，内文 19 页，约 1.4 万字。

正文设 7 个部分（久远的建置历史、优越的自然环境、繁荣的社会经济、发达的文化教育、光荣的革命春秋、众多的名胜古迹、奇特的民间风俗）。卷末有附言。上限不限，下限至 1988 年。

此志体例虽殊，内容亦简，但所记事物特色鲜明，辑考较备，文省意赅，当合简志之名。

浙江方志馆（建德）

《东浦镇志》

东浦镇人民政府编。主副编陈云德、诸国良、李元春、张洁。1998年3月内部印行,印数3000册,32开,678页,400千字,精装1册。

卷首有题词1幅,照片插页16页,图2幅,序3篇,凡例8则。该志首列概述、大事记。正文设26章(建置、自然环境、集镇建设、人口、人民生活、宗教风俗、方言、工业、酿酒、农业、商业、副业、金融财税、交通邮电、党派团体、政权、公安司法、民政、军事、教育、科技、卫生、体育、文化、人物、诗文辑录)、92节。卷末有后记、纂修人员名录。上限不限,下限1993年底,大事记等延至1996年底。东浦镇今属越城区。

国图、浙图、绍兴图、柯桥图、北大图

(诸暨)《枫桥史志》

陈炳荣编著。方志出版社1998年10月出版,印数2000册,32开,524页,430千字,平装1册,定价48元。

卷首有纂修人员名录,图、画各1幅,照片插页6页,序3篇,凡例9则。该志首列大事记。正文设18篇(自然环境、经济概况、历史轨迹、地名由来行政建置和区划、建国后枫桥区各级党政主要领导人名录、山、水系和桥、聚落名称姓氏人口、商业、城镇建设、工业及企业、藏书楼、教育、人物、名胜遗址古牌楼古墓葬、诗文选录、民居民俗民谚儿歌、文献辑存)、60节。其中聚落名称和姓氏篇系作者个人所得,藏书楼篇记述南宋以来枫桥文风之盛。卷末有主要参考书目、后记。上限因事而异,下限至1996年11月。

陈桥驿序称此志是私修志书中的佳品,"现代乡镇史志的楷模"。魏桥序称此志"亦史亦志,这是一种可贵的尝试"。

国图、浙图、绍兴图、柯桥图

（嵊州）《长乐镇志》

长乐镇志编纂委员会编。主编邢出非。浙江人民出版社 1999 年 4 月出版，印数 3000 册，16 开，749 页，952 千字，精装护封本 1 册，定价 70 元。

卷首有题词 1 幅，照片插页 16 页，图 2 幅，序 3 篇，凡例 9 则。该志首列概述、大事记。正文设 5 卷（镇区、居民、经济、文化、政治）、29 编、123 章、322 节。卷末有附记、编后记、纂修人员名录。上限不限，下限至 1995 年。

国图、浙图、绍兴图、嵊州图、中社科图

（诸暨）《璜山镇志》

《璜山镇志》编纂委员会编。主编黄柏生（退休教师）。2000 年 5 月打印成稿，16 开，68 页，1 册。

卷首有序 1 篇。正文设 8 章（璜山起源、行政建置沿革和执政党简介、农业、工业、商业、交通邮电、教育卫生文化、风土人情）、31 节。卷末有后记。上限不限，下限至 1999 年。

诸暨图

《安昌镇志》

中共安昌镇委、安昌镇人民政府，安昌镇镇志编纂委员会编。主编包昌荣。中华书局 2000 年 8 月出版，印数 2000 册，16 开，465 页，600 千字，精装 1 册，定价 118 元。

卷首有照片插页 16 页，图 1 幅，序 1 篇，凡例 8 则。该志首列概述、大事记。正文设 7 编（政区、经济、政治、文教、社会、人物、丛录）、24 章、83 节。卷末有后记、纂修人员名录。上限不拘，下限至 1993 年底。安昌今属柯桥区。

安昌史上仅存清道光二十年（1840）《安昌志·序》《安昌记》数页资料，无完整志书。

浙江省名镇志集成。

国图、浙图、绍兴图、柯桥图、中社科图

（诸暨）《草塔镇志》

《草塔镇志》编纂委员会编。主编赵国栋、陈伟。2002 年内部印行，印数 1000 册，16 开，439 页，约 600 千字，精装护封本 1 册。

卷首有题词 1 幅，纂修人员名录，序 1 篇，凡例 8 则。该志首列概述、大事记。正文设 19 篇（自然环境、建置沿革、人口姓氏、农业、水利、林业、工业、交通邮电、商贸集市、金融财税、集镇建设、党政社团、军事司法、文化胜迹、教育、体育卫生、风俗宗教、人物传录、文献辑存）、76 章。卷末有后记、跋、鸣谢资助名单。上限追溯发端，下限至 2000 年，个别延伸至 2002 年。

绍兴图、柯桥图

《齐贤镇志》

《齐贤镇志》编纂委员会编。主编陈元泰。中华书局 2005 年 7 月出版，印数 2000 册，16 开，870 页，830 千字，精装护封本 1 册，定价 160 元。

卷首有纂修人员名录，照片插页 62 页，图 5 幅，总序 1 篇，序 2 篇，凡例 9 则。该志首列概述、大事记。正文设 36 章（历史沿革、自然环境、民族人口、水利、交通运输、邮政电信、村镇建设、人民生活、农业、工业、商业、粮油购销、金融保险、历史名产、中国共产党、中国国民党中国三民主义青年团、群众团体、乡村政权组织、公安司法、民政、财政税务、工商管理、土地管理、军事、文化、教育、科学技术、广播电视、体育、医疗卫生、宗教、人物传略、科举人物、劳动模范先进人物、烈士名录、高级教育科技人才名录）、138 节。卷末有编后记。上溯事物发端，下限至 2000 年。齐贤今属柯桥区。

绍兴县地方志丛书。

国图、浙图、绍兴图、柯桥图、中社科图

（诸暨）《马剑镇志》

《马剑镇志》编纂委员会编。主编戴关土。中国文化出版社 2006 年 7 月出版，印数 1200 册，16 开，369 页，410 千字，精装 1 册，定价 118 元。

卷首有题词 2 幅，图 5 幅，照片 12 页，纂修人员名录，序 1 篇，凡例 7 则。该志首列概述、大事记。正文设 26 篇（自然环境、建置沿革、土地山林、水利、农业、工业、商贸、交通邮电、金融、教育、医卫、政党、行政机构、军事司法、革命老区、文化、胜景古迹、乐善好施、建溪医林、人物简介、宗教、岁时习俗、方言、各村概述、书目诗文字画、文献辑存）、64 章。卷末有后记。上限追溯事物发端，下限至 2003 年。

绍兴图

（诸暨）《安华镇志》

《安华镇志》编纂委员会编。主编何根土。2009 年 6 月出版，16 开，568 页，550 千字，1 册，工本费 115 元。

照片插页 18 页，序 1 篇，凡例 7 则。该志首列概述、大事记。正文设 21 篇（自然环境、建置、人口姓氏、工业、农业、林业、水利、交通邮电、商贸、金融、集镇建设、党政社团、军事司法、教育、文化、体育卫生、风俗、方言俚语、宗教、人物、文丛)、76 章，附录均置于编末。卷末有主要参考书目、纂修人员名录。上限追溯发端，下限至 2006 年 8 月，个别事物延伸至 2008 年。重点记述中华人民共和国建立后事物。

绍兴图

(嵊州)《谷来镇简志》

马善军编著。2009 年 8 月印刷，100 余千字，平装 1 册，92 页。

卷首有前言，凡例 10 则，谷来镇概述，图 3 幅。该志首列大事记。正文设 10 章 (行政建置、村居简况、自然地理、基础建设、文教卫生、单位职官、经济市商、兵事战祸、社会人口、乡贤人才)、41节。上限一般为唐代，下限至 2006 年 12 月。

马善军系谷来镇马村外横人，编著有《横路坑村志》《谷来镇廿村通览》等。

嵊州图

《夏履镇志》

《夏履镇志》编纂委员会编。主编盛继舟。中华书局 2010 年 12 月出版，印数 2000 册，16 开，723 页，750 千字，精装护封本 1 册，定价 168 元。

卷首有纂修人员名录，照片插页 33 页，图 2 幅，总序 1 篇，序 2篇，凡例 10 则。该志首列概述、大事记。正文设 20 章 (政区、生态环境、全球 500 佳、村镇建设、农业、工业、商业、金融财税、交通邮电、政党、社会团体、军事、公安司法、教育、文化体育、卫生、科技、社会生活、人物、丛录)、89 节。卷末有后记。上限不拘，下迄 2004 年底。夏履今属柯桥区。

绍兴县志丛书。

浙图、绍兴图、柯桥图、中社科图、南大图

《陶堰镇志》

《陶堰镇志》编纂委员会编。主编阮政海。中华书局 2011 年 12 月出版，印数 2000 册，16 开，595 页，800 千字，精装护封本 1 册，定价 168 元。

卷首有纂修人员名录，照片插页 43 页（含图 2 幅），总序 1 篇，序 2 篇，凡例 8 则。该志首列概述、大事记。正文设 31 章（自然环境、建置沿革、镇村建设、农业、淡水渔业、工业、商业、金融财税、交通邮电、党政、社会团体、军事、公安司法、教育、卫生、体育、科技、文化、人口家庭、民族氏族、民政、宗教、风俗方言、人物传略、陶堰籍明清进士举人名录、陶堰籍历代官员名录、烈士名录、高级人才名录、港澳台及海外人士名录、先进单位先进个人名录、丛录）、133 节。卷末有编后记。上限不拘，下限至 2003 年底。陶堰今属越城区。

绍兴县志丛书。

浙图、绍兴图、柯桥图、中社科图、北大图

《福全镇志》

《福全镇志》编纂委员会编。主编杨乃浚。中华书局 2012 年 6 月出版，印数 2000 册，16 开，511 页，480 千字，精装护封本 1 册，定价 168 元。

卷首有纂修人员名录，照片插页 34 页，图 1 幅，总序 1 篇，序 2 篇，凡例 13 则。该志首列概述、大事记。正文设 23 章（政区、镇村建设、人口氏族、自然环境、农业、工业商业矿产、金融保险财税、交通运输、邮电通信、党派团体、政权政协、民政、公安司法、军事、教育、卫生、文化体育、宗教信仰、语言风俗、文物胜迹、灾害事故、人物传录、文献辑存）、103 节。卷末有后记。上溯事物发端，下限至 2005 年。福全今属柯桥区。

绍兴县志丛书。

国图、浙图、绍兴图

《漓渚镇志》

《漓渚镇志》编纂委员会编。主编柴水炎。中华书局 2012 年 12 月出版，印数 2000 册，16 开，953 页，1250 千字，精装护封本 1 册，定价 258 元。

卷首有纂修人员名录，照片插页 18 页，图 1 幅，总序 1 篇，序 2 篇，凡例 10 则。该志首列概述、大事记。正文设 22 章（历史、生态环境、镇村建设、农业、土地、花卉、工业、交通邮电、金融财税工商、商业、中国共产党社会团体、政府机构、军事、公安司法、教育体育、文化科技、医疗卫生、人口、民政、人物、古迹文物、丛录）、94 节。卷末有附（兰亭志序 2 篇及卷 1~4）、《漓渚镇志》编纂委员会 1~8 期名录、编后记。上限不拘，下限至 2005 年底。漓渚今属柯桥区。

绍兴县志丛书。

国图、浙图、绍兴图、柯桥图、华师大图

《杨汛桥镇志》

《杨汛桥镇志》编纂委员会编。主编徐木兴。中华书局 2012 年 12 月出版，印数 2000 册，16 开，841 页，700 千字，精装护封本 1 册，定价 218 元。

卷首有纂修人员名录，照片插页 25 页，图 1 幅，总序 1 篇，序 2 篇，凡例 10 则。该志首列概述、大事记。正文设 16 篇（自然环境、建置沿革、人口、土地、水利、农业、工业、服务行业、流通行业、党政团体、机关部门、教育科技、文体卫生、社会生活、人物、丛录）、81 章、262 节。部分章节下有附 7 篇。卷末有后记（傅振照）。上溯镇域有人类活动之始，下限至 2005 年底，大事记延至 2007 年。

绍兴县志丛书。

国图、浙图、绍兴图、南大图、华师大图

《钱清镇志》

《钱清镇志》编纂委员会编。主编高祖钿。中华书局 2013 年 10 月出版，印数 2000 册，16 开，1351 页，1700 千字，精装护封本 1 册，定价 298 元。

卷首有纂修人员名录，照片插页 21 页，图 1 幅，总序 1 篇，序 2 篇，凡例 8 则。该志首列概述、大事记。正文设 27 章（建置区划、自然地理、民族人口、镇村建设、农业生产、林牧渔业、工业生产、盐场起落、商业经营、轻纺原料市场、金融财税、交通运输、邮政电力、党政建设、社会团体、公安司法、军事武装、民政、教育、文化科技、医疗卫生、体育、宗教、习俗方言、人民生活、人物、丛录）、148 节。卷末有后记。上溯事物发端，下限至 2003 年底。

绍兴县志丛书。

国图、浙图、绍兴图、柯桥图、中社科图

《富盛镇志》

《富盛镇志》编纂委员会编。主编何瑞灿。中华书局 2013 年 11 月出版，印数 2000 册，16 开，1102 页，1100 千字，精装护封本 1 册，定价 280 元。

卷首有纂修人员名录，照片插页 37 页，图 1 幅，总序 1 篇，序 2 篇，凡例 16 则。该志首列概述、大事记。正文设 7 卷（政区、经济、政治、文教、社会、人物、志余）、32 章（建制沿革、自然环境、村镇建设、行政村简介，农业、商业、工业、金融财税、交通、邮电电力、乡村旅游，党政、社会团体、军事、公安司法，教育、体育、卫生、文化、科技，人口、人民生活、民政、宗教、习俗方言，人物传略、人物名录、烈士英名录、先进单位和个人，宋六陵诗文选、资料选辑、上旺创业记）、109 节。卷末有编后记。上限不拘，下限至 2011 年。

绍兴县志丛书。

国图、浙图、绍兴图、中社科图、北师大图

《马鞍镇志》

《马鞍镇志》编纂委员会编。主编陈生央。中华书局 2014 年 2 月出版，印数 2000 册，16 开，465 页，600 千字，精装护封本 1 册，定价 198 元。

卷首有纂修人员名录，照片插页 27 页，图 1 幅，总序 1 篇，序 2 篇，凡例 9 类（分为宗旨、时限、地域、格式、时间及指称、人物、数据、资料、文字标点等）26 则。该志首列概述、大事记。正文设 28 章（建置、自然环境、镇村、民族人口、水利、水陆交通、邮政电信电力、工业、建筑业、农业、商业、金融财政赋税保险、中国共产党、中国国民党三民主义青年团、乡镇村居政权组织及管理、群众团体、公安、民政、军事、文化、教育、广播电视、医疗卫生、宗教、人物、方言、民间风俗、丛录传说）、101 节。上限不拘，下限至 2003 年底。

绍兴县志丛书。

国图、浙图、柯桥图、中社科图、华师大图

《孙端镇志》

孙端镇志编纂委员会编。主编郦文锦。中华书局 2014 年 11 月出版，印数 1000 册，16 开，737 页，950 千字，精装护封本 1 册，定价 298 元。

卷首有纂修人员名录，照片插页 25 页，图 1 幅，总序 1 篇，序 2 篇，凡例 10 则。该志首列概述、大事记。正文设 24 章（镇域建置、环境、村镇建设、水利、农业、渔业、工业、商业、金融财税、交通邮电、党政、社会团体、军事、政法、人口民族、民政、民俗宗教、文化、体育、文物古迹、教育、卫生、人物名人史迹、丛录）、112节。卷末有后记。上限不拘，下限至 2008 年，个别大事件延至 2012 年。

绍兴县志丛书。

国图、浙图、中社科图、华师大图

《平水镇志》

《平水镇志》编纂委员会编。主编徐德宝。中华书局 2014 年 11 月出版，印数 2000 册，16 开，726 页，950 千字，精装护封本 1 册，定价 298 元。

卷首有纂修人员名录，照片插页 83 页，图 1 幅，总序 1 篇，序 3篇，凡例 9 则。该志首列概述、大事记。正文设 26 章（建置沿革、自然环境、人口、集镇建设、交通邮电、工业、农业、林业、水利、商业、金融、财政税务、工商管理、土地管理、党派团体、政权、军事、公安司法、教育、文化、医疗卫生、体育、民政、宗教、习俗、人物）、91 节。卷末有后记。上限不拘，下限至 2003 年底，重大事例延至 2004 年底。

绍兴县志丛书。

国图、浙图、柯桥图、中社科图、华师大图

《稽东镇志》

《稽东镇志》编纂委员会编。主编先后为张韩松、俞林萍、胡倡华、胡伟炎、方卫利。中华书局 2015 年 1 月出版，印数 1500 册，16 开，429 页，570 千字，精装护封本 1 册，定价 200 元。

卷首有纂修人员名录，照片插页 8 页，图 1 幅，总序 1 篇，序 2 篇，凡例 9 则。该志首列概述、大事记。正文设 10 编（政区、政治、经济、特色产业——香榧、社会、教育体育卫生、科技文化、人物、荣誉录、丛录）、36 章、98 节。卷末有后记。上溯事物发端，下限至 2003 年底。

绍兴县志丛书。

国图、浙图、中社科图、华师大图、南大图

（柯桥）《兰亭镇志》

《兰亭镇志》编纂委员会编。主编王宜男。中华书局 2015 年 3 月出版，印数 2000 册，16 开，684 页，860 千字，精装护封本 1 册，定价 280 元。

卷首有纂修人员名录，照片插页 44 页，图 1 幅，总序 1 篇，序 2 篇，凡例 9 则。该志首列概述、大事记。正文设 32 章（建置沿革、村镇建设、行政村、自然环境、农林业、工业、商业、财政税务、金融保险、交通、邮电电力、党政、社会团体、侨务工作、军事、公安、教育、体育、卫生、文化、文物古迹、兰亭景区、科学技术、兰亭名产、人口、民族氏族、民政、宗教、习俗方言、人物、先进单位与先进人物、丛录）、120 节。卷末有编后记。上溯事物发端，下限至 2004 年。

绍兴县志丛书。

国图、浙图、绍兴图、柯桥图、中社科图

（柯桥）《钱清镇志》

浙江省绍兴市柯桥区《钱清镇志》编纂委员会编。主编何鸣雷，执行主编高祖钿。方志出版社 2016 年 2 月出版，16 开，360 页，440 千字，全彩印 1 册，定价 148 元。

卷首有序 2 篇，纂修人员名录，有中国名镇志丛书凡例 16 则，图 2 幅，有照片插页 5 页。该志首列概述、大事记。正文设 5 个类目（乡里镇情、经济强镇、宜居城镇、名士之乡、艺文）。后有大事纪略、附录。卷末有编纂始末。书中辑录图照 273 张。上限不限，下限至 2015 年。

中国名镇志文化工程。

国图、浙图、中社科图、南大图、华师大图

（嵊州）《店口镇志》

《店口镇志》编纂委员会编印。主编许林章。2017 年 5 月出版，16 开，635 页，800 余千字，精装护封本 1 册，工本费 580 元。

卷首有纂修人员名录，照片插页 26 页，图 2 幅，凡例 8 则，序 1 篇。该志首列概述、大事记。正文设 21 编（自然环境、建置、人口姓氏、集镇建设、农业、林业、水利、工业、贸易、金融财税工商、交通邮电、党政社团、军事、公安司法、教育科技、文化文物胜迹、医疗卫生体育、民政、人物、风俗宗教、丛编）、77 章、192 节。卷末有后记、纂修人员名录。上溯发端，下限至 2006 年，部分内容延至

2016 年。

浙图、诸暨图

（诸暨）《岭北镇志》

诸暨市地方志编纂委员会编。中国文史出版社 2017 年 6 月出版，16 开，493 页，816 千字，精装 1 册，定价 120 元。

卷首图 2 幅，序 1 篇，凡例 8 则。该志首列概述、大事记。正文设 18 编（建置、自然环境、人口姓氏、镇村建设公用事业、农业林业休闲美食、工业、交通、商贸财税金融、党政社团、军事公安司法、文化、教育、卫生计划生育体育、社会事务、风俗宗教、方言俚语、人物、文丛）、66 章，216 节。卷末有后记、主要参考书目（32 种）、纂修人员名录（编纂委员会成员名单工作人员名单、各编编撰人名单）。上限追溯发端，下限至 2013 年，个别章节适当下延。

诸暨市乡镇志系列。

国图、浙图、绍兴图、东阳图

（上虞）《梁湖镇志》

《梁湖镇志》编纂委员会编。主编姚成夫。中国文史出版社 2017 年 10 月出版，16 开，404 页，精装护封本 1 册，定价 180 元。

卷首有纂修人员名录，图 1 幅，照片插页 11 页，序 2 篇，凡例 8 则。该志首列概述、大事记。正文设 21 章（建置、自然环境、人口、人民生活、宗教风俗、方言、集镇建设、交通邮电电力、农业、工业、商业、金融财税、党政团体、地方武装公安司法、民政、科技教育、体育卫生、文化、越窑陶瓷、皂李湖、人物）、93 节。卷末有索引（正文索引、正文图表索引）、编后记。上限不限，下限至 2010 年底，部分内容延至 2012~2013 年。

上虞史志丛书。丛书总字数为 2329 千字，总定价 750 元。

浙图、上虞图

（上虞）《盖北镇志》

盖北镇志编纂委员会编。主编宋文琪。中国文史出版社 2017 年 10 月出版，16 开，594 页，约 450 千字，精装护封本 1 册，定价 180 元。

卷首有图 1 幅，纂修人员名录，照片插页 24 页，序 1 篇，凡例 9 则。有英文目录。该志首列概述、大事记。正文设 31 章（建置、自然环境、村镇建设、农业、葡萄、林业、土地管理、水产养殖捕捞、水利、围垦、工业、商业、金融财政保险、交通邮电、广播电视、旅游业、宗教、民俗风情、教育、科技、文化、卫生、体育、中国共产党组织、乡村政权组织、社会团体、人口、民政、军事、公安司法、人物）、170 节。卷末有索引、镇志联络员及提供资料主要人员名录、后记。上溯事物发端，下限至 2010 年 12 月，个别事物延至 2011 年 12 月，领导视察延至 2015 年 12 月。

上虞史志丛书。

盖北镇政府

（上虞）《陈溪乡志》

《陈溪乡志》编纂委员会编。主编丁士军。中国文史出版社 2017 年 10 月出版。16 开，455 页，精装护封本 1 册，定价 180 元。

卷首有纂修人员名录，图 1 幅，照片插页 7 页，序 1 篇，凡例 11 则。该志首列概述、大事记。正文设 16 章（建置与区划、自然环境与旅游资源、人口、基础设施建设、水利水电、交通与信息、农业、工业金融商贸、政党、人大政府、军事、教育体育、文化、医疗卫生、生活与习俗、人物）、65 节。后有附录 7 类（楹联、诗词、古文、碑文匾额、史料拾遗、民间传闻、现代当代文章）。卷末有索引（地名、人名、事件）、后记。上限溯源，下限至 2010 年底（乡级党政领导至 2015 年 9 月）。

上虞史志丛书。

上虞图

（上虞）《沥海镇志》

《沥海镇志》编纂委员会编。主编沈雅君。中国文史出版社 2018 年 10 月出版，16 开，429 页，精装护封本 1 册，定价 180 元。

卷首有纂修人员名录，图 1 幅，照片插页 15 页，序 1 篇，凡例 8 则。该志首列概述、大事记。正文设 27 章（建置、镇村建设、自然环境、党派社会团体、政权机构、军事、公安司法、农业、水利与土地、围垦、工业、建筑业、商业人民生活、金融财税、交通、邮电电力、教育、体育、卫生、文化、科技、人口家庭、民政、宗教、习俗方言、人物）、99 节。卷末有索引（地名、事件、人名）、后记。上溯事物发端，下限至 2010 年 12 月，个别事物及重大人事延伸至 2016 年 12 月。

上虞史志丛书。

浙图、沥海镇政府

（上虞）《小越镇志》

《小越镇志》编纂委员会编。主编石建霞。中国文史出版社 2018 年 11 月出版，16 开，436 千字，582 页，精装护封本 1 册，定价 198 元。

卷首有纂修人员名录，图 3 幅，照片插页 10 页，序言 1 篇，凡例 11 则。该志首列概述、大事记。正文设 20 章（政区、自然环境、人口、交通邮电、镇村建设、农业、工业、商业、财税金融、党的建设、社团组织、政权组织、军事治安、教育、文化、医疗卫生、民政劳动人事、民俗方言、人物、小越文存)、98 节。卷末有后记。上限溯源，下限至 2010 年底（大事记和镇、村干部名录截至 2017 年底）。

上虞史志丛书。

浙图、上虞图

金华市

《兰溪城关镇志》

《兰溪城关镇志》编纂领导小组编。主编朱永林。浙江人民出版社 1987 年 11 月出版，印数 1600 册，16 开，465 页，327 千字，精装 1 册，定价 10.5 元。

卷首有照片插页 15 页，图 1 幅，序 2 篇，凡例 7 则。该志首列概述、大事记。正文设 6 篇（镇区、经济、政治、文化、生活、人物）、25 章、70 节。卷末有编后记、纂修人员名录。上限起自唐咸亨五年（674）为兰溪县县治所在地时，下限至 1985 年。

国图、浙志办、金华图、兰溪图、北大图

(兰溪)《游埠镇志》

《兰溪游埠镇志》编纂委员会编。主编施廷扬。浙江人民出版社 1989 年 5 月第 1 版第 1 次印刷，印数 1500 册，32 开，346 页，243 千字，精装 1 册，定价 16 元。

卷首有照片插页 8 页，图 2 幅，序 1 篇，凡例 8 则。该志首列概述、大事记。正文设 6 篇（地理、经济、政治、文化、社会、人物）、24 章、87 节。部分章节有附录 20 篇。卷末有编后记。上限溯源，下限至 1987 年。

国图、浙图、金华图、兰溪图

（武义）《柳城镇志》

《柳城镇志》编纂办公室编，主编王志邦。浙江人民出版社 1989 年 8 月出版，印数 2100 册，32 开，页，281 千字，精装 1 册，定价 13.5 元。

卷首有题词幅 2 幅，照片插页 12 页，序 2 篇，图 1 幅，凡例 8 则。该志首列概述、大事记。正文设 9 编（镇区、政治、交通、经济、教育、方言谣谚文物古迹、居民生活、畲族、人物）、38 章、50 节。卷末有后记、纂修人员名录、资助单位个人名录。上起事物发端，下限至 1987 年，个别重要事件延至 1988 年。

国图、浙图、金华图、武义图、中社科图

（永康）《清溪乡志》

《清溪乡志》编辑委员会编。主编吕方金。1990 年 11 月内部印行，印数 500 册，16 开，347 页，340 千字，精装 1 册。

卷首有前言，纂修人员名录，凡例 13 则，题词 3 幅，黑白照片插页 17 页，该志首列大事记、清溪兵事。正文设 7 编（总述、政治、经济、教育文化、风俗习惯、人物、诗文辑存）、38 章、112 节。卷末有各行政村历任党支部书记、清溪乡各行政村历任行政干部正职名录、乡志资助名录。上溯事物发端，下限至 1988 年，个别内容延至 1989 年下半年成稿之时。

浙图、永康图

《义乌稠城镇志》

《义乌稠城镇志》编纂委员会编。主编陶维桢。1990 年 12 月印行，16 开，364 页，精装 1 册。

地图 2 幅，照片插页 8 页，序 1 篇，凡例 8 则。该志首列概述、大事记。设 13 编（政区、交通、商业、工业、市政建设、农业、金融税务、党政群团、文化教育、医疗卫生、人口、人物传、诗文辑存）、41 章、132 节。卷末有后记、纂修人员名录。上溯有资料可征始，下限至 1989 年。

国图、浙图、金华图、中社科图

（永康）《唐先志》

《永康市唐先志》编纂委员会编。1997 年 1 月印行，印数 1400 册，16 开，1456 千字，精装 2 册（350 页，469 页）。

卷首唐先自然镇全景图 1 幅，有照片插页，序 3 篇，凡例 17 则。该志首列史事记略。上下册分别为记事编、人口编。记事编设 20 章（自然地理、村庄、驻村机关单位、村级组织、村民、农林业、养殖业、名物土产、水利电力、工矿、商业、交通、教育、群众文化、卫生体育、古建筑、风俗习惯、人物传略、人物名录、诗文辑存）。卷末有后语、赞助芳名、纂修人员名录等。人口编设上下两卷，记述各村域内所有户主姓氏。上限溯源，下限至 1996 年 10 月底。

国图、永康图

（兰溪）《女埠镇志》

《女埠镇志》编纂委员会编。主编方培松，主撰应树堂。方志出版社 1998 年 7 月出版，印数 1000 册，16 开，513 页，759 千字，精装护封本 1 册，定价 95 元。

卷首有图 1 幅，照片插页 14 页，纂修人员名录，序 3 篇，凡例 9 则。该志首列概述、大事记。正文设 16 卷（政区、山水、土地、居民、氏族、风俗、农业、工商、政法、交通、教育、文化、卫生、人物、专辑、丛录）、69 章、229 节。卷末有参考书目、后记。上限溯源，下限至 1996 年。

魏桥序与胡汝明序称此志氏族卷令全镇主要氏族之源流、迁徙、构成、聚落、族规、宗祠、家训等得以存史，是一般市县、乡镇志所少见；设"道德"章、"地名"章，更属少见。

国图、浙图、金华图、兰溪图、中社科图

（浦江）《朱桥地方志》

朱桥地方志编纂委员会编。主编于崇熙。1999 年 12 印刷，印数 500 本，16 开，265 页，240 千字，精装本 1 册，定价 88 元。

卷首有题词 3 幅，序 2 篇，照片插页 16 页，图 3 幅，凡例 10 则。该志设 10 章（概况、大事记、居民、农林水利、工商金融电源邮电、乡村建设、行政区域与政权、文教卫生、人物、杂志）、29 节。第一、二章、十章不分节、目。卷末有赞助名录、纂修人员名录、后记。上溯事物发端，下限至 1997 年底，部分内容酌情后延。

浙图、金华图、浦江图、中社科图

（永康）《古丽镇志》

永康市古丽镇党委政府、永康市地方志编委会办公室编。主编童文贤。2001 年 10 月印刷，16 开，476 页，610 千字，精装护封本 1 册。

卷首有题词 3 幅，纂修人员名录，序 2 篇，凡例 8 则，照片插页 26 页，图 2 幅。该志首列概述、大事记。正文设 18 编（行政建置、自然地理、镇区建设、景观览胜、交通运输、农林产业、工业经济、财税金融、商业贸易、政党团体、政权司法、教育体育、文化卫生、社会生活、风俗民谚、古今人物、专记、附录）、74 章、248 节。卷末有编后记。上溯事物发端，下限至 2000 年底，少量内容延至 2001 年 9

月定稿时。

浙江省永康市地方志丛书。

浙图、永康图

（浦江）《前吴乡志》

《前吴乡志》编纂委员会编。于崇熙编著。2013 年 12 月印刷，印数 800 册，16 开，427 页，410 千字，精装 1 册，定价 180 元。

卷首有纂修人员名录，题词 3 幅，赞助单位和个人名录，图 1 幅，照片插页 26 页，序 2 篇，凡例 12 则。该志正文设 14 章（概述、大事记、村庄与人口、乡村政权建设、农林水利、工业、交通邮电、教育、商业金融电源、文化卫生、氏族迁徙、人物、文存、通济桥水库建设专记）、45 节。卷末有后记。上溯事物发端，下限至 2012 年。

浙图、金华图

（兰溪）《赤溪街道志》

《赤溪街道志》编纂委员会编。主编周福生。浙江大学出版社 2014 年 9 月出版，16 开，509 页，860 千字，精装 1 册，定价 138 元。

卷首有照片插页 16 页，纂修人员名录，序 3 篇，凡例 13 则。该志首列大事记、概述。正文设 16 编（政区、地理、土地、居民、氏族、风俗与方言、农业、工商、党政、民政、交通、教育、文化、卫生、人物、丛录）、70 章、203 节。卷末有后记。上溯事物发端，下限至 2012 年底，大事记部分内容延至 2014 年 4 月。系兰溪首部街道志。

国图、浙图、金华图、兰溪图、中社科图

（浦江）《黄宅镇志》

浦江县黄宅镇文化历史研究会编。主编黄遵鑫（兴）。中国文史出版社 2017 年 1 月出版，16 开，3276 千字，精装护封本 5 卷（1-5

卷分别为 686 页、688 页、800 页、684 页、670 页），定价 3000 元。

卷首有序 1 篇，照片插页 32 页（含题词 5 幅），图 2 幅。该志设 5 卷（乡镇村落、农工商贸易、教育文化、医疗卫生、人文古迹），每卷独立分册，分别有 19 章、42 章、9 章、13 章、11 章。医疗卫生卷末有该卷编纂说明。卷末有后记、纂修人员名录。上限不限，下限未明示。

国图、浙图、金华图、浦江图

（兰溪）《兰江街道志》

《兰江街道志》编纂委员会编。主编余正辉。浙江人民出版社 2017 年 3 月出版，16 开，485 页，670 千字，精装护封本 1 册，定价 168 元。

卷首有纂修人员名录，图、照片插页 52 页，序 2 篇，凡例 8 则。该志首列概述、大事记。正文设 13 编（政区、自然资源、居民、交通、工业、服务业、农业、党政机构群团组织、教育、文化、卫生体育、人物、丛录）、57 章、157 节。卷末有后记。上限不限，因事而异，下限以截稿时间为限。

国图、金华图

衢州市

（常山）《天马镇志稿》

常山县天马镇人民政府编，主笔樊玉明，采编陈芝香、张基阳（旸）。1989 年付印，油印本。

卷首设图照，序 1 篇，凡例 8 则，图 3 幅。正文设 7 编（城邑、地理、经济、政治、文化、社会、人物）、29 章，卷末设编后记及诗两首。志稿编目较为齐全。上限溯至唐广德二年（764），下限至

1987 年。

常山档

《江山城关镇志》

《江山城关镇志》办公室编。主编朱云亨。浙江人民出版社 1991 年 7 月第 1 版第 1 次。32 开，212 千字，328 页，印数 1500 册，精装 1 册，定价 16 元。

卷首有照片插页 11 页，图 1 幅，序 3 篇，凡例 6 则。该志首列概述、大事记。正文设 17 章（建制、镇区建设、工业、农业、商业、金融财税工商管理、交通邮电、中国共产党、政权、民政、军事、群众团体、教育、文化、卫生体育、居民、人物）、71 节。突出城关为市（县）治所在地和地处浙闽赣三省交界的边界城镇这一地方特色。志末编后记。上溯事物发端，下限至 1988 年，部分至 1990 年年初。

国图、浙图、衢州图、江山图、中社科图

《江山市长台镇志》

江山市长台镇人民政府编。主编朱青麟。2001 年 5 月内部出版，印数 1000 册，32 开，362 页，280 千字。

卷首有题词 2 幅，彩照 10 页，图 3 幅，序 2 篇，凡例 6 则。该志首列概述、大事记。正文设 19 章（镇域、自然环境、镇区建设、农业、工业、商业、金融保险财税与工商管理、交通邮电、中国共产党、政权、民政、军事司法、群众团体、文化、教育、卫生体育环保、居民、社会、人物）、77 节。志末设编后记。上限不限，下限至 2000 年。

浙图、浙志办、衢州图、江山图、江山档

（江山）**《清湖镇志》**

《清湖镇志》编纂委员会编。主编毛东武。天马图书有限公司 2003 年 1 月出版，印数 200 册，16 开，491 页，532 千字，精装 1 册，定价 98 元。

卷首有地图 1 幅，照片插页 30 页，序文 2 篇，叙例 1 则，凡例 10 则。该志首列概述、大事记。正文设天、地、人、文 4 个部类 23 章：天部 3 章（自然环境、环境保护、自然风光）；地部 8 章（地域建置、种植业、养殖业、林业水利、工业、财贸工商、镇村建设、交通邮电）；人部 8 章（人口、政权、党群政事、军事、人物传、人物表、世业之家、当代名流）；文部 5 章（教育、文化、卫生体育、风俗、宗教民情）。志末有跋、纂修人员名录。上限视事物发端而定，下限至 2000 年。

国图、浙图、衢州图、江山图、北大图

（开化）**《华埠镇志》**

《华埠镇志》编纂小组编。主编余金华。浙江人民出版社 2003 年 2 月出版。16 开，印数 2000 册，465 页，625 千字，精装 1 册，定价 88 元。

卷首有题词 1 幅，照片插页 21 页，图 1 幅，序 3 篇，凡例 7 则。该志首列概述、大事记。正文设 6 篇（镇区、居民、经济、政治、文化、人物）、29 章、118 节。卷末设后记。上溯事物发端，下限至 2001 年，个别事件适当下延。

国图、浙图、衢州图、开化图、中社科图

（常山）**《球川镇志》**

《球川镇志》编纂小组编。主笔周基厚。2005 年 3 月内部印刷，

16 开，254 页，约 200 千字。

卷首有序 1 篇，凡例 7 则，图 1 幅，彩照 20 页 69 幅。该志首列概述、大事记。正文设 7 编（地理、居民、政治、经济、文化、人物、丛录）、29 编、100 节。志末设后记。上溯不拘，下限一般至 2002 年，个别编节延续至 2004 年。该志以详今明史、详今存史为原则，注重发掘浙西重镇和革命老区的主要特色。

常山档、常山图

（常山）《蜀阜志》

《蜀阜志》编纂委员会编。主编徐日茂。方志出版社 2005 年 1 月出版。精装 16 开，369 页，387 千字，印数 1000 册，定价 100 元。

卷首有照片插页 16 页（含图 1 幅），序 2 篇，凡例 8 则。该志首列概述、大事记。正文设 13 编（镇域、自然环境、蜀阜解放、居民、经济、党政社团、风俗宗教、教育卫生、文化艺术、典籍文化、移民、重建家园、人物）、70 节。志末为附录、后记。上溯事物之发端，下限大致为 1960 年，部分内容延至脱稿日。1960 年，蜀阜因新安江水电站建成蓄水而为泽国，不复存在，此志存留珍贵史料。

国图、浙图、衢州图、常山图、中社科图

（常山）《青石镇志》

《青石镇志》编纂小组编。主编徐爱荣。2005 年 12 月内部印刷。16 开，约 300 千字，341 页。

志首彩照 10 页 26 幅，图 1 幅，序文 1 篇，凡例 7 则。该志首列概述、大事记。正文设 5 编（镇区、政治、经济、文化、人物）、27 章、125 节。志末设后记。上溯事物发端，下限至 2004 年。

常山档、常山图

（江山）《廿八都镇志》

江山市《廿八都镇志》编纂委员会编。主编蔡恭，特约主编祝龙光。中国文史出版社 2007 年 1 月出版。精装护封 1 册，16 开，677 页，866 千字，印数 2000 册，定价 180 元。

志首彩照 36 页 105 幅，图 5 幅，浙江文化研究工程成果文库总序 1 篇，序 3 篇，凡例 12 则。该志首列综述、大事记。正文设 42 章（镇域建置、地理环境、生态环境、土壤、景观、古镇概貌、古建筑群、历史文化保护区保护规划、土地利用、人口、人民生活、古代交通、现代交通邮电、农业、林业畜牧业、经济特产、农田保护、农村改革、商业、工业、金融工商管理、中国共产党、政权、军事、民政、群众团体、教育、文化、卫生体育、姓氏、方言、风俗、民间故事、民歌、民谚歇后语、人物、文件选辑、历代碑文选辑、历代文选、历代诗词选、枫溪十景诗选、古代楹联选）、161 节。另附专记 11 篇、附录 27 篇。卷末设编后记。上限依事件发端，下限至 2004 年，大事记及少数事物适当延伸。

被收入《浙江文化研究工程成果文库》出版。

浙志办、衢州志办、江山图、江山档

（常山）《天马镇志》

《天马镇志》编纂委员会编。主编饶贤福。浙江人民出版社 2012 年 6 月出版。16 开，546 千字，470 页，精装 1 册，定价 68 元。

志首题词 1 幅，彩照 13 页 30 幅，图 2 幅（天马镇政区图、天马镇城区图），序 1 篇（镇委书记、镇长）。该志首列概述、凡例、大事记。正文设 7 篇（镇域、城镇建设、经济、政治、文化、社会、人物）、29 章、108 节。志末设附录、后记。上溯不限，下限至 2006 年。

国图、浙图、常山图、南大图、华师大图

（江山）《峡口镇志》

《峡口镇志》编纂办公室编。主编祝龙光，特约主编朱云亨。人民出版社 2012 年 12 月出版。印数 1000 册，16 开，567 页，622 千字，精装 1 册，定价 228 元。

卷首有图 1 幅，彩照 32 页，序 1 篇，凡例 7 则。该志首列概述、大事记。正文设 26 章（建置、自然环境、镇区建设、居民与生活、民政、工业、农业、林业、水利、商业贸易、交通邮电、财税金融、中国共产党、政权、军事、社会治安、社会团体、教育、文化、卫生体育、姓氏与方言、风俗、名胜古迹、民间故事、人物、历代诗文选）、126 节。志末设后记。上限以事物发端或收集的资料而定，下限至 2009 年，个别事件及大事记延伸到 2011 年。

浙志办、江山图、江山档

（龙游）《沐尘畲族乡志》

《沐尘畲族乡志》编纂委员会编。主编劳乃强。方志出版社 2014 年 9 月出版。印数 6000 册，大 16 开，492 页，800 千字，精装 1 册，定价 198 元。

卷首有纂修人员名录，图 1 幅，彩照 11 页，序 1 篇，凡例 11 则。该志首列概述。以沐尘畲族乡的境域为记述范围，采用类目体，基本结构以门、类、目、条四个层次（四级标题）构成。正文分《基本篇》《专题篇》，《基本篇》共 15 卷（大事记、区域、环境设施、人口氏族、宗教风俗、居民生活、林业、农业、工贸旅游、中国共产党、机构组织、政务、文化、教育卫生、人物）；《专题篇》专题 1~5 分别为：红色足迹、畲乡风情、余绍宋在沐尘、沐尘水库、诗文选辑 53 类，每卷相当于一个分志；《专题篇》5 个专题 24 类，每个专题相当于一个分志。卷末设索引、跋。上限追溯事物发端，下限 2010 年，个别内容略有延伸。

该志由《龙游县志》主编劳乃强担任主编，县志编辑为编辑，由龙游志办和沐尘畲族乡政府共同纂成。

国图、浙图、衢州图、中社科图、华师大图

（龙游）《湖镇镇志》

《湖镇镇志》编纂委员会编。主编吴土根。方志出版社 2015 年 7 月出版。印数 2000 册，大 16 开，550 页，912 千字，精装 1 册，定价 198 元。

卷首有纂修人员名录，图 1 幅，彩照 15 页 38 幅，序 1 篇，凡例 10 则。该志首列概述、大事记。采用类目体，基本结构以门、类、目、条四个层次（四级标题）构成。正文设 22 卷（区域、自然环境、湖镇集镇、水利、交通电力邮电、农业、工业、商业、农村发展记事、党政组织、政务、相关部门、文化、教育卫生体育、文物古迹、人口氏族宗教、居民生活、风俗、人物、诗文选辑、公文选辑、杂录）、70 类。志末设索引、后记、跋。上溯事物发端，下限 2013 年，个别内容略有延伸。

国图、浙图、龙游档、北大图、南大图

（江山）《大桥镇志》

《大桥镇志》编纂委员会编。主编朱云亨，特约主编祝龙光。2015 年 8 月出版。印数 1100 册，16 开，444 页，624 千字，精装 1 册。

卷首有图 1 幅，彩照 27 页，序 1 篇，凡例 6 则。该志首列概述、大事记。正文设 26 章（建置、自然环境、镇区建设、居民与生活、农业、农业机械与农业科技、林业、水利、工业、商业、交通邮电、财税金融、民政、中国共产党、政权、军事、社会治安、社会团体、教育、文化、卫生体育、姓氏方言、风俗、人物、文选、民间故事）、124 节。志末设后记。上限以事物发端或收集的资料而定，下限至 2010 年，个别事件延伸到 2013 年。

浙图、浙志办、江山图、江山档、华师大图

（常山）《同弓乡志》（初稿）

《同弓乡志》编纂委员会编，主编章青松。2016 年 5 月完成初稿。

卷首有照片插页 25 页，图 2 幅，序言，凡例。该志首列概述、大事记。正文设 6 编（区域、经济、政治、教育卫生、社会、人物）、27 章、93 节。卷末有附录、后记上限不拘，下限 2016 年 12 月。

同弓乡政府

（常山）《招贤镇志》（初稿）

《招贤镇志》编纂委员会编。总编蒋绍青，执行主编何桃树。2016 年 6 月简装油印，16 开，277 页，200 余千字。

卷首有图 1 幅，凡例 8 则。该志首列概述、大事记。正文设 12 编（建置、自然环境、镇区建设、居民、经济、政治、公安司法军事、民政人事、交通邮电能源、教育卫生、文化、人物），编下设章，章下设节。志末设丛录、纂修从员名录。上限不等，下限为 2002 年底。

常山档

（常山）《辉埠镇志》（初稿）

《辉埠镇志》辉埠镇地方志编纂委员会编。主编张根土，其余未详。2016 年 6 月简装油印，16 开，252 页，近 300 千字。

卷首有序 1 篇，凡例 7 则。该志首列概述、大事记。正文设 10 篇（镇区、环境资源、居民、工业、农业、商贸财税金融、交通邮电、党政军团、教育文化卫生、人物），下设章节。志末设附录、编后记。

上溯事物发端，下限至 2005 年底。

常山档

《2015 开化乡村图志》

开化县政协文史资料委员会编。主编范华。中国出版集团、现代出版社 2016 年 12 月出版，703 页，精装 2 册（上、下），定价 118 元。

卷首有题词 2 幅，图 1 幅，序 1 篇。正文设 15 章（华埠镇、芹阳办事处、桐村镇、杨林镇、音坑乡、中村乡、林山乡、池淮镇、苏庄镇、长虹乡、马金镇、村头镇、齐溪镇、何田乡、章大溪边乡）。卷末设跋。

以图为主，以经为附，全书乡镇成章，行政村分节，自然村见图。每个自然村一张村貌图片，每个乡镇一组特色风貌图片。乡镇和行政村附简要文字介绍。内容以 2015 年为界限，全书共计 1305 幅图片。

国图、浙图、衢州图、开化档、浙江树人大学图

（开化）《马金镇志》

马金镇志编纂委员会编。主编张义宏。西泠印社出版社 2018 年 10 月出版，印数 1500 册，16 开，810 页，800 千字，精装护封本 1 册，定价 560 元。

卷首有题签 1 幅，图 1 幅，纂修人员名录，照片插页 28 页，序 2 篇，凡例 17 则。有英文目录。该志首列概述、大事记。正文设 12 篇（政区居民、生态环境、镇区、行政村、基础设施、经济、特色产业、政治、军警政法、文化、人物、丛录）、56 章、216 节。卷末有索引、纂志参考资料、提供资料人员名录及后记。上溯事物发端，下限至 2015 年，人事任免、人物传和图片等内容下延至志书定稿时。

浙图、华师大图

舟山市

《六横志》

《六横志》编纂委员会编。主编蒋文波。上海书店出版社 1996 年 7 月出版，印数 2000 册，32 开，523 页，430 千字，精装 1 册，定价 35 元。

卷首有图 2 幅，照片插页 8 页，序 2 篇，凡例 10 则。该志首列总述。正文设 20 卷（建置沿革、自然环境、岛礁港湾水道、双屿港台门港、人口、基础设施、水利围垦、农业、渔业、工业、商业、财税金融、政党社团、行政司法、军事、教育科技、文化、卫生体育、民情民俗、人物）。卷末有大事记、编后记、纂修人员名录。记述范围以 1991 年六横行政区域为准，即今六横、佛渡、元山、对面山、凉潭 5 住人岛及所属无人岛礁、海域。上限不限，下限至六横撤区前的 1991 年，部分内容延至 1993 年，个别内容延伸至成稿时。

国图、浙图、舟山图、中社科图、德国柏林国图

（定海）《白泉镇志》

《白泉镇志》编纂委员会编。主编方长生。中国书籍出版社 1996 年 7 月出版，印数 3000 册，32 开，517 页，445 千字，精装 1 册，定价 45 元。

卷首有书名题签 1 幅，照片插页 14 页，图 2 幅，序 3 篇，凡例 8 则。该志首列概述、大事记。正文设 14 篇（建置、自然环境、人口姓氏、农业、工业、集镇建设、商业、财税金融、党政群团、军事民政、科教体卫、文化新闻、社会生活、人物）、57 章、190 节。后有丛录。卷末有跋、纂修人员名录。上限不限，下限至 1994 年底。

国图、浙图、舟山图、中社科图、华师大图

（普陀）《沈家门镇志》

《沈家门镇志》编纂领导小组编。主编谢永根。浙江人民出版社1996年8月出版，印数2000册，32开，572页，486千字，精装护封本1册，定价56元。

卷首有图2幅，照片插页31页，序1篇，凡例5则。该志首列概述、大事记。正文设19篇（建置、自然环境、沈家门渔港、人口、城镇建设、水产业、工业、商业、农业、交通邮电、财税金融工商管理、党政群团、民政劳动、军事治安、教育、卫生体育、文化艺术、生活民俗、人物）。后有附录、表格索引（197个表格）。卷末有编后记、纂修人员名录。上限北宋宣和五年（1123），下限至1992年，少数事物延伸至1993年。

国图、浙图、舟山图、普陀区图、中社科图

（普陀）《展茅镇志》

《展茅镇志》编纂委员会编。主编蒋文波、秦永禄。中国书籍出版社1997年6月出版，印数2000册，32开，462页，400千字，精装1册，定价50元。

卷首有题词1幅（柴松岳），图1幅，照片插页15页，序2篇，凡例8则。该志首列总述。正文设5编（政区、居民、经济、政治、科教文化）、29章。卷末有大事记、编后记、纂修人员名录与提供资料者名单。上限不限，下限至1994年，大事记及个别特殊事物延至1995年。

国图、浙图、舟山图、普陀区图、中社科图

（定海）《金塘志》

《金塘志》编纂委员会编。主编包江雁，执行主编方长生。中华书局 1999 年 9 月出版，印数 3000 册，16 开，676 页，980 千字，精装护封本 1 册，定价 100 元。

　　卷首有书名题签 1 幅，照片插页 15 页，图 1 幅，序 1 篇，凡例 12 则。该志首列概述、大事记。正文设 18 编（建置、自然环境、人口姓氏、农业、水利农机、渔业、工业、交通邮电、财税金融、商业与经济管理、党政群团、民政侨务、军警司法、教育科技、文化广电、卫生体育、人物、社会生活）、67 章、226 节。后有丛录。卷末有《金塘志》引用书刊一览、编辑人员名单、跋、索引。上限不限，追溯有文字记载之历史，下限至 1997 年，部分章节资料记至 1996 年。

　　国图、浙图、舟山图、中社科图、华师大图

（定海）《马岙镇志》

　　《马岙镇志》编纂委员会编。编辑唐云跃、高国文。中国文史出版社 2010 年 12 月出版，印数 1000 册，16 开，317 页，530 千字，精装 1 册，定价 180 元。

　　卷首有曲词谱 2 篇，照片插页 26 页、图 1 幅，序 3 篇，凡例 8 则。该志首列概述、大事记。正文设 14 篇（建置、自然环境、人口姓氏、农渔业、工业、集镇建设、商业、财税金融、党政群团、军事民政、科教体卫、文化、生活、人物）、57 章、194 节。后有丛录，卷末有跋、编修人员名录。上限不限，下限至 2007 年底。

　　国图、浙图、舟山图、中社科图、华师大图

（岱山）《衢山镇志》

　　《衢山镇志》编纂委员会编。主编李伟芳（曾任主编姜立端）。浙江人民出版社 2013 年 6 月出版，16 开，619 页，900 千字，精装 1 册，定价 128 元。

卷首有照片插页 24 页，图 2 幅，纂修人员名录，序 3 篇，凡例 8
则。该志首列综述、大事记。正文设 18 编（建制、环境与自然资源、
人口、渔业、工业、农林水利、盐业、商贸旅游、经济管理、财税金
融、基础建设、党政社团、军警司法、教育科技、文化传媒、卫生体
育、人民生活、人物先进集体）、61 章。后有丛录。卷末有编后记。
上溯事物发端，下限至 2003 年 12 月。

国图、浙图、舟山图、岱山图、中社科图

（定海）《北蝉乡志》

《北蝉乡志》编撰委员会编。2015 年 3 月内部出版。印数 1000
册，16 开，583 页，610 千字。

卷首有图 2 幅，照片插页 36 页，序 3 篇，凡例 11 则。该志首列
概述、大事记。正文设 16 篇（建置、自然环境、人口姓氏、农业、渔
业、工业、集镇建设、商业、财税金融、党政群团、革命老区、军事
民政、科教体卫、文化新闻、社会生活、人物）、69 章、217 节。后设
专篇（2011~2013 年要事纪略）、丛录。卷末有跋、纂修人员名录。
上限不拘溯源，下限至 2010 年底。

舟山图

（普陀）《六横镇志》（1992~2013）

《六横镇志》编纂委员会编。主编唐更华。中国文史出版社 2018
年 8 月出版，印数 2000 册，16 开，967 页，1300 千字，精装 1 册，定
价 198 元。

卷首有纂修人员名录（含资料提供人员），照片插页 36 页（含图
3 幅）、141 帧，序 1 篇，凡例 10 则。该志首列综述、大事记。正文设
35 章（政区、自然环境、人口与计划生育、基础设施、城乡建设、开

发、农业、渔业、盐业、工业、商业贸易、旅游、财政税务、金融保险、经济管理、国土资源管理、中国共产党、人民代表大会、人民政府、人民团体、公安、司法、审判检察、军事、社会保障、人民生活、科学技术、教育、文化、卫生、体育、文史档案、民俗方言、人物、艺文）、180 节。部分章节下设附录 28 篇。后设丛录。卷末有编后记。随文插图照 255 帧，表格 309 份。上限 1992 年，与《六横志》相衔接，下限至 2013 年 12 月。对《六横志》时期缺漏者或记述不详的重要事物予以补记，特殊事物上溯至发端。有英文目录。

六横于 2001 年改建制。

国图、浙图、舟山图、华师大图

台州市

（玉环县）《城关镇志》

《城关镇志》编纂办公室编。主编陈书钊。1989 年 12 月内部发行，印数 600 册，16 开，326 页，540 千字。

卷首有题词 1 幅，序 1 篇，凡例 9 则。该志首列概述、大事记，有图 4 幅，插页 24 页 47 张照片。正文设 6 篇（地理、政治、经济、文化、人物、社会）、36 章、121 节。卷末有编后记、纂修人员名录（城关镇志编纂领导小组及工作人员名单）。上限大体承清雍正十年（1732）版《玉环志》（大事记起于明洪武二十年即 1387 年），下限至 1986 年，少数事例延伸至 1988 年。

玉环图、玉环志办（复印本）

（温岭）《新河镇志参考稿》

梁绍文著。1989 年试印 150 本，1991 年 3 月修订，油印本，16 开，53 页，约 30 千字。

卷首有手绘图1幅，自序。正文设9个部分（地理环境，自然条件，历史沿革，经济状况，文化教育，名胜古迹，新河镇地风味小吃，三代名医韩士良、韩渐逵、韩有光，新河的古代传说三则）。卷末有后记。上溯事物发端，下限至1988年。

梁绍文1933年复旦大学社会学系毕业后，先后任职于宁波第一高小、浙区战时食盐收运处、浙江省教育厅编审委员兼资料室主任、温岭民政科科长，抗战胜利后回复旦任教职，副教授。1958年起任上海印侨牧场会计12年。1980年、1987年先后当选温岭县第五届政协委员、第九届人大代表，曾参编县志。梁绍文八十寿诞时整理文稿成《吾生文存》一册，朱伯康、杜绍文为之序。此志系其中的一部分（第133~185页）。另收录作者《都市社会学》《宗教浅谈》《中国社会学发展史略》《饮芝室诗词集序》等诗文及《自传》《年谱》，共221页，平装1册。

温岭图

《玉环楚门镇志》

《玉环楚门镇志》编纂领导小组编。主编陈遂雄。浙江人民出版社1990年9月出版，印数2000册，32开，270千字，精装1册，定价20元。

卷首有照片插页12页，图2幅，序1篇，凡例8则。该志首列概述、大事记。正文设6编（地理、经济、政治、文化、生活、人物）、33章、78节。卷末有编后记、纂修人员名录。上溯事物发端，下限1989年。

国图、浙图、玉环图、中社科图、美国斯坦福大学图

《玉环坎门镇志》

《玉环坎门镇志》编纂办公室编。主编支超明。浙江人民出版社

1991 年 4 月出版，印数 2000 册，32 开，320 千字，精装 1 册，定价 18 元。

卷首有题词 1 幅，照片插页 14 页，图 2 幅，序 4 篇（含"乡恋——代序" 1 篇），凡例 6 则。该志首列概述、大事记。正文设 7 编〔镇区、渔业、工商业、政治、文化、渔（居）民、人物〕、34 章、93 节，突出坎门地方特点，专设渔业编和渔（居）民编。卷末有后记、纂修人员名录。上溯事物发端，下限 1988 年，特殊重大事件延至志书定稿时。

国图、浙图、台州图、玉环图、中社科图

（温岭）《坞根乡志》

主编童士元。1999 年 12 月印刷。

卷首有序 1 篇，凡例 7 则，正文设 16 章（概述、沿革、政治、氏姓与村落、乡境烽火、农业与山林、围垦海涂、水利与交通、物产、水产、工商业与医药卫生、教育、文化、人物、宗教、乡风民俗）。卷末有编后记。上限自五代后晋开运二年（945）赵氏定居始，下限至 1998 年。

（温岭）《泽国镇志》

《泽国镇志》编纂领导小组编。主编阮法根。中华书局 1999 年 12 月出版，印数 3500 册，16 开，563 页，600 千字，精装 1 册，定价 106 元。

卷首有照片插页 20 页，图 2 幅，序 2 篇，凡例 7 则。该志首列概述、大事记。正文设 6 编（政区、经济、政治、科教文卫、社会、人物）、27 章、106 节。卷末有附录、编后记、纂修人员名录。上限溯源，下限至 1998 年。

国图、浙图、台州图、温岭图、中社科图

（温岭）《大溪镇志》

《大溪镇志》编纂委员会编，主编陈士良。中国文史出版社 2007 年 12 月出版，876 页，1000 千字，精装 1 册，定价 150 元。

卷首有照片插页 36 页，图 2 幅，纂修人员名录，序 2 篇，凡例 7 则。该志首列概述、大事记。正文设 17 编（政区、自然环境、人口、村镇建设、工业、农业、商贸、金融保险财税、交通邮电、党政社团、政法军事民政、教育卫生体育、文化、景区、社会、人物、丛录）、79 章、277 节。上溯事物发端，下限 2003 年，大事记和个别事延伸到 2006 年，记述地域范围以 2003 年末大溪镇行政区域为主。

浙江省名镇志集成。

国图、浙图、台州图、温岭图、中社科图

（临海）《杜桥志》

《杜桥志》编纂委员会编。主编郑达根，执行主编彭连生。浙江人民出版社 2009 年 12 月出版，16 开，800 页，1128 千字，精装护封本 1 册，定价 180 元。

卷首有照片插页 25 页，图 7 幅，序 1 篇，凡例 10 则。该志首列概述、大事记。正文设 19 编（地理、人口土地、政权政协党群、军事公安司法、建设、农业、林业畜牧、渔盐业、水利、工业、交通邮电、商贸、财税金融、文化、教育科技、卫生体育、社会、人物、丛录）56 章、256 节，章前小序。卷末有历史留影、修志始末、索引、参考书目、后记、纂修人员名录。历史留影收录各类老照片 194 帧。上限溯源，下限至 2006 年，概述、大事记延至付梓时。

国图、浙图、台州图、临海图、中社科图

（温岭）《泽国镇志》

《泽国镇志》编纂委员会编。主编阮法根。中华书局 2012 年 10 月出版，印数 5000 册，16 开，1027 页，1380 余千字，精装护封本 1 册，定价 268 元。

该志以 1999 年版《泽国镇志》为基础，采用续、补、纠方法重修，并补充原牧屿、联树两镇资料，记述人物采用传略、简介和名录等形式。卷首有题词 1 幅，图 4 幅，照片插页 26 页，序 2 篇，凡例 11 则。该志首列概述、大事记。正文设 6 编（政区、经济、政治、文化、社会、人物）、29 章、145 节。后有丛录。卷末有后记。上溯事物发端，下限 2009 年。

国图、浙图、台州图、温岭图、北大图

（玉环）《芦浦镇志》

《芦浦镇志》编纂委员会编。主编娄昌福、潘明贤。中国文史出版社 2013 年 5 月出版，印数 1000 册，16 开，351 页，260 千字，精装 1 册，定价 88 元。

卷首有照片插页 14 页（含图 2 幅），纂修人员名录，序 2 篇，凡例 7 则。该志首列概述、大事记。正文设 16 编（政区、自然环境、人口、村镇建设、交通邮电、农业、工业、商贸、财税金融、党政社团、军事政法民政、教育卫生体育、文化、社会、人物、丛录）、59 章、161 节。卷末有后记。上限不限，下限至 2008 年底，部分内容延至出版前。

国图、台州图、玉环图

（温岭）《新河镇志》

《新河镇志》编纂委员会编。主编林崇增。中华书局 2016 年 9 月出版，印数 3000 册，16 开，1219 页，1540 千字，精装 1 册，定价 380 元。

卷首有纂修人员名录，图 4 幅，照片插页 31 页，序 2 篇，凡例 8 则。该志首列概述、大事记。正文设 21 卷（建置区划、自然环保、人口土地、政权政治、党派社团、军事司法、村镇建设、基础设施、农业、工业、商贸服务、工商财经、教育科技、医疗卫生体育、文化、民生民政、风景旅游、社会、人物、艺文、丛录）、93 章、314 节。卷末有编后记。上溯事物发端，下限至 2010 年底。

前有清代贡生沈文露撰《新河志》2 卷（已佚）、1991 年西门梁绍文撰《新河镇志参考稿》（与其诗文合集自费油印，志稿所涉地域范围与今新河镇不同）。

国图、浙图、华师大图

（温岭）《泽国镇志》

泽国镇志编纂委员会编。主编阮法根。方志出版社 2017 年 3 月出版，16 开，340 页，412 千字，平装 1 册，定价 137 元。

卷首有序 2 篇，纂修人员名录，题词 1 幅，中国名镇志丛书凡例 16 则，图 3 幅，照片插页 3 页。该志首列概述。正文设 10 个部分（基本镇情、生态水乡、工业强镇、商贸重镇、文教卫体、名镇古迹、风土风情、文学艺术、古镇名人、大事纪略）。卷末有附录、主要参考文献、编纂始末。上溯事物发端，下限至 2014 年。

中国名镇志文化工程。

国图、浙图、台州图、温岭图、华师大图

（温岭）《箬横镇志》

《箬横镇志》编纂委员会编。主编林迪新。中华书局 2017 年 3 月出版，印数 3000 册，16 开，1189 页，1250 千字，定价 200 元。

卷首有纂修人员名录，照片插页 28 页（含图 3 幅），序 2 篇，凡例 9 则。该志首列概述、大事记。正文设 19 编（地理、人口土地、政权党群民政、军事公安司法、建设、农业粮食、林业饲养业、渔业盐业、水利电力、工业、交通邮电、商贸、财税金融保险、文化、教育科技、卫生体育、社会、人物、丛录）、55 章、260 节。卷末有参考书目、后记。上溯唐大中二年（848），下限至 2013 年。

浙图、台州图、温岭图

丽水市

（龙泉）《锦溪乡志》

林福生纂。1957 年 7 月成稿，横排竖写，69 页，1 万余字。

志首有新编锦溪乡乡志起略，即林福生自序。正文分设本府县乡历朝沿革、村落形状、古岁时礼制、河流水利、社殿寺庙、人物志 6 个部分。

此志实系民国修志之余绪。1944 年，龙泉县长徐渊若奉浙江省修志馆令，开展龙泉县修志事宜，委令贡生吴梓培为正馆长，廪生项应铨为副馆长，派林福生为西乡一带采访员。在他"行出而采访，仅得数条，尚未成文"之时，纂修馆又复停办，修志之事就此搁置。十余年后，林福生"虑及先哲遗言、功迹恐后失坠无稽"，于是"检出旧日采访名胜，又查纲鉴及县府旧志所载，未充足者补之，所缺者加之"，终成此稿。林福生在采访时是对应着县志体例，"摘要遵依省府颁定各县修志事例概要"，"以广多采，不厌求详"。后编乡志时，"对凡在本乡之名胜及历代沿革以来照依县志科目所举，便如古时风俗、科学、祠庙等等所见所闻，汇集锦溪纲纪一册"。对乡情考查颇为细致，搜罗颇广，资料来源颇丰，于府志、县志、山水志、家谱、童话、传说都有采用。文句流畅，叙事简洁，收录诗文等亦自有尺度。

龙泉志办留存手写复印本

《龙泉县城北区志》

中共城北区委城北区公所合印。毛良编写。1990 年 2 月印刷，印数 2500 册，16 开，242 页，396 千字，精装 1 册，定价 198 元。

此志系城北三乡之志。卷首序 3 篇。修志始于 1978 年。

浙档、龙泉区志办

（青田）《方山乡志》

《方山乡志》编纂委员会编。主编陈正波。方志出版社 2004 年 6 月出版，印数 2500 册，16 开，242 页，396 千字，精装 1 册，定价 198 元。

卷首有题词 2 幅，凡例 6 则，序 2 篇。该志首列大事记。正文设 10 篇（政区、党政、农业、工商金融、建设、华侨、教育、文化、社会、人物）、44 章、91 节。卷末有附录、纂修人员名录、后记。上限溯源，下限至 2002 年。全彩印刷，随文图数量多。

国图、浙图、丽水图、中社科图、复旦图

（龙泉）《八都地方志》

《八都地方志》编写委员会，八都镇一、二、三、四、新村、章府会村联合汇编。主编黄克志。2005 年 12 月印刷，16 开，131 页，约 40 千字，简装 1 册。

卷首有纂修人员名录，照片插页 10 页，题词 6 幅，序 2 篇，开篇语 1 篇，并有编写中的几点说明以及阅志有感 1 篇。正文设 18 篇（大事记、集镇概述、行政沿革、集镇通道、集镇各村、机关团体厂矿、集镇人物、集镇文教、集镇商业、集镇工业、集镇林业、集镇卫生、集镇军事、公安司法消防、集镇古迹、民俗方言、民间故事、集镇灾害）。卷末有编后语。上限不限，下限至 2004 年 12 月。

龙泉区志办

《遂昌县乡镇要略》

遂昌县史志办公室编。主编戴崇山。中国文史出版社 2006 年 12 月出版，印数 1000 册，272 页，310 千字，16 开精装护封本 1 册，定价 80 元。

卷首有纂修人员名录，图 2 幅，照片插页 8 页，序 1 篇，凡例 8 则。该志首列概述。正文为 20 个乡镇各 1 篇，由概况、建置沿革、经济发展状况、社会发展状况、各胜与文化民情、一方闻人、乡镇主要领导、大事记、政区图等部分组成，各篇不强求统一，依情增减。卷末有后记。上限不限，下限至 2004 年，部分延至 2005 年。

《浙江经济文化丛书》之一。

浙图、浙志办

《丽水市乡镇街道通览》

中共丽水市委党史研究室、丽水市地方志办公室编。主编诸葛蓉。2009 年 12 月印刷，印数 1000 册，16 开，716 页，1300 千字，平装 1 册，内部资料。

卷首有纂修人员名录，编辑说明 10 则，序 1 篇。该志首列概述、大事记。以县（市、区）为单位设篇。在简略介绍总体情况后，分别记述所属乡镇（街道）。每个乡镇（街道）独立成章，下设概况、建置沿革、经济状况、社会状况、文化民情、人物、党政主要领导、荣誉录和大事记等。部分栏目下设条目，视情而定，不求统一。卷末有后记。上限不限，下限至 2006 年，少数下延至 2007 年。

浙志办

（青田）《鹤城镇志》

《鹤城镇志》编纂委员会编。主编詹汝健、章东星。浙江人民出版社 2009 年 12 月出版，16 开，901 页，1238 千字，精装护封本 1 册，定价 268 元。

卷首有纂修人员名录、彩照 104 幅，序 2 篇，凡例 9 则。该志首列概述、大事记。正文设 17 编（政区、机构、农业、工业、石雕、交通邮电、商业、服务、侨台、教育、文化、卫生、建设、军事、社会、人物、丛录）、66 章，随文图 278 幅。卷末有后记。上溯发端，下限至 2006 年。

国图、丽水图

（缙云）《五云镇志》

《缙云县五云镇志》编纂委员会编。执行主编陈国生，主编刘洁阳、潘佳勇。2012 年 12 月印刷，16 开，911 页，1500 余千字，精装护封本 1 册。

卷首有图 2 幅，照片插页 6 页，纂修人员名录，序 2 篇，赘言 1 篇，凡例 12 则。该志首列概述、史事简记。正文设 17 编（政区、古代县衙长官、自然环境、党政领导、镇政府、教育、农业、交通、工商业、城镇、人口、文化、军事、党派社团、宗教信仰、人物、方言）、110 章。后有附录 7 篇，卷末有主要资料来源、资料主要提供人员、后记。上限依资料而定，下限至 2011 年底。

缙云图

（青田）《阜山乡志》

《阜山乡志》编纂委员会编。主编严奏平。西泠印社出版社 2013年 1 月出版，印数 2000 册，16 开，555 页，776 千字，平装本 1 册，定价 218 元。

卷首有纂修人员名录，照片插页 12 页，序 2 篇，凡例 8 则。该志首列概述、大事记。正文设 10 编（自然环境、乡村经济、乡土文化、乡村教育、侨台、宗教信仰、名胜古迹、人物、政区政权、乡村建设）、37 章、108 节。卷末有附录 5 篇、后记。上限始于事件发端，下限至 2012 年 6 月底，重大事件略延后。

国图、浙图、中社科图、华师大图、南大图等

（青田）《章旦乡志》

《章旦乡志》编纂委员会编。主编孙贯江。浙江人民出版社 2013 年 8月出版，394 页，410 千字，16 开精装 1 册，全彩印刷，定价 120 元。

卷首纂修人员名录，序 3 篇，凡例 6 则。该志首列概述、大事记。正文设 11 篇（乡域、机构、农业林业水利、交通邮电工商业、教育、文化、华侨人口卫生、胜景古迹遗址、风俗宗教、人物、杂录）、31章、81 节。卷末有编后语。上限以事物发端而定，下限至 2008 年。章旦乡有自然村 81 个，列入该志的有 28 个。

国图、浙图、华师大图等

（缙云）《新碧街道志》

浙江省丽水市缙云县《新碧街道志》编纂委员会编。主编王达钦。方志出版社 2017 年 10 月出版，印数 1050 册，16 开，598 页，1384 千字，精装护封本 1 册，定价 180 元。

卷首纂修人员名录，图 5 幅，照片插页 1 页，序 1 篇，凡例 8 则。

该志首列概述、大事记。正文设 16 编（地理、区划村落、宗族家庭、社会习俗、农业、工业、商业金融赋税、交通邮电、教育、文化、卫生体育、管理机构、中共地方组织社会团体、人物传略、诗赋文编丛录、灾民战事案例）、48 章、200 节。卷末有后记。上限溯及史料可稽之时，下限至 2011 年，部分延至 2013 年。

浙图、缙云图、华师大图、南大图等

主要参考文献

著作

［1］上海书店编纂委员会：《中国地方志集成·乡镇志专辑》，上海书店出版社，1992。

［2］上海书店出版社编纂委员会：《中国地方志集成·浙江府县志辑》，上海书店出版社，1993。

［3］朱瑞熙等：《江南名镇志丛书》，上海古籍出版社，2003。

［4］国家图书馆地方志家谱文献中心：《孤本方志选编》，线装书局，2004。

［5］王清毅、岑华潮：《慈溪文献集成》，杭州出版社，2004。

［6］台湾成文出版社编纂委员会：《中国方志丛书》，台湾成文出版社，1985。

［7］塘栖镇人民政府：《文化塘栖丛书》，浙江摄影出版社，2006。

［8］江庆柏：《清代地方人物传记丛刊》，广陵书社，2007。

[9] 李永明:《北京师范大学图书馆藏稀见方志丛刊》,北京图书馆出版社,2008。

[10] 李永明:《北京师范大学图书馆藏稀见方志丛刊续编》,学苑出版社,2009。

[11] 复旦大学图书馆:《复旦大学图书馆藏稀见方志丛刊》,国家图书馆出版社,2010。

[12] 倪俊明:《广东省立中山图书馆藏稀见方志丛刊》,国家图书馆出版社,2010。

[13] 朱金坤:《余杭历史文化研究丛书·历史文献》,西泠印社,2010。

[14] 国家图书馆古籍馆:《中国古代地方传记人物汇编》,国家图书馆出版社,2010。

[15] 中国人民大学图书馆:《中国人民大学图书馆藏稀见方志丛刊》,国家图书馆出版社,2011。

[16] 浙江图书馆:《浙江图书馆藏稀见方志丛刊》,国家图书馆出版社,2011。

[17] 辽宁省图书馆:《辽宁省图书馆藏稀见方志丛刊》,国家图书馆出版社,2012。

[18] 南京图书馆:《南京图书馆藏稀见方志丛刊》,国家图书馆出版社,2012。

[19] 余杭区地方志编纂委员会办公室:《余杭古籍再造丛书》,浙江古籍出版社,2012。

[20] 彭卫国:《上海辞书出版社图书馆藏稀见方志续编》,上海辞书出版社,2013。

[21] 吉林大学图书馆:《吉林大学图书馆藏稀见方志丛刊》,国

家图书馆出版社，2013。

[22] 瞿宣颖：《方志考稿甲集》，天春书社，1930。

[23] 浙江省嘉兴市图书馆：《浙江省方志目录》，浙江省嘉兴市图书馆，1956。

[24] 张国淦：《中国古方志考》，中华书局，1962。

[25] 上海图书馆：《上海图书馆地方志目录》，上海图书馆，1979。

[26] 洪焕椿：《浙江方志考》，浙江人民出版社，1984。

[27] 中国科学院北京天文台：《中国地方志联合目录》，中华书局，1985。

[28] 陈光贻：《稀见地方志提要》，齐鲁书社，1987。

[29] 金恩辉、胡述兆：《中国地方志总目提要》，台湾汉美图书有限公司，1996。

[30] 中国社会科学院历史研究所图书馆：《中国社会科学院历史研究所藏线装地方志书目》，中国社会科学院历史研究所图书馆，1997。

[31] 林平、张纪亮：《明代方志考》，四川大学出版社，2001。

[32] 龚烈沸：《宁波古今方志录要》，宁波出版社，2001。

[33] 来新夏：《清人笔记随录》，中华书局，2008。

[34] 顾宏义：《宋朝方志考》上海古籍出版社，2010。

[35] 沈慧：《湖州方志提要》，中国文史出版社，2013。

[36] 台州市地方志编纂委员会办公室：《台州地方志提要》，中国文史出版社，2015。

[37] 巴兆祥：《方志学新论》，学林出版社，2004。

[38] 仓修良、叶建华：《章学诚评传》，南京大学出版社，1996。

[39] 仓修良：《仓修良探方志》，华东师范大学出版社，2005。

[40] 仓修良:《方志学通论》(增订本),华东师范大学出版社,2013。

[41] 仓修良:《史家·史籍·史学》,山东教育出版社,2000。

[42] 仓修良:《中国古代史学史》,人民出版社,2009。

[43] 陈光贻:《中国方志学史》,福建人民出版社,1998。

[44] 陈桥驿:《陈桥驿方志论集》,杭州大学出版社,1997。

[45] 樊树志:《江南市镇:传统的变革》,复旦大学出版社,2005。

[46] 樊树志:《明清江南市镇探微》,复旦大学出版社,1990。

[47] 傅逅勒:《嘉兴历代人物考略》,香港天马出版有限公司,2005。

[48] 傅振伦:《傅振伦方志论著选》,浙江人民出版社,1992。

[49] 洪焕椿:《浙江文献丛考》,浙江人民出版社,1983。

[50] 黄苇等:《方志学》,复旦大学出版社,1993。

[51] 黄锡云:《绍兴方志史略》,中华书局,2008。

[52] 刘俊文、栾成显:《日本学者研究中国史论著选译第六卷·明清》,中华书局,1993。

[53] 刘纬毅、诸葛计:《中国方志史》,三晋出版社,2010。

[54] 倪禹功:《嘉秀近代画人搜铨》(手写影印本),上海书店出版社,1998。

[55] 宋晞:《方志学研究论丛》,台湾商务印书馆股份有限公司,1999。

[56] 台湾东关大学历史学系:《方志学与社区乡土史学术研讨会论文集》,台湾学生书局,1998。

[57] 魏桥等:《浙江方志源流》,浙江人民出版社,1988。

［58］杨立诚、金步瀛：《中国藏书家考略》，上海古籍出版社，1987。

［59］段本洛：《苏南近代社会经济史》，中国商业出版社，1997。

［60］戴鞍钢：《中国地方志精读》，复旦大学出版社，2008。

［61］周耀明：《汉族风俗史第 4 卷明代·清代前期汉族风俗》，学林出版社，2004。

［62］陈华文、郑土有、宣炳善：《浙江民俗史》，杭州出版社，2008。

［63］钱茂伟：《浙东学术史话》，宁波出版社，1999。

［64］冯尔康：《清代人物传记史料研究》，天津教育出版社，2005。

［65］江苏古籍出版社编纂委员会：《中国地方志集成·江苏府县志辑》，江苏古籍出版社，1991。

［66］上海市地方志办公室等：《上海研究论丛》第 20 辑，上海书店出版社，2013。

［67］黄永年：《黄永年古籍序跋述论辑录》，中华书局，2007。

［68］衢州市地方志办公室：《衢州方志提要》，方志出版社，2017。

［68］浙江图书馆：《浙江省公共图书馆入藏新编地方史志联合目录：1949－1993》，浙江图书馆，1994。

［69］浙江省名镇志编纂委员会：《浙江省名镇志》，上海书店，1991。

［70］浙江省名镇志编纂委员会：《浙江省名村志》，浙江人民出版社，1994。

期刊论文

［1］鲍永军：《〈乾隆乌青镇志〉述评》，《浙江方志》1996 年第

3 期。

　[2] 蔡一平：《英年早殒的方志纂辑家——孙志熊和他的〈菱湖镇志〉》，《湖州师范学院学报》1987 年第 1 期。

　[3] 曹培根：《〈常熟乡镇旧志集成〉及其史料价值》，《江苏地方志》2008 年第 1 期。

　[4] 曹振武：《乡镇村志刍议》，《史志研究》2003 年第 4 期。

　[5] 陈国生、李廷勇：《中国旧方志序跋的文献价值》，《史志研究》1999 年第 1 期。

　[6] 陈凯：《旧方志文献分类刍议》，《广西地方志》2010 年第 4 期。

　[7] 陈凯：《清代乡镇志书研究二题：以〈上海乡镇旧志丛书〉为例》，《史林》2011 年第 1 期。

　[8] 陈凯：《清代乡镇志研究综述》，《宁夏史志》2013 年第 5 期。

　[9] 陈凯：《清代乡镇志书的发展分期》，《浙江方志》2015 年第 1 期。

　[10] 陈凯：《清代乡镇志书的命名、篇目与体裁》，《浙江方志》2016 年第 4 期。

　[11] 陈桥驿：《〈新市镇志〉考录——兼介流落海外的光绪钞本〈新市镇再续志〉》，《浙江方志》1990 年第 6 期。

　[12] 褚赣生：《明清乡镇志发展的历史地理考察》，《历史地理》1990 年第 8 辑。

　[13] 褚赣生：《明清乡镇志发展原因初探》，《文献》1990 年第 2 期。

　[14] 樊树志：《明清长江三角洲的市镇网络》，《复旦学报》（社

会科学版）1987 年第 2 期。

[15] 樊树志：《明清江南市镇的实态分析：以苏州府嘉定县为中心》，《学术研究》1988 年第 1 期。

[16] 樊树志：《明清时代的濮院镇》，《江海学刊》（文史哲版）1985 年第 3 期。

[17] 来新夏：《旧地方志资料在经济建设中的作用》，《中国地方志》1994 年第 1 期。

[18] 李正中：《方志的文献价值及其著录》，《历史教学》1985 年第 11 期。

[19] 祁明：《乡镇村志编纂初探》，《沧桑》1994 年第 3 期。

[20] 沈渭滨：《晚清村镇志纂修的成熟及其人文历史价值——以江南名镇志〈紫堤村志〉为中心的分析》，《史林》2007 年第 2 期。

[21] 沈渭滨：《乡镇志是研究上海人文历史的重要文献——以〈蒲溪小志〉为例》，《学术月刊》2002 年第 5 期。

[22] 盛清沂：《吾国历代之乡镇志暨本省当前编纂乡镇志问题》，《台湾文献》1966 年第 2 期。

[23] 孙冰：《镇志的编纂和明清江南市镇变迁——以浙江湖州双林镇为例》，《中国地方志》2005 年第 4 期。

[24] 唐力行、申浩：《地方记忆与江南社会生活图景——评〈上海乡镇旧志丛书〉》，《社会科学》2006 年第 1 期。

[25] 田佳琦：《再论乡镇志》，《沧桑》2012 年第 6 期。

[26] 王刚、朱春阳：《以〈紫堤村志〉为例：透视清代江南社会风尚》，《甘肃农业》2005 年第 12 期。

[27] 王卫平：《日本的村志编纂》，《江苏地方志》2001 年第 3 期。

[28] 赵红娟：《〈晟舍镇志〉中所见凌濛初资料考辨、存疑》，《湖州师范学院学报》2000 年第 5 期。

[29] 朱仰高：《湖州乡镇志对丝绸市场的记述》，《浙江方志》2000 年第 2 期。

[30] 陈辽：《乡镇旧志集成后地方志功能的提升：读〈常熟乡镇旧志集成〉》，《中国地方志》2009 年第 11 期。

[31] 沈松平：《关于当代乡镇志编修的思考》，《广西地方志》2016 年第 5 期。

[32] 石磊：《浅析"漱水志四种"及其对当代乡镇志编纂的启示》，《广西地方志》2014 年第 3 期。

论文集

[1] 蒋武雄：《地方志在中国灾荒研究上的价值》，《方志学与社区乡土史学术研讨会论文集》，台湾学生书局，1998，第 167~184 页。

[2] 〔日〕森正夫：《江南三角洲的乡镇志——以明后半期为主》，《第七届明史国际学术讨论会论文集》，东北师范大学出版社，1999，第 340~369 页。

[3] 童银舫：《姚北宗谱考录》，《地方文献论文集——萧山·地方文献国际学术研讨会》，三晋出版社，2010，第 383~386 页。

[4] 吴滔：《在历史现场阅读江南乡镇志》，《走入历史的深处：中国东南地域文化国际学术研讨会论文集》，上海人民出版社，2011，第 154~215 页。

[5] 吴滔：《在田野中阅读江南乡镇志》，《中国人类学评论》，世界图书出版公司北京公司，2009，第 100~133 页。

[6] 曾一民：《论方志文献资料的学术价值》，《海峡两岸地方史

志比较研究文集》，天津社会科学院出版社，1998，第 130~144 页。

[7] 袁增培：《〈澉水新志〉的作者——方溶》，《海盐文史资料》，政协海盐县文史资料工作委员会，1992，第 22~28 页。

学位论文

[1] 褚赣生：《明清乡镇志研究》，复旦大学，1987。

[2] 潘高升：《明清以来江南地区乡镇志研究：以〈乌青镇志〉为中心》，厦门大学，2006。

[3] 陈凯：《清代乡镇志书研究》，复旦大学，2014。

[4] 邱新立：《中国近代转型时期的方志研究》，北京大学，2003。

后　记

　　本书是我主持的 2018 年度浙江省哲学社会科学规划一般课题"浙江乡镇志考录提要与整理研究"（18NDJC244YB）的最终成果。在申报课题伊始，我即邀约了湖州市地方志办公室沈慧研究员、上海大学图书情报档案系讲师陈凯博士共同参与，组建研究团队。沈老师在湖州地方文献与文化研究领域有着丰富的成果，先后出版了《湖州古代史稿》《湖州方志提要》等著作，对于地方史志文献的考证著录多有心得；陈凯博士近年来主攻乡镇志书研究，有一定的学术积累，而且以"明清乡镇志书考录与研究"为题获得了 2017 年度国家社科基金项目资助（17CTQ016），这些都是本课题得以顺利完成的学术基础和重要保障。在课题立项通过之后，我们三人经过协商，进行了研究分工：由我负责制订总体研究方案，构建本书写作的基本框架，同时主要负责绪论和民国、新修乡镇志书章节和相关专题研究内容的撰写与录要，以及宋明乡镇志书章节的补充和录要；沈老师主要负责湖州部分的研究；陈凯主要负责历代乡镇旧志的文献考录与专题研究，可以说这样的分工方案，是有利于我们展现各自研究专长的。与此同时，

　　为了起到教研相长的效果，经课题组讨论通过，吸收上海大学图书情报档案系硕士生刘宇琪加入研究团队，参与研究，由陈凯指导其研究清代浙江乡镇志书，完成相关章节撰写，并以此作为学位论文选题方向，已于2019年4月完成了《清代浙江乡镇志书编纂研究》的写作。在指导刘宇琪研读文本、梳理思路的过程中，陈凯博士不仅提供了自己多年搜集考证的清代乡镇志书基础数据、重要史料，以便在研究与写作中运用，而且全程悉心指导其论文的框架建构、研究方法以及立论阐释，并在此基础上进行了修改完善，其中贯穿了他在这个领域多年积累的学术心得和基本立场，这些工作对于本课题顺利完成，起到了重要的推动作用。本课题的研究工作以及这部著作的完成，实质上是我们分工协调、共同合作的结果，每一个步骤环节，都凝聚了我们的努力和用心付出，每个人的学术贡献都应该体现出来。然而在本课题研究即将结束、著作撰写完成之际，沈慧研究员与刘宇琪同学却主动提出不参与著作署名，在此只能对她们谦让的美意表示由衷的致敬和感谢，同时也将她们对于本课题研究的贡献，在此明白地展现出来，以示不掠美之意。

　　这部著作得以顺利完成，首先要感谢仓修良师对课题从框架到内容的点拨指导。恩师深厚的学养、严谨的治学态度和殚精竭虑的爱生之情，甚至于病榻之上为本书作序，令我们充满无限的敬意与感动。同时感谢复旦大学巴兆祥教授和中国地方志指导小组办公室张英聘研究员，为本书提出重要意见与中肯建议；以及浙江省方志办主任潘捷军研究员的大力支持，为课题调研提供可能，创造条件。

　　此外，浙江方志系统各级方志部门的前辈同仁提供了丰富的资料，帮助搜寻志书，并为调研提供了诸多便利；浙江图书馆系统地方文献部门和档案系统的收藏，为我们的研究提供了大量样本；不少乡镇志著者、收藏者及乡镇街道政府部门无偿地提供了志书交流。在此向他们致谢！

同时，也感谢两年中不论寒暑，在工作之余奔波于各地调研查阅和在静夜辛勤写作的我们，以及因繁忙而被忽略却始终给予温暖支持的家人。更感谢近千年来为乡镇编纂志书，沿袭志业，书写历史，传承文脉的有识之士，和在志书中活跃着的，以及更多的没有留下痕迹却创造着历史的人们。

对我们而言，这本书是既往的小结，更是未来的开始。由于我们学术能力和实地调查的局限，本书对浙江乡镇志书的考录与研究仍不够全面具体，还有许多值得深入研究与探讨的问题，我们恳请读者专家批评指正，使相关研究进一步深入，让史书志稿及其编纂研究者更多地被世人关注。我们期待更多具有历史意识的同仁用心着力地为乡镇地方留痕，期待中国城镇乡村更加美好的未来。

著者谨识

2019. 5. 1

图书在版编目（CIP）数据

浙江乡镇志书研究 / 张勤，陈凯著. -- 北京 ：社
会科学文献出版社，2020.11
（中国地方社会科学院学术精品文库. 浙江系列）
ISBN 978-7-5201-6609-6

Ⅰ.①浙…　Ⅱ.①张…②陈…　Ⅲ.①乡镇-地方志
-编辑工作-研究-浙江-1256-2018　Ⅳ.①K290

中国版本图书馆 CIP 数据核字（2020）第 072760 号

中国地方社会科学院学术精品文库·浙江系列
浙江乡镇志书研究

著　　者／张　勤　陈　凯

出 版 人／谢寿光
组稿编辑／宋月华
责任编辑／范明礼　李建廷

出　　　版／社会科学文献出版社·人文分社（010）59367215
　　　　　　地址：北京市北三环中路甲 29 号院华龙大厦　邮编：100029
　　　　　　网址：www.ssap.com.cn
发　　　行／市场营销中心（010）59367081　59367083
印　　　装／三河市尚艺印装有限公司

规　　　格／开　本：787mm×1092mm　1/16
　　　　　　印　张：25.5　字　数：314 千字
版　　　次／2020 年 11 月第 1 版　2020 年 11 月第 1 次印刷
书　　　号／ISBN 978-7-5201-6609-6
定　　　价／158.00 元